아이 마음
{Read Mind} 읽는 엄마
교육 정보
읽는 엄마 {Read Info}

아이 마음
[Read Mind] 읽는 엄마
교육 정보
읽는 엄마 [Read Info]

초판 1쇄 인쇄 2020년 11월 4일
초판 1쇄 발행 2020년 11월 11일

글 손소영, 이경현
발행인 박용범
기획 및 편집책임 김유진
디자인 최유정
발행처 리프레시
신고번호 제2015-000024호
등록일자 2015년 11월 19일
주소 경기 의정부시 서광로 135 센타프라자 405호
도서 문의 031-876-9574
이메일 refreshbook@naver.com
ⓒ 손소영, 이경현, 2020

ISBN 979-11-962230-9-0 13370

* 이 책에 실린 글과 사진의 무단 전재나 복제를 금합니다.

* 이 도서는 한국출판문화산업진흥원의 '2020년 출판콘텐츠 창작 지원 사업'의 일환으로
  국민체육진흥기금을 지원받아 제작되었습니다.

* 이 도서의 국립중앙도서관 출판예정도서목록(CIP)은 서지정보유통지원시스템 홈페이지(http://seoji.nl.go.kr)와
  국가자료종합목록 구축시스템(http://kolis-net.nl.go.kr)에서 이용하실 수 있습니다.
  (CIP제어번호 : CIP2020037276)

서울대 의대, 아이 혼자서는 **갈 수 없다**

아이 마음 {Read Mind} 읽는 엄마
교육 정보 읽는 엄마 {Read Info}

손소영·이경현 **지음**

리프레시

머리말

엄마는 내 아이를 위해
어떤 질문을 가져야 할까?

"아이를 어떻게 키우셨어요?"
"이때쯤엔 무엇을 했어요?"
"어느 학원에 다녔어요?"

우리는 아이들이 서울대 의대를 합격하고 나서 엄마들에게 많은 질문을 받았다. 간절하고 절실한 질문을 받으며 우리는 늘 생각했다.

'우리 아이가 서울대 의대에 합격한 것에 나의 기여도는 얼마나 될까?'
'내가 아이에게 뭘 해줬지? 내가 해준 어떤 것이 결정적인 요인이 되었을까?'

매년 130여 명의 학생들이 서울대 의대에 들어간다. 그 학생들이 서울대 의대에 가기까지 과정은 제각기 다르다. 엄마들이 아이들에게 해준 것도, 아이들이 자라온 성장 배경도 다를 것이다. 그중 하나의 사례에 불과한 우리의 경험이 서울대 의대에 보내는 절대적인 비법으로 받아들여질지도 모른다는 불안이 이 책의 시작이었다. 또한 우리의 방법과 경험을 물어보는 엄마들에게 우리 이야기를 계속 들려주는 게 맞는 것인가 하는 고민에서 이 책은 출발했다.

우리는 교사, 입시 전문가이기 전에 아이들의 엄마로서 엄마들의 마음을 충분히 이해한다. 우리 또한 전문가, 지인, 친구, 선배 등 어느 누구라도 내 아이에게 필요한 것이 있다면 묻고 또 물었던 시절을 지나왔다. 그런 엄마들이 마음을 알기에 앞선 불안과 고민을 품은 채 이 책을 쓰는 데 용기를 낼 수 있었다.

물론 우리에게는 세 가지 확신이 있었다. 첫째, 아이의 장점과 성격에 따라 그에 맞는 공부법과 양육법을 달리해야 한다는 확신이었다. 둘째, 아이를 키우는 데 최선을 다하고 있는 엄마들이 남과 비교하며 죄책감에 시달릴 필요가 없다는 확신이었다. 셋째, 이 두 가지를 다른 사람들에게 계속 물어보며 만족하는 것이 아니라, 자기만의 질문과 답을 만들어내야 한다는 점이었다.

지금 이 순간에도 엄마들의 간절한 질문은 계속되고 있다. 이는 엄마들이 자녀의 진로와 성적에 대해 매 순간 고민하고 있다는 증거이다. 혹자는 아이의 성적과 엄마의 노력은 별개이니 자녀의 대학 간판을 엄마의 간판으로 내세우지 말라고 말한다. 그러나 엄마가 어떻게 하느냐에 따라 아이가 타고난 재능을 100% 발휘하지 못하는 경우도 있고, 갖고 있는 능력을 보다 잘 발휘하기도 한다. 어떤 아이들은 엄마의 무관심에 서운해하고, 입시 정보를 잘 모르는 엄마를 원망하기도 한다. 이처럼 공부는 아이 스스로 하는 것이지만 아이가 공부를 잘하게 되는 데 엄마의 기여도는 반드시 존재한다. 그 기여도를 더 높이기 위해서는 '입시의 눈'이 필요하다.

상담을 하다 보면 엄마들이 가장 많이 하는 말이 있다.

"지금 알게 된 것을 그때 알았더라면 얼마나 좋았을까요?"

20년 넘게 아이들과 엄마들을 만난 교사로서, 입시 현장에서 그들의 기쁨과 슬픔을 생생하게 나누는 입시 전문가로서, 그리고 아이를 먼저 대학에 보낸 선배 엄마로서, 우리는 엄마들이 후회하지 않도록 진심으로 돕고 싶다. 우리나라의 교육 현실에 대해 냉정함을 잃지 않으면서도, 부모들의 불안과 어려움을 마음 깊이 위로하고 싶다. 그래서 이 책을 통해 서울대 의대를 보내는 방법이 아닌, 대한민국을 살아가는 아이들과 그들의 부모에게 꼭 필요한 입시 철학을 말하고 싶었다. 입시 철학이란 거창한 것이 아니다. 내 아이가 행복하게 공부할 수 있는 환경과 마인드를 심어주는 데 필요한 지혜와 정보를 읽는 눈이다.

특히 이 책의 1부는 교사이자 서울대 의대 자녀 둔 저자가 "멘탈 관리도 하나의 과목이다."라는 내용을 중심으로 공부를 잘할 수 있는 방법을 뇌과학이나 심리학적 이론으로 접근해보았다. 그러면서 아이가 선택한 서울대 의대라는 목표를 따라 저자들이 했던 역할과 마인드를 상세하게 보여준다. 과목별 공부법과 내신성적 관리법, 사교육을 이용하는 현명한 방법 등 저자가 몇 년간 엄마들의 질문과 상담에 응하며 모은 사례를 중심으로 집필했다.

2부에서는 입시 전문가이자 서울대 의대 자녀를 둔 저자가 입시 전문가들도 어려워하는 입시 정보를 엄마들이 알아야 할 만큼만 덜어내 쉽게 설명했다. 여기에서는 "변하는 입시에서 변하지 않는 것을 준비하는 것이 가장 중요한 입시 전략이다."라는 내용을 중심으로, 학부모 입장에서 아이를 위해 해볼 수 있는 최소한의 입시 공부를 일목요연하게 정리해놓았다. 또한 부모 마음대로 되지 않는 아이에게 부모 생각을 강요하는 순간부터 입시의 비극이 시작됨을 경고하는 동시에, 다른 아이들을 평가하는 데에는 능숙한 엄마들이 정작 자기 자녀에 대해서는 깜깜한 현실을 적나라하게 보여준다.

내 아이의 입시라는 긴 터널 앞에서 우리는 어떤 질문을 할 수 있어야 할까? 그 질문은 각각 달라야 하며, 이 책은 각자의 그 질문을 만들어가는 데 도움이 되고자 한다. 이 한 권을 교과서삼아 오늘부터 진정한 학부모가 되기를 바라는 독자들과 수천수만 개의 질문을 함께 만들 수 있기를 바란다.

입시라는 험난한 길을 가는 엄마들에게 희미하나마 등대의 역할을 할 수 있다면 책을 쓴 보람을 느낄 것 같다.

손소영, 이경현

서울대 의대생들을 만나다

"나는 이렇게 공부했다!"

> ### 공부하는 시간과 노는 시간을 구분하세요.
>
> 공부하는 시간과 노는 시간을 명확히 구분해야 한다고 생각합니다. 저는 고등학교 시기를 공부만 하며 보내는 것보단 친구들과 추억을 쌓는 것이 인생에서 더 좋다고 생각했습니다. 그래서 친구들과 즐거운 시간을 많이 보냈는데, 공부 시간을 확보하기 위해 스마트폰을 보거나 버스 기다리는 시간 등 자투리 시간을 최대한 이용해 공부했습니다. 선생님들께서 가끔 제가 친구들과 노는 것을 보며 공부 안 하냐고 묻기도 했지만, 저는 저만의 규칙을 정해 후회되지 않는 수험 생활을 했다고 생각합니다.
>
> 김○○(서울대학교 의학과 20학번)

> ### 다 안다고 착각하지 말고 반복하세요.
>
> 스스로 진짜 알 때까지 반복하는 것이 중요합니다. 학교든 학원에서든 선생님의 설명이나 문제풀이를 듣고 있으면, 그리고 그 순간 이해가 되면 마치 내가 그 개념을 다 아는 것 같고 그 문제를 풀 수 있을 것 같은 생각이 듭니다. 그러나 실제로 공부해보면 착각인 경우가 대부분입니다. 그래서 저는 어떤 내용을 누구한테 배우든 스스로 알 때까지, 할 수 있을 때까지 끊임없이 반복해서 공부했습니다.
>
> 손○○(서울대학교 의학과 19학번)

> ### 틀린 문제를 대하는 태도가 중요합니다.
>
> 공부를 할 때 가장 중요한 것은 틀린 문제를 대하는 태도입니다. 시험을 치거나 문제집을 풀 때 누구나 자신이 틀린 문제와 마주하게 됩니다. 틀린 이유와는 상관없이, 그 문제를 통해서 뭔가를 배워나가는 것이 실력을 향상시키는 방법입니다. 만약 실수로 틀렸다면 자신이 자주 하는 실수 유형을 정리하면서 다시는 같은 실수를 하지 않도록 해야 합니다. 만약 정말 몰라서 틀렸다면 정확히 무엇을 몰라서 문제를 틀렸는지 확인해야 합니다. 자신이 몰랐던 것을 알게 되는 과정에서 실력이 향상됩니다.
>
> 김○○(서울대학교 의학과 20학번)

> ### 아무것도 '꾸준함'을 이길 수 없습니다.
>
> 공부를 할 때 가장 중요한 것은 꾸준함입니다. 흐트러지지 않고 매일 공부하는 것이 쉽지 않은 만큼, 그것을 묵묵히 해나갈 수 있다면 누구나 공부를 잘할 수 있습니다. 정말 직관력이 뛰어나서 조금만 공부해도 좋은 결과를 얻는 친구들이 있는 반면, 공부를 열심히 해도 결과가 좋지 않아 안타까웠던 친구들도 있었습니다. 하지만 결과적으로는 끝까지 포기하지 않고 꾸준히 했던 친구들이 좋은 결과를 얻었습니다. 공부할 때 '꾸준함'을 이길 수 있는 것은 없습니다.
>
> 김○○(서울대학교 의학과 19학번)

> ### 공부는 완벽함과 개념의 체계화가 중요합니다.
>
> 저는 완벽하게, 빠짐없이 공부하기 위해 모든 지문을 통째로 암기하는 등 비효율적이고 미련한 공부법을 택하기도 했습니다. 그리고 각 내용을 단편적으로 공부하기보다는 좀 더 큰 틀에서 서로 어떤 연관이 있는지를 고민하고 저만의 체계화된 개념노트를 만들어 왔습니다. 무엇보다 '자신감'을 가지고 자신의 공부법을 밀고 나가면 좋겠습니다. 뭐든지 '할 수 있다', '할 만하다'라고 생각하면 어느덧 그것을 해낸 자신을 만날 것입니다.
>
> 박○○(서울대학교 의학과 18학번)

> ### 이 문제가 나에게 요구하는 것을 파악하세요.
>
> 저는 해당 과목에서 알아야 할 점을 제대로 이해하는 것을 공부의 제1 목표로 삼았습니다. 다른 말로 하면 학습 목표입니다. 그 과목의 교육 과정이 학생에게 요구하는 것이 무엇인지 정확히 이해하고 그것을 중심으로 체계화하여 공부하였습니다.
>
> 또한 너무 나태하지도 말고, 자신의 페이스로 묵묵히 앞으로 나아가면 좋겠습니다. 누구보다 열심히 열정적으로 공부에 임하되, 그것이 삶의 전부가 되어 본인에게 스트레스가 되거나, 주변 사람들과의 관계에 영향을 주지 않았으면 좋겠고요. 본인에게 확신을 주는 자기만의 방식으로 묵묵히 나아가다 보면 서울대 의대는 자연스러운 도착지가 될 것입니다.
>
> 윤○○(서울대학교 의학과 18학번)

> ### 나 스스로에게 부끄럽고 싶지 않았어요.
>
> 어른이 되었을 때 학교생활에 후회가 남지 않도록 최선을 다해야 한다는 마음을 항상 갖고 있었습니다. 특히 게으름으로 인해 나 스스로에게 부끄럽고 싶지 않았어요. 그래서 스스로 멘탈 관리를 꾸준히 했고, 그런 노력들이 있었기에 언제나 나의 결과를 당당히 받아들였습니다.
>
> 김○○(서울대학교 의학과 18학번)

> ### 자신에게 맞는 공부법을 찾으세요.
>
> 성적은 공부 시간과 효율성에 비례합니다. 그래서 성실하게 공부에 임하는 것도 좋지만, 그만큼 자기에게 맞고 효율적인 공부법을 찾는 것이 중요합니다. 무작정 남들이 좋다고 하는 공부법, 학원, 정보에 매달리지 말고, 자신과 가장 잘 맞는다고 생각하는 것을 찾아서 실천해야 합니다.
>
> 최○○(서울대학교 의학과 17학번)

"부모님은 나에게 이렇게 해주셨다!"

> **우리는 서로 믿고 의지했습니다.**
>
> 부모와 자녀는 서로 의지할 수 있는 관계가 되어야 한다고 생각합니다. 대학에 와서 만난 친구들은 대부분 고등학교 때 굉장히 많은 시간을 공부에 쏟았고, 그러다 보니 친구들과 이야기를 나누고 스트레스를 풀 시간이 부족했다고 합니다. 저를 포함한 많은 친구들은 그 갈증과 스트레스를 부모님과 대화로 풀면서 그 힘든 수험생활을 버텨냈습니다. 아울러 부모님도 저를 믿고 의지했기 때문에 더 힘을 낼 수 있었습니다.
>
> 김○○(서울대학교 의학과 20학번)

> **부모님은 훌륭한 조력자입니다.**
>
> 부모님은 감독보단 조력자의 역할을 해주시는 것이 좋습니다. 자녀에게 자율성을 보장하되, 잘못하거나 헤매고 있을 때 잡아주고 더 좋은 길이 있을 때 권하는 조력자입니다. 그러면 서로 충돌하기보다 조율하고 합의하게 됩니다. 우리 부모님은 그동안 제게 지시하거나 강요하신 적이 없습니다. 친구들 중에 어떤 결정을 할 때 부모님의 의사를 지나치게 많이 반영하는 걸 보는데요. 공부가 아니더라도 인생을 살아갈 때 주도적인 결정이 더 중요하지 않을까요?
>
> 손○○(서울대학교 의학과 19학번)

> ### 부모님은 인생 선배이기도 합니다.
>
> 자녀가 좋은 인생을 살기 위해서는 부모와 자녀 간에 신뢰가 가장 중요하다고 생각합니다. 우선 자녀는 부모님께 학교에서의 일들, 고민거리 등 사소한 일까지 편하게 털어놓을 수 있어야 합니다. 사소한 이야기라도 부모님께 털어놓으면 인생 선배의 조언을 들을 수 있습니다. 또 부모님은 자녀가 스스로 잘할 수 있을 거라는 믿음을 주어야 합니다. 부모와 자식 간에 탄탄한 신뢰가 형성된다면, 성적을 떠나 자녀가 인생을 살아가는 데 큰 도움이 될 수 있습니다.
>
> 이○○(서울대학교 의학과 19학번)

> ### 함께 산을 오르는 사이입니다.
>
> 부모와 자녀가 함께 등산을 한다고 생각해보면 어떨까요? 평평한 길에서는 서로 걸음을 맞춰가며 별 문제없이 올라갈 수 있지만, 경사가 심해지면 누군가는 힘에 부치고 뒤쳐집니다. 그런 상황에서 조금 더 힘이 남아 있는 사람이 응원해주고 이끌어주어야 합니다. 부모와 자녀는 인생이라는 산을 함께 오르면서 서로 의지하고 힘을 북돋아주는 관계라고 생각해요.
>
> 김○○(서울대학교 의학과 19학번)

> ### 친밀한 관계라야 채찍도 받아들입니다.
>
> 부모는 자녀에게 '당근과 채찍'을 모두 줄 수 있어야 합니다. 공부와 성과에 대한 적절한 칭찬과 보상, 힘들 때 전해주는 응원과 조언은 자녀가 지치지 않고 꾸준히 공부할 수 있는 큰 힘이 됩니다. 이런 친밀한 관계라야 부모님의 따끔한 조언과 객관적인 평가라는 '채찍'이 자녀에게 잔소리가 아닌 관심과 애정으로 들립니다.
>
> 박○○(서울대학교 의학과 18학번)

긴 입시의 터널에서 지치지 않도록 해주세요.

누구나 초중고 12년이라는 긴 시간을 만나게 되는데요. 초등학교 때부터 수많은 사교육으로 전력 질주하여 고등학교 때 써야 할 힘을 미리 쓰지 않았으면 좋겠습니다. 자녀가 지치지 않도록 도와주십시오.

박○○(서울대학교 의학과 18학번)

서로를 믿고 존중해주세요.

인생을 행복하게 살기 위해서는 자기 적성에 맞는 일을 해야 합니다. 자신의 적성은 본인이 가장 잘 알겠지만, 부모도 그 결정을 도와줄 수 있습니다. 이때 부모는 자녀가 원하는 공부가 있다면 그 의견을 존중하고 응원해야 합니다. 든든한 울타리가 되어 자녀를 믿고 지지해야 합니다. 한편 자녀는 자신이 선택한 길에 스스로 만족하고 있음을 부모님께 보여주면 좋겠습니다. 이렇게 하면 부모와 자녀가 서로를 믿는 관계로 발전할 수 있습니다.

김○○(서울대학교 의학과 18학번)

도움을 청할 때, 그때 도와주세요.

부모는 자녀에게 정서적으로, 재정적으로 도움을 줍니다. 자녀는 그 도움을 받으며 성장하고요. 그런데 부모님 입장에서 자녀를 자신의 아바타처럼 제어하려고 하면 관계가 좋지 않게 되고, 서로에게 스트레스가 됩니다. 그럴 때는 자녀가 도움을 청할 때 거기에 응해서 지원을 해주는 것이 낫습니다. 도움을 청할 때 도와주세요.

최○○(서울대학교 의학과 17학번)

차 례

머리말 _ 08
서울대 의대생들을 만나다 _ 12

1부 아이 마음 읽는 엄마

01 | 공부, 인생, 전부, 그리고 아이러니 _ 22

02 | 공부 잘하는 머리는 따로 있다? _ 37

03 | 아이에게 필요한 것은 무엇인가 _ 52

04 | 엄마에게 필요한 것은 무엇인가 _ 74

05 | 엄마가 꼭 알아야 할 심리학 _ 96

06 | 엄마가 알아야 할 과목별 완전학습 _ 115

07 | 시험공부, 어떻게 해야 할까? _ 155

08 | 선행에 정답은 없다 _ 176

09 | 사교육, 이용당하지 말고 이용하라 _ 189

10 | 서울대 맘의 공부법 핵심 5 _ 208

교육 정보 읽는 엄마

01 | 대한민국 입시, 전문가도 어렵다 _ 222

02 | 중심 잃은 엄마, 넘어지는 아이들 _ 235

03 | 엄마가 알아야 할 딱 이만큼의 정보 _ 252

04 | 특목고, 자사고, 일반고? 우리 아이는? _ 266

05 | 입시의 기본, 용어부터 친해지자 _ 287

06 | 전쟁의 시작, 입시 열쇠 만들기 _ 317

07 | 내 아이에게 유리한 입시, 불리한 입시 _ 349

08 | 서울대 맘의 입시 정보 핵심 5 _ 371

서울대 우리아이

1부

아이 마음
읽는 엄마

아이가 본격적으로 공부를 할 때가 되면
가정에서도 그 점을 최우선으로 생각해야 한다.
아이가 나름대로 학습 일정을 짜서 실천하고 있다면
더더욱 갑작스런 일로 흐름을 깨지 말아야 한다.

01

공부, 인생, 전부, 그리고 아이러니

공부를 해야 하는 이유

'공부는 인생의 전부가 아니다. 하지만 인생을 결정하는 것은 공부다.'라는 말이 있다. 소득이나 사회적 지위가 보장된다고 알려진 전문직은 의과대학(의대), 치의학대학(치대), 한의대, 수의대, 간호과, 교육대학 등 특정 대학이나 학과를 가야만 자격시험을 볼 기회가 주어진다. 그런 대학과 학과에 가려면 성적이 최상위권이어야 한다. 안타깝고 슬프게도 가고 싶다고, 되고 싶다고 누구나 다 그 꿈을 이룰 수 없다. 그런 직업이 요구하는 능력을 갖추는 것이 먼저다. 공부를 해야 자신이 하고 싶은 일을 하며 살 수 있고, 선택할 수 있는 직업의 종류 역시 많아지는 것이 현실이다. 열심히 공부한 덕분에 선택의 자유가 보상으로 주어지는 것이다.

꿈과 목표가 있어야 동기가 생겨 공부를 잘할 수 있다고 한다. 경호[1]는 고등학교 1학년 말까지 특별한 꿈과 목표가 없었다. 아빠, 엄마가 모두 초등교사다 보니 중학교 때는 "나도 교대를 갈까?"라고 했다. 나는 경호에게 "네가 지금은 꿈도 없고 되고 싶은 것도 없지만, 공부를 해두면 나중에 정말 하고 싶은 일이나 직업이 생겼을 때 꿈을 이루며 살 수 있어. 하지만 하고 싶은 것이 없다고 공부를 하지 않으면 나중에 하고 싶은 일을 못해서 평생 후회하며 살게 될 거야. 그래서 공부는 꿈이 있든 없든 하는 것이 좋아."라고 말해주었다.

경호가 고등학교에 입학하자마자 나는 서울대학교 지역균형선발전형, 고려대학교 학교장 추천, 카이스트 학교장 추천, 가톨릭대학교 의학대학 학교장 추천 전형 등에 대해 이야기해주었다. "고3 때 성적 순서대로 먼저 선택할 기회를 줘. 그때 선택할 수 있는 위치에 있어야 좋지 않겠니. 성적이 좋은 친구들이 어떤 추천제를 가져갈지 나에게는 어떤 추천 순서가 올지 조마조마하며 기다리고, 네가 원하는 추천을 다른 친구들이 선택해서 너에게 그 기회가 돌아오지 않으면 얼마나 아쉽겠어."

다행히 경호는 그 말의 뜻을 알아듣고 공부를 열심히 했으며, 고1 겨울에 의대로 진로를 결정했다. 그 후로는 그동안 열심히 공부해서 따놓은 내신과 활동들 덕분에 꿈을 이루기 위한 구체적인 준비를 할 수 있었다.

---

[1] 이 책을 쓴 저자의 자녀로, 서울대 의대에 입학한 장본인이다.

직업에는 귀천이 없다. 하지만 우리나라 현실을 보면 그렇지 않다는 걸 부모들은 이미 알고 있다. 그런 차이를 알기에 내 아이만큼은 그런 차별을 당하지 않고 살았으면 좋겠다는 마음에 자녀에게 공부를 권하는 것이다. 우리나라는 직업에 의한 소득 차이가 크고 사람들의 대우도 다르다. 이 험난한 사회에서 자녀가 상처받지 않고 정당한 대우를 받으며 살았으면 하는 마음은 어느 부모나 똑같다. 이런 부모의 마음을 아직 사회 경험이 없는 아이들이 이해하지 못하는 건 당연하다. '공부 안 하면 더울 때 더운 데서 일하고, 추울 때 추운 데서 일한다.'는 어느 개그맨의 말이 마음에 와닿는 것은 그 말이 우리의 현실을 보여주기 때문이다.

『이토록 공부가 재미있어지는 순간』은 시골에 살면서 노는 데 여념이 없던 저자가 중학교 3학년 때 공부해야겠다고 마음먹고 초등학교 5학년 수학부터 공부를 시작해 서울대학교 법대에 합격한 이야기를 쓴 책이다. 저자인 박성혁은 공부해야 하는 이유에 대해 이렇게 말했다.

"공부가 해줄 수 있는 더 멋진 일이란 바로 '내 인생을 성장시킨다.'는 것이다. 공부하는 일이란 마음을 다스리는 일의 연속이라서 공부하는 동안 마음의 힘이 점점 강해지고 내 인생 또한 한 뼘씩 자라난다는 뜻이다."

우리 사회에서 관리자 자리는 공부를 많이 한 사람이 차지하게 된다. 인정할 수밖에 없는 현실이다. 한 분야의 경력이 많은 사람도 학벌이 더 나은 사람 밑에서 일할 수밖에 없다. 사회에서 차별을 겪은 사람들은 공부를 해야 하는 이유를 깨닫고 뒤늦게라도 잠까지 줄이며 공부를 한다. 반면 중상류층 가정에서 부족함 없이 자란 아이들이 공부를 해야 할 이유를 느끼지 못하는 것은 어쩌면 당연한 일이다. 따라서 부모는 이러한 현실을 객관적인 시선으로 아이들에게 전달할 수 있어야 한다. 부모의 경험, 주변 이야기, 뉴스, 시사, 다큐멘터리 등을 통해 알게 하고, 그런 현실에 대해 생각할 수 있는 기회를 주어야 한다. 간접적이든 직접적이든 스스로 느끼고 깨닫고 생각하는 경험이 부모의 백 마디 잔소리보다 훨씬 더 효과가 크다.

사람들이 자녀를 명문대에 보내려는 현상에 대해 교육평론가 이범은 이렇게 말했다.

"1997년 IMF 외환위기 이후 고용불안이 사회적 문제로 대두되었고 노동 시장도 양극화됐다. 90년대까지는 명문대 입학 경쟁이 출세를 위한 경쟁이었다면 지금은 공포로부터 벗어나기 위한 경쟁이다. 좋은 일자리를 25%, 나쁜 일자리를 75%라고 보면, 25%에 들어가기 위한 학벌상의 마지노선이 대체로 '인서울 지거국'이다. '지거국'은 지방 거점 국립대를 뜻한다. 실제로 대기업이나 중견기업에서 신입사원을 선발할 때 서류 심사에서 탈락 기준으로 삼는 게 사실상 그 정도에 가깝다."[2]

많은 부모들은 88세대와 사상 최악의 청년 실업률을 보며 '내 자식만큼은 명문대를 보내야겠다.'고 오늘도 다짐하고 있다.

---

2) 압구정 VS 대치동, SKY 캐슬은 어디?, 뉴스인사이트(2018. 12. 25.)

외적 동기의 한계

동기란 행동을 유발하고 지속시키는 내적인 힘을 말한다. 동기는 내적 동기와 외적 동기로 나눌 수 있다. 내적 동기는 행동의 원인이 개인 내부로부터 오는 동기이고, 외적 동기는 보상이나 처벌처럼 외적 결과를 충족시키기 위해 특정 행동을 하려는 동기이다. 아이가 공부를 잘하게 하려면 내적 동기와 외적 동기를 적절히 활용해야 한다.

부모는 아이가 공부를 열심히 하길 바라는 마음에 보상이나 처벌 같은 외적 동기를 제공한다. 예를 들어 시험에서 100점을 맞거나 1등을 하면 용돈을 준다거나 선물을 사주는 등 아이가 원하는 것을 해준다. 이런 외적 동기는 이제 막 공부를 시작하거나 공부에 관심을 갖기 시작한 아이에게 한두 번은 유용하다. 그러나 아이가 매번 외적 동기 때문에 공부를 하면 성적은 향상될지언정 예상하지 못한 부작용을 겪게 된다. 시험을 볼 때 커닝을 하고 채점한 시험지를 확인할 때 몰래 고치거나, 한 문제만 틀려도 교실이 떠나가게 울기도 한다. 또한 보상이나 처벌 등이 제거될 경우 공부 습관이 무너질 가능성이 크다.

보상이라는 외적 동기가 누구에게나 효과가 있는 것은 아니다. 물질적으로 부족함 없는 환경에서 자란 아이는 원하는 게 별로 없어서 부모의 보상이 효과가 없을 수도 있다. 청소년심리상담센터장 박동혁 교수는 "보상은 나에게 만족감을 줄 때만 작동한다. 내게 의미 있고 결핍됐다고 느끼는 것이 보상이지, 남들이 봤을 때 좋아 보이는 것은 보상으로 작용하지 않는다. 아이에게 보상이 될 만한 걸 충분히 찾지 못하면 효과가 크지 않다."라고 했다.

EBS 스페셜 프로젝트 〈체인지 스터디〉 3부 '보상으로 학습동기 자극하기'에는 의미 있는 보상이 아이를 어떻게 변화시키는지에 대해 나온다. 기타를 사고 싶어하는 아이에게 목표로 정한 성적을 달성하면 기타를 사주겠다고 하자, 아이는 기타 가게에 가서 사고 싶은 기타를 직접 보고 사진을 찍어 책상에 붙여놓았다. 공부에 관심도 없던 아이가 기타를 받기 위해 계획을 세우고 매일 공부를 해서 결국 목표를 이룬다. 선물로 받은 기타를 안고 활짝 웃으며 "내가 열심히 해서 얻은 것, 정당한 대가로 받은 것이라 뿌듯하고 성취감이 있다. 공부로 얻은 것이 많다. 거부감이 덜 들고 공부와 조금 더 가까워진 기회였다."라고 말했다. 그리고 "성적이 올라서 황홀했는데, 성적이 내려가면 기분이 별로일 것 같다. 안 좋은 기분을 겪고 싶지 않아서 계속 노력할 것이다."라고 덧붙였다. 외적 동기가 내적 동기로 전환된 것이다.

　　이처럼 외적 동기는 내적 동기로 가기 위한 징검다리 역할을 할 수 있다. 외적 동기인 보상 때문에 공부를 열심히 했는데 성취감을 맛본 후 성취감이 내적 동기가 되어 공부를 계속하게 되는 것이다. 하지만 외적 동기의 역할은 거기서 끝나야 한다. 아이가 외적 동기로 인해 목표한 점수나 등수를 받으면 약속한 보상을 해주면서 노력을 인정해주고, 노력과 태도에 대한 칭찬과 격려를 듬뿍 해주어야 한다. 그리고 기분이나 소감을 말하게 해서 스스로에 대한 만족감, 자신감을 느껴보게 해야 한다. "잘했다."라는 짧은 한마디와 보상만 주어지면 아이는 더 큰 보상을 바라게 되고, 원하는 보상을 해주지 않으면 공부를 안 할 수도 있다.

　　2019 수능시험에서 만점을 받아 연세대학교 의대에 진학한 김수성 군은 공

부에 대한 보상에 대해 이렇게 말했다.

"나의 어머니는 한 번도 성적으로 조건을 걸지 않으셨다. 부모 입장에서는 우리 아이에게 뭔가 해준다는 느낌이겠지만 그 해준다는 느낌이 혹시 학생들한테 독이 되지 않았는지 한번 생각해보셨으면 좋겠다."[3]

결국 공부를 잘하기 위해서는 내적 동기가 있어야 한다. 공부하라는 부모의 말을 듣기 싫어하고 짜증내는 아이에게 "너 좋으라고 공부하라고 하는 거지, 나 좋으려고 공부하라는 줄 알아?"라고 따지고 싶겠지만, 사춘기 아이에게 그 말은 그저 잔소리로 들릴 뿐이다. 동기 부여는커녕 부모와 아이 사이가 나빠지는 결과만 낳는다.

내적 동기의 힘

사춘기 아이들에게는 교사나 부모보다 또래 친구나 선배의 영향력이 더 크다. 그래서 나는 경호가 중학교 때 지인의 자녀 중 명문대에 입학한 형들과 만나게 해주었다. 경호는 국제고에서 고려대학교에 간 형, 외고에서 서울대학교에 간 형에게 고등학교 때 공부를 열심히 하게 된 동기, 내신 준비 방법 등을 물었다. 형들은 고등학교 때 공부할 양이 얼마나 많은지, 공부할 시간이 얼마나 부족한지, 명문대에 다니는 좋은 점에 대해 이야기해주었다. 형들과의 만남을 통해 경호는 중학교 때 열심히 공부하는 것이 얼마나 중요한지 깨달았으며, '나도 좋은 대학에 가고 싶다.'는 동기가 생겼다고 한다.

경호는 중학교 때 친구와 함께 서울대학교 투어 캠프를 한 적이 있었다. 서울대학교 학생들이 하루 종일 데리고 다니며 학교 구경도 시켜주고 구내식당에서 점심도 같이 먹으면서 자신들이 공부한 경험을 이야기해주는 캠프였다. 사진에서만 보던 학교 건물 앞에서 사진도 찍고, 서울대학교 배지와 연필 등을 사가지고 와서 평소에 가방에 넣고 다녔다. 고등학교 때는 필통에 서울대학교 배지를 달고 다녔다. 공부할 때마다 그것을 보며 서울대학교에 꼭 가겠다는 마음을 다잡았다고 한다.

승현이[4]는 중학교 내내 과학고 입시 준비를 했다. 특히 친형이 다니는 과학고에 가기 위해 열심히 공부했다. 누구나 승현이가 과학고에 합격하는 것을 당연하게 생각했는데, 결과는 낙방이었다. 승현이가 과학고에 떨어진 사실을 학교 선생님들도 의아해할 정도였다. 과학고에 떨어져 일반고에 가게 된 승현이는 오기가 생겨 서울대학교 의대를 목표로 정했다. 인천에서는 서울대학교 공대에 간 아이는 있어도 서울대학교 의대에 간 아이는 없었다. 일반고에서 서울대학교 의대를 가려면 지역균형선발전형으로 가는 것이 유리하다. 그래서 1학년 1학기부터 3학년 말까지 모든 과목을 1등급 받아 내신이 1.0일 뿐만 아니라, 1등급 중에서도 1등을 해야 서울대학교 의대에 합격할 수 있었다. 승현이는 그런 내신을 이뤄냈다. 과학고에 떨어진 것이 오히려 전화위

---

3) 스튜디오 파란, 2019 수능 만점자 언박싱(2019. 2. 5.).
4) 이 책을 쓴 저자의 자녀로, 서울대 의대에 입학한 장본인이다.

복이 되어 승부욕을 자극했고, 서울대학교 의대를 가고자 하는 내적 동기가 되었다.

경호는 고등학교에 입학하고 나서 1학년 때 영어, 2학년 1학기 때 물리, 화학 등 주요 과목에서 2등급을 받았다. 워낙 내신을 관리하기가 어려운 학교이고, 아이가 열심히 했는데도 그런 결과가 나와 뭐라고 할 수도 없었다. 경호는 1학년 때부터 2주일에 한 번씩 어린이병동에 가서 과학실험을 하는 봉사동아리를 하고 있었는데, 나는 내심 그 동아리에 불만이 있었다. 한 달에 한 번도 아니고 2주일에 한 번 야간자율학습까지 빼가면서 봉사를 하고, 주말에도 다문화 행사, 벽화 그리기, 과학부스 운영 등 공부할 시간을 많이 빼앗기는 것 같아 조바심이 났다.

그런데 경호는 그 경험 때문에 의대에 지원할 수 있었다고 말했다. 오랜 병원 생활로 지쳐 있던 아이들의 웃는 모습과 퇴원도 미룬 채 봉사동아리 형들을 기다리던 아이들의 모습에 의사가 되겠다고 결심한 것이다. 의대에 가려면 내신이 어때야 하는지 알아본 경호는 그 많은 봉사를 하면서도 공부를 열심히 해서 2학년 2학기, 3학년 1학기에 내신 1.0을 받았다. 경호는 공부 외에 정말 많은 활동을 했다. 전국중고생자원봉사대회 참가, 과학 부스 운영, 다문화 학생과 벽화 그리기 봉사, 어린이병동 봉사, 학생회 간부 활동, 교내 축제 때 〈복면가왕〉 콘셉트로 솔로 가수로 출연, 체육대회 때 배구, 농구 학급 대표로 출전, 실험동아리 활동, 영재수업 발표 준비와 보고서 작성, 교내 대표로 융합과학대회에 출전하는 등 24시간이 모자랄 정도였다. 그럼에도 시간을 쪼개 공부를 할 수 있었던 건 의대에 가겠다는 내적 동기가 분명했기 때문이었다.

경호는 서울대학교 입학설명회 합격 수기에서 이렇게 말했다.

"직접 연구하고 개발한 과학 키트를 아이들과 만들며 과학 원리를 설명해주는 봉사활동을 3년 동안 했다. 시간과 노력이 많이 필요한 활동이라 점심시간, 저녁 시간, 야간자율학습 시간까지 할애했다. 의사라는 꿈에 확신이 없고 자신도 없었는데, 과학 키트로 놀아주는 것만으로 아이들의 표정이 밝아지는 걸 보고 내가 직접 환자를 치료해 기쁨을 줄 수 있다면 그 뿌듯함이 얼마나 클까 하는 생각에 의사의 꿈을 키울 수 있었다. 그 후로 진로에 대한 확신도 갖고 공부해야 할 이유를 찾았기 때문에 더 열심히 공부를 할 수 있었다. 다른 친구들이 공부할 때 활동 준비를 한 만큼 그 외의 시간에 더 많은 양의 공부를 하기 위해 노력했다."

자녀가 공부를 잘하면 주변에서 '극성엄마', '돼지엄마', '치맛바람', '애가 불쌍하다.', '애를 잡는다.'와 같은 말들로 그 엄마를 평가한다. 그런데 엄마가 극성을 부리고 애를 잡는다고 모든 아이가 공부를 잘할까? 아니다. 공부는 결국 아이 스스로 해야 하는 것이기 때문에 공부하고자 하는 확고한 동기를 갖는 것이 가장 중요하나. 좋은 대학을 가고 싶다, 특정 학과에 가고 싶다, 어떤 직업인이 되고 싶다, 경제적으로 여유롭게 살고 싶다 등 아이 스스로 정한 뚜렷한 목적이 있어야 좋은 결과를 얻을 수 있다.

2020 수능시험에서 만점을 받은 송영준 군은 식당 일을 하시는 엄마를 생각하며 학업에 매진했으며, 첫 시험에서 꼴찌에 가까운 성적을 받았지만 학

원이나 과외를 받는 친구들한테 지는 게 기분이 나빠서 혼자 노력해서 이기는 걸 보여주고 싶었다고 한다.[5] 또 "고통 없이는 얻는 게 없다. 매일매일 힘들게 공부를 했으니까 어느 정도 보상심리로 '지금 내가 힘든 게 내가 성장해가는 과정이다.', '지금 나는 성장 중이다.', 이렇게 생각하려고 했고 그것이 공부 동기가 되었다."라고 했다.[6]

스스로 공부해야 하는 확고한 내적 동기가 있으면 공부하지 말라고 해도 아이는 공부를 한다. 아이에게 공부하라고 다그치기 전에 아이에게 공부해야 하는 이유에 대해 생각할 시간과 기회를 주었는지 반성해보아야 한다.

세상에 공짜는 없다

MBC의 예능 프로그램이었던 〈무한도전〉의 300회 특집에서 하하가 유재석에게 어떻게 담배를 끊게 되었는지 물어보았다.

"〈런닝맨〉(SBS의 예능 프로그램)을 하는데 시간이 갈수록 숨차고 버거웠어. 그러니 어쩌겠어. 내가 담배 피우는 게 좋더라도 끊어야지. 이유는 단순

---

[5] 2020 수능 만점자 인터뷰, YTN
[6] 기적의 수능 만점 송영준 군, 공부 비법은?, SBS

해. 모든 걸 다 가질 수는 없어. 내가 좋아하는 무언가를 포기하지 않으면 두 개를 가질 수 없어. 일 년 이 년 가면 갈수록 체력적으로도 힘들더라. 대비하지 않고 준비하지 않으면 안 돼. 지금 우리에게 이 시간은 다시 올 수 없는 소중한 거야. 그래서 하루하루 열심히 살아야 돼, 그 방법밖에 없어."

나는 옆에 있던 경호에게 "원하는 것을 얻기 위해서는 포기하고 희생하는 것이 있을 수밖에 없어. 세상에 공짜는 없다."라고 강조해 말했다.

나는 세상에 공짜가 없다는 걸 알려주기 위해서 경호에게 5학년 때는 한국 위인 전집을, 6학년 때는 세계 위인 전집을 읽게 했다. 위인들의 일생을 보면 고난, 실패, 포기하지 않고 끝까지 노력하는 모습, 결국엔 원하는 것을 이루어낸 과정이 나온다. 그런 이야기를 읽으면 노력해야만 결과를 얻을 수 있고, 결과를 이루기 위해 참고 인내하는 시간이 있어야 한다는 것을 깨닫게 된다. 위인전을 읽으면 좋은 점이 또 있다. 위인들의 인성과 성품, 끈기와 성실성, 착하고 선한 마음으로 남을 도우며 사는 인생도 배울 수 있다.

위인전이 아니어도 좋다. 아이가 좋아하는 분야에서 성공한 사람에 대한 이야기를 주제로 대화를 하거나 자료를 찾아서 읽으면 아이가 더 잘 받아들인다. 경호는 야구를 좋아해서 힘든 훈련 기간을 견디며 성공한 야구선수에 대해 이야기를 들려주었다. 요즘 아이들이 좋아하는 유튜버들도 나름의 노력으로 지금의 자리에 오를 수 있었다. 그러니 겉모습만 보지 말고 아이와 함께 그들이 노력한 과정을 찾아보자. 그러면 아이도 모든 일이 하루아침에 이루어지지 않는다는 것을 알게 되어, 자신이 원하는 것을 이루기 위해 시간을 투자해야 한다고 생각하기 시작한다.

부모가 목표를 이루기 위해 노력하는 모습을 보여주는 것도 중요하다. 아이들은 유명한 사람들의 성공 스토리보다 매일 보는 부모를 통해 보고 배우고 더 많은 것을 느낀다. 우리 집 거실에는 텔레비전과 소파가 없는 대신 책장과 테이블이 있고, 매일 저녁 그곳에 모여 책도 읽고 공부도 했다. 아이들이 어렸을 때 아빠는 장학사가 위해 시험공부를 했다. 아이들은 아빠가 매일 공부하는 모습을 보면서 자연스럽게 같이 공부를 했고, 아빠의 합격 소식에 무척 기뻐했다. 아이들은 생각보다 더 많이 부모를 보고 배운다. 더구나 부모가 노력하는 모습에 얼마나 영향을 받을까. 'No pain, No gain.' 부모와 자녀가 함께 꼭 기억해야 할 문장이다.

엄마와 자녀가 함께 외우는
서울대 비책 노트 | 핵심 01 |

공부는 인생의 전부가 아니다
하지만 인생을 결정하는 것은 공부다

직업에는 귀천이 없다고 하지만 우리나라 현실을 보면 그렇지 않다는 걸 부모들은 너무나 깊이 느끼고 있다. 그런 차이를 알기에 내 아이만큼은 그런 차별을 당하지 않고 살았으면 좋겠다는 마음에 자녀에게 공부를 권하는 것이다. 우리나라는 직업에 의한 소득 차이가 크고 사람들의 대우도 다르다. 이 험난한 사회에서 자녀가 상처받지 않고 정당한 대우를 받으며 살았으면 하는 마음은 어느 부모나 똑같다.

서울대 비책	실천 노트
공부는 내 인생을 성장시킨다.	- 공부를 잘하면 하고 싶은 일과 직업을 선택할 수 있다. - 공부는 마음을 다스리고 내 인생을 성장시킨다. - 좋은 일자리를 가질 수 있는 기회이다.

서울대 비책	실천 노트
외적 동기를 활용한다.	- 보상, 처벌과 같이 외적 결과를 충족시키기 위해 특정 행동을 하려는 외적 동기를 잘 이용한다. - 외적 동기는 내적 동기로 가기 위한 징검다리 역할을 한다.
내적 동기를 찾는다.	- 공부하고자 하는 확고한 내적 동기가 필요하다. - 눈에 보이는 물건으로 내적 동기를 유지한다. - 공부해야 하는 이유에 대해 진지하게 생각한다.
세상에 공짜는 없다.	- 모든 걸 다 가질 수는 없다. - 화려한 성공 뒤에는 피땀 흘려 노력하는 과정이 있다. - 아이들은 생각보다 더 많이 부모를 보고 배운다. - No pain, No gain.

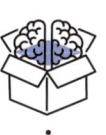

02
공부 잘하는 머리는 따로 있다?

**복습은
왜 중요한가**

사람들이 말하는 공부 잘하는 아이는 어쩌면 암기를 잘하는 아이일지도 모른다. 내신시험에는 암기만으로 해결되는 문제들과 사고력과 응용력으로 해결해야 하는 문제들이 함께 나오지만, 사고력과 응용력이 필요한 문제들 또한 암기가 바탕이 되어야 풀 수 있기 때문이다. 1년에 네 번 보는 학교 시험은 암기 위주의 문제들이 많아서 배운 내용을 이해하고 외워두면 시험을 볼 때 유용하다. 하지만 암기는 쉽지 않다. 누구는 교과서를 한 번만 읽고도 문제를 척척 맞히지만, 대부분의 아이들은 교과서와 문제집을 여러 번 읽고도 내용이 머릿속에 남지 않아 시험 때 어려움을 겪는다. 그렇다면 어떻게 해야 암기를, 아니 공부를 잘할 수 있을까?

　암기를 잘할 수 있는 가장 좋은 방법은 '복습'이다. 독일의 심리학자인 헤르만 에빙하우스는 공부를 끝내고 20분 내에 복습을 하면 58.2%의 내용이 기억에 남고, 1시간 이내에 복습을 하면 44.2%, 하루가 지나서 복습을 하면 33.7%, 일주일이 지나서 복습을 하면 25.4%, 한 달이 지나서 복습을 하면 21.1%의 내용이 기억에 남는다고 했다. 따라서 학습한 내용을 오래도록 기억하려면 반복적으로 학습하고, 시간 간격을 두고 분산학습을 해야 효과적이다.

　그렇다면 쉬는 시간에 전 시간에 배운 내용을 복습하면 암기 효과를 높일 수 있지 않을까? 이것은 현실적으로 쉽지 않은 일이다. 쉬는 시간에는 화장실도 다녀와야 하고 친구들과 잡담도 한다. 다음 시간 수업 준비도 하고 뇌도 쉬도록 해야 한다. 그렇지 않으면 다음 시간에 집중하기 어려워진다. 하루에 6~8시간 동안 수업을 받는데 쉬는 시간마다 복습을 하면 수업 시간에 집중력이 떨어져 오히려 손해다. 그러니 쉬는 시간에는 뇌의 피로를 풀어주고, 복습은 그날 저녁에 하는 것이 좋다.

　야간자율학습을 하는 것이 좋은지 묻는 학부모들이 많은데, 나는 가능하면 하라고 권한다. 요즘엔 교과서를 학교에 두고 다니기 때문에 그날 배운 부분을 보면서 복습하기 좋다. 야간자율학습 시간에 학급 분위기가 어수선해서 독서실에 가는 경우에는 주요 과목의 교과서는 가져가서 복습을 한다.

　이때 그날 배운 내용을 완벽하게 다 외우려고 하면 시간이 너무 오래 걸려서 다른 공부를 할 시간이 부족하다. 그러니 외우려고 하지 말고 교과서를 읽으면서 '이해'하는 것이 중요하다. 이해가 안 되는 내용은 표시해두었다가 다음 날 선생님에게 질문을 해서 정확히 알고 넘어가야 한다. 그리고 나서 일요일에 한 번 더 복습한다. 일요일 오전이나 오후를 복습 시간으로 정해놓고 교과서나 자습서로 한 번 더 복습을 한다. 승현이와 경호도 고등학교 3년 동안 매일 야간자율학습을 했다. 최근 학생부종합전형에서는 내신이 우선이고, 교과전형은 내신점수가 더욱 중요하다. 입시에서 중요한 내신점수를 높이는 비결은 복습뿐이다. 중학교 때부터 복습을 습관화하면 내신시험 대비는 저절로 될 것이다.

오래 앉아 있어도 성적이 안 나오는 이유

승현이와 경호는 같은 고등학교 선후배로 내신이 치열하기로 유명한 과학중점고등학교에 다녔다. 1학년 첫 시험부터 전교 1등을 놓친 적이 없었기에 이런 말들을 많이 들었다.

"IQ가 얼마나 좋기에 그 많은 과목의 시험 범위를 다 외웠어?"

"그걸 다 언제 외워? 너는 잠도 안 자?"

같은 시간 동안 공부를 해도 잊어버리는 것이 있고 기억에 남는 것이 있다. 효율적으로 공부하려면 같은 시간 동안 공부를 해도 기억에 남는 것이 많아야 한다. 우리 아이들은 IQ가 나쁜 편은 아니지만 뛰어나게 좋지도 않다. 단, 기억력의 비밀을 알고 효율적으로 공부했기 때문에 좋은 결과를 유지할 수 있었다.

영화 〈인사이드 아웃〉의 한 장면을 떠올려보자. 주인공 라일리의 기억들은 구슬이 되어 뇌 속의 감정본부에 보관되어 있다가 그가 잠든 사이에 장기기억 보관소로 옮겨진다. 그 보관소에는 의미 없는 기억들은 버려지고 중요한 기억들만 남는다. 단기기억은 쉽게 잊히기 때문에 안정적으로 오랫동안 남아 있어야 할 정보는 장기기억으로 간다.

공부한 내용을 장기기억에 저장시켜야 나중에 시험을 볼 때 기억이 잘 나서 시험을 잘 볼 수 있다. 그러면 공부한 내용을 단기기억에서 장기기억으로 넘어가게 하려면 어떻게 해야 할까?

인간의 뇌는 좋고 나쁨의 감정적 영향을 많이 받는다. 그래서 즐거웠던 일, 유쾌한 일, 기분 좋은 일은 기억에 오래 남기고, 슬프고 화난 불쾌한 기억은 스스로를 지키기 위해 빨리 잊으려고 한다.[7] 기분 나쁜 일을 생각하면 스트레스가 생겨서 신체 여러 기관에 나쁜 영향을 주기 때문이다. 아이들에게 공부는 힘든 과정이기에 공부하는 동안 기분이 좋게 유지되는 건 드문 일이다. 하지만 좋은 기분과 안정된 마음으로 공부를 하면 결과가 더 좋다는 것은 여러 연구 결과에서도 확인된 만큼, '공부하는 시간은 보람 있는 시간'이라는 긍정적인 생각을 해야 한다.

---

[7] 고다마 미츠오, 『공부 잘하는 기억력의 비밀』, 정세환 역, 아르고나인

기분이 안 좋을 때는 쉬거나 기분 전환을 한 다음에 공부하는 것이 좋다. 많은 학부모들이 이런 고민을 한다.

"우리 아이는 책상에 오래 앉아 있는데 성적이 좋지 않아요. 왜 그런지 모르겠어요."

이런 경우 아이가 어떤 마음으로 공부하고 있는지를 먼저 확인해야 한다. 엄마가 소리를 지르고, 화내고, 억지로 책상 앞에 앉게 해봐야 소용없다. 화난 마음으로 왜 공부해야 하는지 이해하지 못한 채 공부를 하면 아무리 긴 시간 동안 책상 앞에 앉아 있어도 두뇌는 이를 나쁜 기억으로 처리하여 공부한 내용을 장기기억으로 보내지 않는다.

나쁜 기억은 스트레스를 일으키고 스트레스는 기억력을 떨어지게 한다. 뇌의 구조를 보면 대뇌겉질 밑에 '해마'가 있다. 해마는 학습과 기억에 관여하며 감정 행동 및 일부 운동을 조절하는 기관으로, 새로운 기억을 형성하고 오래된 기억을 검색하는 중요한 곳이다. 그런데 스트레스를 받으면 코티솔 호르몬이 분비되어 해마에 손상을 주는데, 이로 인해 단기기억이 장기기억으로 전환되는 과정에 문제가 생겨 기억력이 감퇴된다.

부모는 아이의 장래를 위해 공부하라고 말한다. 그런데 아이가 그 말을 잔소리로 받아들여 스트레스가 되면 기억력이 감퇴하고 장기적으로 공부를 못하는 아이가 된다. 이는 아이가 공부를 못하는 원인을 엄마가 제공하는 것이나 다름없다. 공부는 아이 스스로 해야 한다. 아이가 아직 노는 데 치중하고 공부를 멀리한다면, 마음은 편치 않겠지만 때를 기다려주자. 아이의 뇌가 성장할 수 있게 해주는 것이 공부 잘하는 아이로 만드는 비결이다.

흥분 상태일 때 공부가 잘될까?

중학교 3학년 때까지 매주 캠핑을 다닌 아이가 있다. 공부를 썩 잘했던 아이는 캠핑을 갈 때마다 책을 가지고 가서 공부를 했다. 그런데 중학교 때 상위권이었던 성적이 고등학교 때부터 좋지 않았다. 집에서 공부한 아이들과 공부한 시간은 비슷한데, 성적이 왜 떨어졌을까? 다른 이유도 있겠지만 최적각성수준(optimum level of arousal)이 원인이다.

사람마다 일이 잘되는 각성 수준이 있다. 이것을 '최적각성수준'이라고 한다. 다음 그래프를 보자.

출처: 대한감각통합치료학회 교육자료집

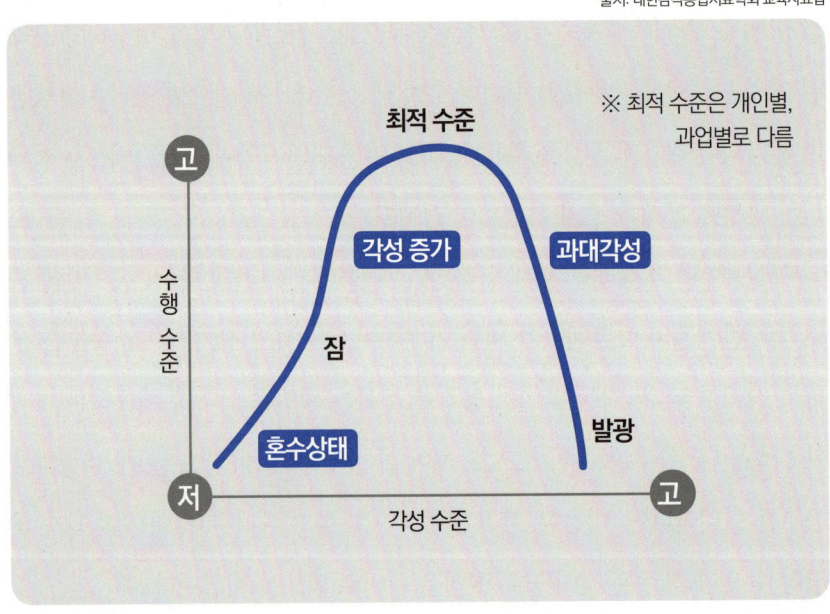

잠에서 깨면서 점점 각성 수준이 증가하다가 다시 감소하는데, 각성 수준이 최적일 때 공부를 해야 집중도 암기도 잘된다. 맑은 정신이어야 공부가 잘되는 것이다. 따라서 졸릴 때는 잠깐이라도 눈을 붙이는 게 좋다. 비몽사몽인 상태로는 공부가 잘되지 않는다.

흥분 상태일 때도 공부가 안 된다. 유튜브에서 아이돌 영상을 보거나 여행 중인 아이들은 흥분 상태에 놓여 있는데, 이럴 때는 책을 봐도 기억에 남지 않는다. 그러니 잠이 쏟아지거나 너무 흥분한 상태일 때는 공부를 하지 말고 신체리듬을 살펴보면서 공부할 타이밍을 조절해야 한다.

한번은 경호가 좋아하는 야구팀이 결승전에 올랐다. 그동안 하이라이트로 만족했던 아이는 마지막 경기 날에는 독서실에 가지 않고 "오늘 경기는 꼭 보고 싶어요."라고 말했다. '지금 야구 볼 때냐.'는 말이 내 머릿속을 떠나지 않았지만 그 상황에서 공부하라고 한들 공부가 될 리 없었다. 그래서 둘이 같이 텔레비전을 보며 응원을 했다. 아슬아슬하게 우리가 응원하는 팀이 이겨 경호와 나는 얼싸안고 펄쩍펄쩍 뛰었다.

이런 날은 그냥 하루 쉬게 하는 것이 좋다. 스트레스를 푸는 날로 생각해야 엄마도 아이도 마음이 편하다. 어쩌다 하루인데 아이가 원하는 대로 하지 못하면 엄마에 대한 원망과 반항심만 커질 뿐 공부도 되지 않는다.

음악을 들으며 공부하면 안 되는 이유

여러 가지 일을 한 번에 처리하는 것을 다중작업 또는 멀티태스킹이라고 한다. 뇌는 멀티태스킹이 가능할까? 음악을 들으며 공부를 해야 잘된다고 말하는 아이들이 있다. 뇌는 정말 동시에 두 가지 일을 할 수 있을까? 여러 인지심리학자들의 결론은 '뇌는 멀티태스킹을 하지 못한다.'이다. 여러 일을 잘하고 있다고 착각한다는 것일 뿐, 두 가지 일을 동시에 하면 둘 다 망칠 가능성이 높다고 한다.[8]

영국 센트럴랭커셔대학교 심리학부의 엠마 스레드골드 연구원은 19~56세 남녀를 세 그룹으로 나눠 '복합원격연상검사(CRATs)'를 진행했다. 주어진 세 단어에 공통적으로 이어붙일 수 있는 한 단어를 찾는 방식의 언어 창의력 검사였다. 검사 환경은 그룹마다 다르게 제공했다. 첫 번째 그룹은 각각 조용한 환경과 익숙하지 않은 음악(스페인어 가사)을 들으며 문제를 풀었고, 두 번째 그룹은 각각 조용한 환경과 가사가 없는 음악을 들었고, 세 번째 그룹은 각각 조용한 환경과 익숙한 음악(영어 가사)을 들었다. 그 결과 모든 그룹에서 조용한 환경보다 음악을 들으며 문제를 풀 때 정답률이 현저히 낮았다. 음악 덕분에 기분이 좋아졌다고 답한 사람조차 정답률이 낮았다. 스레드골드 연구원은 "음악은 종류에 상관없이 창의적인 작업 수행 능력을 저해한다."고 결론을 내렸다.[9]

음악을 들으면 공부가 잘된다고 착각하는 이유는 무엇일까? 그것은 느낌의 전염 때문이다. 좋아하는 노래를 들으면 기분이 좋아지고, 공부를 할 때도 그 기분이 전염되어 공부하는 내용이 즐겁고 잘되는 것 같은 느낌이 든다는 것이다. 실제로 껌을 씹으며 단어를 암기하면 껌을 씹지 않고 단어만 외울 때보다 암기율이 10~20% 떨어진다. 또한 양쪽 귀 뒤에는 기억력을 관장하는 측두엽이 있는데, 음악 소리는 이 기능을 방해한다.[10] 그러니 암기 과목은 조용한 곳에서 공부하는 것이 좋다. 꼭 음악을 들으며 공부를 해야 한다면 가사가 없거나 가사 내용을 알지 못하는 외국 노래를 듣는 것이 좋다. 가사 내용이 귀에 들어오면 뇌가 반응해 공부에 집중이 안 된다.

이런 실험도 있었다. 학생들을 절반으로 나누어 시끄러운 환경과 조용한 환경에서 공부를 시킨 다음에 시험을 보았다. 그 결과 시끄러운 환경에서 공부한 학생들은 시끄러운 환경에서 시험을 더 잘 보았고, 조용한 환경에서 공부한 학생들은 조용한 환경에서 시험을 더 잘 보았다. 이처럼 뇌에 정보가 저장될 때는 주변 맥락도 같이 저장되는데, 이것을 '맥락부호화 현상'이라고 한다.[11] 하지만 생각해보자. 어느 시험장이든 음악을 틀어주는 곳은 없다. 음악을 들으며 공부한 학생은 음악을 들으며 시험을 봐야 기억이 잘 나는데, 시험은 아주 조용한 환경에서 치른다. 즉 공부할 때와 시험 볼 때의 주변 맥락이 다르기 때문에 음악을 들으며 공부를 하면 효과가 없는 것이다.

---

8) 서울대학교행복연구센터, 몰입과 중독, 4화 멀티태스킹은 유익한가(2020.1.31.)
9) 동아사이언스(2019.4.8.)
10) 김경일 아주대심리학과교수, 조선일보(2019.6.4.)
11) 이재명, 『인지과학으로 푸는 공부의 비밀』, 사이언스온

공부의
말문을 터라

    미국의 행동과학연구소 NTL(National Training Laboratories)는 다양한 방법으로 공부를 했을 때 공부한 내용을 얼마나 기억하는지를 나타낸 학습 효율성 피라미드(Learning Pyramid)를 발표했다. 학습 효율성 피라미드에 의하면 강의 듣기로 공부했을 때의 기억 비율은 5%이다. 읽기는 10%, 시청각 수업 듣기는 20%, 시범강의 듣기는 30%, 집단 토의는 50%, 실제 해보기는 75%, 서로 설명하기는 90%가 기억에 남는다고 한다. 강의, 읽기, 시청각 수업, 시범강의와 같은 전통적이고 수동적인 학습 방법보다 토의, 실습, 서로 설명하기 등의 적극적이고 참여적인 활동의 학습 효율이 더 높음을 알 수 있다.

    특히 '설명하기'는 효과가 아주 좋다. 한 번은 아이가 중학교 때 시험공부를 다 했다며 문제집을 풀었는데 많이 틀린 거다. 교과서를 외웠냐고 물으니 다 외웠다고 했다. 그래서 교과서에 있는 굵은 글씨로 된 개념들을 설명해보라고 했더니 대답을 못했다. 아이들은 교과서를 몇 번 읽고 자습서를 보면 스스로 다 외웠다고 생각한다. 나는 아이에게 "설명할 수 없으면 아는 것이 아니야."라고 말하며 전 과목의 주요 개념을 설명할 수 있도록 공부하라고 했다. 그렇게 아이는 시험 기간엔 독서실이 아닌 집에서 혼자 중얼거리며 공부를 했고, 다른 사람에게 설명할 수 있을 정도로 내용을 충분히 이해했다.

    초등학교에서 중간고사와 기말고사를 보던 시절에 이런 일이 있었다. 6학년 1학기 기말고사 후 여학생 두 명이 상담을 신청했다. 아무리 공부해도 성적이 잘 나오지 않아 고민이라고 했다. 나는 학교에 남아서 공부를 하되 각자 교과서를 보고 공책 정리를 한 뒤에 서로 설명해보라고 했다. 두 학생은 교과서에 굵은 글씨로 표시되어 있는 중요 개념을 서로 묻고 답했다. 혼자 공부하는 것보다 지루하지 않을 뿐더러 이해한 내용을 자신이 알고 있는 지식과 어휘를 사용해 설명하니 암기도 저절로 되었다.

그 결과 1학기 성적이 평균 80점대였던 두 아이들은 성적이 점차 올라 2학기엔 평균 98점까지 나왔고, 중학교에 가서도 반에서 1, 2등을 했다. 공부의 말문을 터주기만 했는데 결과는 기대 이상이었다.

EBS 다큐프라임 〈우리는 왜 대학에 가는가?-5부 말문을 터라〉를 보면 조용히 혼자서 공부를 한 그룹보다 두 사람이 함께 말하면서 공부한 그룹의 시험 결과가 훨씬 높게 나온다. 이에 대해 아주대학교 심리학과 김경일 교수는 가르치며 공부하는 방법의 효율성이 뛰어난 이유를 다음과 같이 설명했다.

"메타인지는 내가 아는 것과 안다고 착각하는 것을 파악하는 것이다. 나 자신을 아는 것이다. 어떻게 하면 메타인지를 높일 수 있을까? 설명에 그 해답이 있다. 설명을 해보면 내가 아는 것과 모르는 것의 구분이 명확해지고, 내가 알고 있는 지식들이 인과관계, 즉 원인과 결과의 관계를 그리면서 정리가 된다."

뇌는 1등의 쾌감을 기억한다

'고기도 먹어본 사람이 많이 먹는다.'는 속담이 있다. 경호에게 "너는 어떻게 고등학교 때 계속 1등을 유지했니?"라고 물어보니 "한 번 1등을 하면 계속 하게 돼요. 1등을 해보는 처음 경험이 중요해요."라고 말했다. 1등을 했을 때 선생님과 친구들의 반응, 부모님이 기뻐하는 모습, 본인이 느낀 보람 등을 경험하고 나면 1등을 유지하기 위해 게임, 인터넷, SNS 등의 유혹을 이길 수 있고 공부의 힘든 과정을 견디게 된다고 했다.

경호는 중학교 2학년 때까지 성적이 들쭉날쭉했다. 전교 1, 2등을 도맡아놓고 하는 친구들이 있어 기대도 하지 않았다. 그런데 중학교 3학년 1학기 중간고사에서 처음으로 전교 1등을 했다. 전교 1등 하던 친구는 영재학교를, 2등 하던 친구는 과학고 입시를 대비했기 때문에 내신 대비만 하던 경호가 전교 1등을 한 것이다. 전교 1등을 하니 선생님과 친구들이 놀라는 모습, 가족들이 기뻐하는 모습, 스스로도 전교 1등이라는 사실을 알게 되었을 때의 기쁨, 성취감을 느끼게 되었고 그 쾌감을 다시 한 번 느끼고 싶었는지 그 이후로도 계속 공부를 열심히 했다.

인지신경과학자인 이안 로버트슨은 『승자의 뇌』에서 "뇌는 승리의 쾌감을 기억한다."라고 말했다. 공부를 잘하는 아이들은 승리의 쾌감을 기억하기 때문에 그 쾌감을 다시 맛보기 위해 공부를 하고, 그 결과 좋은 성적이 나오는 선순환이 만들어진다.

아이들에겐 작은 성취의 기쁨을 느끼는 경험이 중요하다. 계획한 문제집을 다 풀었을 때, 스스로 정한 독서 권수를 다 채웠을 때, 게임 시간 약속을 지켰을 때 충분히 칭찬하고 격려해주는 것이 좋다. 가령 아이가 좋아하는 반찬을 해주거나 치킨이나 피자를 시켜주거나 외식을 하는 것이다. 아이의 자존감을 높이고 다음 단계를 성취하겠다는 동기와 도전의식을 갖게 해보자.

승기(승현이 형)는 초등학교 때 반에서 5등 정도 하였고 중학교 1학년 중간고사에서는 전교 5등을 했다. 나는 승기에게 "수고했다. 그런데 나는 네가 중학교 때 전교 1등을 한 번은 해봤으면 좋겠다."라고 말했다. 목표가 있어야 공부할 의지가 생기기 때문이다. 다음 기말고사에서 승기는 전교 1등을 했다. 나는 승기에게 "중학교 시절 전교 1등을 한 번이라도 한 걸로 만족한다. 고맙다."라고 말했다.

승기는 기말고사 시험 준비를 하면서 어느 정도 공부해야 전교 1등을 하는지, 어떤 방법으로 공부해야 하는지 자신만의 공부법을 터득했다. 그뿐인가. 전교 5등이었을 때와 전교 1등이었을 때 주위에서 바라보는 시선과 대우가 얼마나 다른지, '1등'이라고 적힌 성적표를 받았을 때 기분도 확실히 느꼈다. 승기는 그 후로 졸업할 때까지 전교 1등을 놓치지 않았다. 이처럼 공부에 대한 의지력은 다른 사람의 기대와 시선에도 영향을 받는다.

| 핵심 02 |

공부 잘하는 머리는 따로 없다

그날 배운 내용을 완벽하게 다 외우려고 하면 시간이 너무 오래 걸려서 다른 공부를 할 시간이 부족하니 외우려고 하지 말고 교과서를 읽으면서 이해한다. 이해가 안 되는 내용은 표시해두었다가 다음 날 선생님에게 질문을 해서 정확히 알고 넘어가야 한다. 그러고 나서 일요일에 한 번 더 복습한다. 일요일 오전이나 오후를 복습 시간으로 정해놓고 교과서나 자습서로 한 번 더 복습을 한다.

서울대 비책	실천 노트
복습만이 정답이다.	- 배운 날 저녁에 복습하기 - 일요일에 한 번 더 복습하기 - 암기가 아닌 이해하기
스트레스와 기억력은 관계가 있다.	- 단기기억을 장기기억으로 저장하기 위해 안정된 마음과 긍정적인 생각하기 - 나쁜 기억과 스트레스에서 벗어나기

맑은 정신일 때 공부가 잘된다.	– 최적각성수준인 공부할 타이밍 찾기 – 졸릴 때, 흥분 상태일 때는 공부를 해도 소용이 없다.
음악을 들으며 공부하면 안 된다!	– 뇌는 멀티태스킹을 하지 못한다. – 음악을 들으며 공부하지 않는다. – 공부를 할 때는 주변 맥락도 같이 저장된다.
공부의 말문을 터라!	– 토의, 실습, 설명하기를 하면 학습 효과가 훨씬 높아진다. – 내가 아는 것과 내가 안다고 착각하는 것을 파악하려면 말로 설명해야 한다.
뇌는 1등의 쾌감을 기억한다.	– 뇌는 승리의 쾌감을 기억한다. – 1등 경험 ➜ 기쁨·성취감 ➜ 공부 ➜ 좋은 성적 ➜ 선순환

아이에게 필요한 것은 무엇인가

지력, 심력, 체력은 기본

1) 지력

지능이 평균 이상인 아이라면 자신의 노력으로 얼마든지 공부를 잘할 수 있다. 서울대학교 심리학과 최인철 교수가 쓴 『굿 라이프』에는 PSI 성취 방정식이 실려 있는데, 이 공식대로라면 지능은 성취를 이루기 위한 세 가지 조건 중

$$성취 = 긍정\ 정서\ (Positivity) \times 자기통제\ (Self\ control) \times 지능\ (Intelligence)$$

하나일 뿐이다. 텔레비전, 스마트폰, 게임, 친구와의 만남, 이성교제, SNS, 유튜브 등 아이들을 유혹하는 것들이 많은 세상이다. 지능이 평균 이상이라면 이런 유혹을 이겨내고 공부 시간을 확보하는 '자기통제'와 나도 할 수 있다는 '긍정 정서'를 높임으로써 공부라는 성취를 이룰 수 있다.

공부를 잘하려면 상식이 풍부해야 한다. 문과를 갈 거라고 과학 공부를 소홀히 하면 안 되고, 이과를 갈 거라고 문학 작품 읽기를 소홀히 하면 안 된다. 2019 수능에서 국어는 '불수능'으로 불릴 정도로 어려워 평가원에서 이례적으로 사과까지 했다. 시험문제 중에서 27~32번에 해당하는 지문은 우주론에 대한 내용이었다. 그중 한 문제는 이과 학생들의 경우 지문을 읽지 않고 ①~⑤번 예시만 보고도 답을 찾을 수 있었다고 한다.

현재 국어는 문과와 이과를 나누지 않고 통합해서 보기 때문에 문과와 이과형 문제를 같이 낼 수밖에 없다. 따라서 문과든 이과든 다양한 분야에 대한 상식이 있어야 문제 풀기가 수월하다. 시간적 여유가 있는 중학교 때 다양한 분야의 책을 많이 읽고, 미술관, 박물관, 과학관, 음악회, 영화, 다큐멘터리, 책, 잡지 등 다양한 방법으로 상식을 쌓아야 한다.

2) 심력

공부는 자기 자신과의 싸움이다. 놀고 싶고, 자고 싶고, 게임이나 SNS, 유튜브를 하고 싶은 유혹을 이기는 정신력이 있어야 한다. 이런 유혹은 어른도 이기기 힘든데 아이들은 오죽할까. 따라서 아이가 유혹 속에서 힘겨운 싸움을 하지 않도록 유혹받지 않는 환경을 만들어야 한다. 우리 집에는 텔레비전이 없었고 경호는 중학교 때까지 스마트폰이 아닌 폴더폰을 사용했다. 고등학교에 가니 학급 종례, 동아리, 수행평가 모임 등의 연락을 카톡으로 해서 스마트폰이 없는 경호에게 친구가 따로 연락해주는 걸 보고 스마트폰을 사주었지만 게임이나 유튜브 앱은 설치하지 않았다. 승현이도 고등학교를 졸업할 때까지 폴더폰을 사용했다. 아이에게 의지력이 부족하다고 탓하기보다 아이의 주변 환경을 점검하는 것이 부모가 할 일이다.

공부를 잘하기 위해서는 안정된 정서와 바른 인성으로 학교생활을 무난하게 할 수 있어야 한다. 공부를 잘하는 아이들 중에는 인성이 안 좋은 아이들도 있다. 학급에서 성적이 낮고 힘없는 아이를 괴롭히는 것으로 자신의 스트레스를 푸는 아이도 있다. 또 시험지를 검토할 때 답을 몰래 고치고 채점이 잘못되었다고 우기는 아이도 있다. 그래서 대학 입시에서 인성 면접을 '착한 척하는 아이를 고르는 작업'이라고 말하기도 한다. 공부할 때는 집중력이 중요한데 선생님이나 친구와 갈등을 겪으면 공부에 집중할 수 없다. 요즘에는 SNS에 생각 없이 올린 한 마디로 학교폭력에 휘말릴 수 있기 때문에 항상 주의해야 한다.

경호가 중학교 때 8명이 한 조가 되어 수행평가를 한 적이 있다. 동영상을 제작해서 발표하는 수행평가였는데 컴퓨터를 사용해야 해서 우리 집에 모여 숙제를 했다. 아이들은 그날 하루만 함께 작업했지만, 경호는 영상을 편집하고 내레이션을 넣는 등 이틀 동안 과제를 정리했다. 다행히 경호네 모둠이 학급에서 가장 높은 점수를 받았다. 사실 모든 아이들이 똑같은 비중으로 참여하는 것은 아니었다. 그렇다고 해서 누구는 열심히 안 했다고 교사에게 따로 말할 수도 없다.

　아이들이 학교생활을 하다 보면 모둠 활동을 할 때 이런 일이 자주 생긴다. 그럴 때마다 얄미운 친구 때문에 분노하고 상처를 받기보다는 그 상황을 받아들이고 감당하는 힘을 길러야 한다. 이건 인성과는 다른 차원으로, 억울하고 분한 마음을 다스리는 힘이다. 상위권 학생들은 수행평가 때문에 종종 마음속 갈등을 겪는다. 과제에 참여하지 않는 친구와의 갈등에, 과제를 혼자 다 떠맡아야 하는 부담감과 억울함이 더해져서 자퇴를 고민하는 학생도 있었다. 마음은 힘들겠지만 누구나 겪는 일이라고 생각하고 감수해야 한다. 상황을 바꿀 수 없다면 마음 넓게 받아들이는 수밖에 없다. 참여하지 않는 친구들을 원망해봐야 자기만 손해다. 결국 친구들과 사이가 안 좋아지고 공부도 안 되기 때문이다.

　아이가 혼자 과제를 떠맡아 억울한 상황에서 엄마가 "다른 애들은 뭐하고 왜 너 혼자 다 하냐?" 등의 말로 불을 붙이면 안 된다. "네가 하는 만큼 배우는 것이다. 다 너에게 도움이 될 것이다."라고 아이의 마음을 달래주어야 한다. 가장 절실한 내가 내 점수를 챙긴다는 마음으로, 친구들을 위해 봉사한다는 마음으로, 내가 한 만큼 내게 도움이 된다는 생각으로 하라고 해야 한다. 몸에 근육이 있듯이 마음에도 근육이 있다. 어떠한 일에도 동요되지 않는 마음의 근육을 길러야 흔들리지 않고 공부할 수 있다. 영국의 문호 셰익스피어는 "왕관을 쓰려는 자, 그 무게를 견뎌라."라고 말했다. 공부를 잘하는 왕관의 무게를 견디기 위해 감수하고 감당해야 할 일들이 있다면 부모로서 격려해주고 응원해주어야 한다.

3) 체력

공부는 체력 싸움이다. 특히 내신시험을 대비할 때는 단기간에 집중적으로 공부해야 하기 때문에 체력이 중요하다. 머리를 쓰는 일은 엄청난 에너지가 소비된다. 일단 의자에 오래 앉아 있어야 하는 것 자체가 체력을 요구한다. 아무리 공부를 하고 싶어도 허리가 아프고 잠이 오면 공부를 오래 하기 어렵다. 고등학교 내신시험의 경우 4일 정도 보는데, 본격적으로 시험 준비를 하는 한 달 정도는 긴장한 상태로 지내고 잠을 줄여 공부 시간을 확보해야 한다.

경호는 초등학교 때부터 꾸준히 운동을 했다. 방학이면 스케이트, 수영, 스키, 보드를 배웠고, 초등학교 6학년 때까지 주말마다 농구와 야구를 했다. 평일엔 아빠와 배드민턴을 쳤다. 중학교 1학년부터 3학년까지는 스포츠클럽에 가입해 일요일 오전에 볼링, 탁구, 인라인 스케이트, 배드민턴을 번갈아 하며 체력을 길렀다. 고등학교 때는 운동할 시간이 많지 않아서 점심시간에 가끔 농구를 했고, 독서실에서 집까지 20분 정도 걸었다. 가끔은 주말 밤에 동네 농구장에서 친구들과 농구를 했다.

중학교 때까지 일요일만큼은 잠을 푹 잤다. 몇 시에 일어나든 일부러 깨우지 않았다. 고등학교 때도 일요일 오전은 평소보다 두세 시간 정도 더 자게 두었다. 입시라는 긴 여정에서 지치지 않으려면 무리하게 체력을 소비하기보다는 일주일에 한 번이라도 잠을 푹 자고 피로를 풀어야 한다.

경호는 2학년 2학기 내신을 1.0으로 마치고 나서, 내신이 하락 곡선을 그릴까 봐 걱정했다. 내신 추이가 하락 곡선을 그리지 않으려면 고3 때도 전과목 1등급을 받아야 했기 때문이다. 그래서 고3 1학기 시험을 준비할 땐 일주일 동안 잠을 거의 안 자고 공부했다. 시험 기간엔 2~3시간만 잤고, 마지막 시험 전날엔 밤을 꼬박 새워 공부했다. 그리고 시험이 끝나는 날, 놀러 가지도 못하고 바로 집으로 와서 쓰러져 잤다. 그 노력이 결실을 맺어 고3 1학기도 내신 1.0을 받았다. 이 모든 게 체력이 약했다면 불가능한 일이었다.

내가 신경 쓴 게 한 가지 더 있다. 아침을 꼭 먹게 했다는 것이다. 아침 먹는 걸 부담스러워하는 아이들이 많은데, 아이에게 아침을 먹어야 하는 이유에 대해 이해를 시켜서 조금이라도 먹게 해야 한다. 많은 뇌신경세포를 움직일 수 있는 에너지원이 밥에 들어 있는 탄수화물이며, 반찬으로 섭취하는 단백질과 지방은 신경전달물질을 만드는 원료가 되기 때문이다. 따라서 하루를 시작하는 아침에 적절한 탄수화물과 단백질, 지방을 섭취해 대비해놓아야 하루 종일 뇌의 움직임이 극대화되고 건강을 유지할 수 있다.[12]

경호가 고등학교에 들어가고 나서 경호와 나, 중학생인 딸은 몸무게가 늘어났다. 매일 야식을 먹었기 때문이다. 경호가 학교에서 밤 10시에 야간자율학습을 끝내고 독서실로 이동하는 동안 김밥, 컵밥, 삼각김밥, 핫도그, 햄버거 등의 간식을 차에서 먹였다. 독서실에서 돌아오면 12시가 넘는데, 그때 또 셋이서 야식을 먹었다. 냉장고에는 항상 소고기, 돼지고기, 오리고기, 닭고기가 있었고, 떡볶이, 냉동만두, 과자, 아이스크림, 라면 등 간식거리를 준비해 아이들이 먹고 싶어하는 걸 그때그때 해주었다. 경호가 살이 쪘다고 안 먹겠다고 하면 나중에 헬스장에 보내주겠다고 꼬셔서 잘 먹게 했다. 경호는 고1 입

---

[12] 서유헌(서울대 의과대학 교수), 〈아침을 먹자〉, 네이버 캐스트

학할 때보다 고3 때 10kg이 더 쪘는데, 살집이 있어야 체력이 생긴다는 생각에 틈만 나면 먹였다.

　체력을 위해 좋은 약도 구해서 먹였다. 엄마들 모임에서 좋은 약을 공동으로 구매했고, 고3 시험 기간에는 공진단도 먹였다. 약국에서 수험생에게 추천하는 비타민D, 종합비타민은 물론 시험 기간에 먹으면 집중력에 효과가 있다는 약, 로열젤리 등도 먹였다. 어느 것이 아이에게 가장 효과가 좋은지 알아보고 주위에서 추천을 받으며 3년 동안 꾸준히 먹였다.

　아이의 체력을 키워주려면 건강에 이상이 있는지 살펴서 그것부터 치료해주어야 한다. 어떤 아이는 위가 약해 학교에서 저녁 급식을 거의 못 먹고 집에 가서 죽을 먹었는데, 허기가 져서 밤에 공부를 제대로 하지 못했다고 한다. 아이는 병원에 가서 위를 치료한 뒤부터 학교에 남아 공부를 했고 성적도 많이 올랐다. 딸도 비염이 심해 중3 때 수술을 했는데 효과는 6개월뿐이었다. 독서실에서 코를 시원하게 풀 수 없다며 집에서 공부를 했다. 시험을 며칠 앞두고도 비염 때문에 머리가 아프다며 일찍 자는 아이에게 강제로 공부하라고 할 수도 없다. 공부하라는 말 대신 빨리 원인을 찾아 고치는 것밖에 답이 없다.

나만의 스트레스
해소법 찾기

공부를 하다 보면 스트레스가 생긴다. 공부 스트레스를 풀지 않고 쌓아놓다 보면 나중에 공부에서 손을 떼고 싶어진다. 성적이 좋고 전교 1등을 하는 최상위권 아이들도 스트레스가 있다. 오히려 더 심하다. 상위권 대학과 의대는 내신과 수능 최저학력의 기준이 높고, 비교과 스펙도 좋아야 하기 때문에 이른바 죽음의 트라이앵글을 다 완수해야 한다. 게다가 상위권 대학이나 의대는 전국에서 공부로 날고 긴다는 아이들이 다 모이는 만큼 경쟁이 극도로 치열해 스트레스가 많다.

상위권 아이들은 친구들의 질투와 견제 때문에 스트레스를 받기도 한다. 경호가 중학교 때 최상위권이었던 한 친구는 시험을 보고 나면 경호에게 과목별로 몇 개 틀렸는지 물어보았다. 그러면 경호는 사실대로 말해주었다고 한다. 하지만 경호는 그 친구에게 몇 개 틀렸는지 안 물어본다고 했다. 그 이유를 묻자 "내 대답을 듣고 나보다 시험을 잘 봤으면 웃고, 더 틀렸으면 인상을 찡그리며 가거든. 표정만 봐도 나보다 잘 봤는지 못 봤는지 다 아는데 뭐하러 물어봐."라고 말했다. 최상위권인 어느 아이는 누군가 교과서를 몽땅 기져가 겨우 찾은 일도 있었다고 한다. 혹 내 아이가 그런 일을 겪는다면 너무 심각하게 받아들이지 말고 친구들이 부러워하는 만큼 견뎌야 하는 무게로 생각하고 넘어가야 한다. 그런 일에 일일이 신경 쓰다 보면 스트레스만 커진다.

그런데 스트레스는 신경을 안 쓴다고 해서 사라지지 않는다. 제때 해소하지 않으면 쌓여 있다가 언젠가 어떤 형태로든 드러난다. 그러니 조용한 곳에서 쉬든, 친구와 수다를 떨든, 영화를 보든, 운동을 하든 자신만의 스트레스 해소법을 찾아야 한다. 경호의 스트레스 해소법은 여러 가지였다. 점심시간이나 주말 밤에 친구들과 농구를 하면서 공부 스트레스를 풀었고, 하루 일과를 끝내고 나서 가족과 야식을 먹으며 학교생활이나 뉴스 등 공부 외의 주제로 대화를 나눴다.

내가 경호를 자사고에 보내려다 포기하고 일반고를 보낸 이유도 스트레스와 관련이 있다. 자사고는 기숙사 생활을 하는데, 룸메이트와 맞지 않으면 잠을 편하게 못 자서 피로가 쌓일 수도 있겠다 싶었다. 밤늦게까지 공부하는 룸메이트를 보며 자극을 받을 수는 있겠지만 스트레스를 풀 여유가 없을 것 같았다. 대학에 가는 데 조금 불리하더라도 일반고에 다니면 밤엔 집에서 쉬면서 긴장도 풀고 잠을 편하게 잘 수 있으니 아이에게 도움이 될 거라고 생각했다. 나는 엄마로서 아이 곁에서 하나라도 더 챙겨주며 입시 스트레스를 줄이는 데 도움이 되고 싶었다.

시험 스트레스는 시험이 끝나는 날 친구들과 신나게 놀면서 풀었다. 때로는 1박 2일로 놀았는데 장소는 우리 집이었다. 편하게 놀게 하려고 집을 비워준 적도 있다. 낮에 친구들과 탁구장, 영화관, 목욕탕을 갔다가 집에 와서 컴퓨터와 노트북 등을 모아놓고 밤새 게임을 했다. 여름방학 땐 캐리비안 베이와 에버랜드를 갔는데, 그때도 아침 일찍 데려다주었다. 공부할 땐 친구들과의 만남도 자제하며 공부했기에 놀 때만큼은 마음껏 놀 수 있도록 간섭 없이 원하는 대로 해주었다.

한번은 학교에서 경호가 아파서 조퇴를 한다고 하니 데리러 오라고 연락이 왔다. 그날은 고3 10월 모의고사 날이었다. 얼마나 아프기에 시험도 못 볼까 걱정하며 데리러 갔더니, 국어 시험 후 머리가 너무 아파서 도저히 못 있겠다고 했다. 수능을 한 달 앞두고 얼마나 긴장했으면 그랬을까. 의대는 수능 최저 학력기준이 높기 때문에 부담감이 컸을 것이다. 스트레스로 인해 몸이 상한 것이다. 아이를 데리고 병원에 가서 영양제 링거를 맞으며 한숨 푹 자게 했다. 고등학교에 가서부터 부담을 주지 않으려고 신경을 썼는데도 아이 스스로 느끼는 스트레스는 어쩔 수 없었나 보다. 주사를 팔에 꽂고 자는 아이 얼굴을 보며 고3이 빨리 지나가기만을, 누구도 대신 해줄 수 없는 시간을 아이가 잘 이겨내기를 바라며 손을 꼭 잡았다.

슬럼프, 이 또한 지나가리라

아이들은 기계가 아니기 때문에 매일 같은 일을 반복하다 보면 지칠 때가 온다. 그것을 슬럼프로 알아채고 슬기롭게 이겨내야 한다. 대나무는 마디가 있어 부러지지 않고 계속 자랄 수 있다. 마디가 없다면 강한 바람에 부러지거나 휘어질 것이다. 슬럼프도 대나무의 마디처럼 성장점 역할을 한다.

상위권 아이들은 친구에게도 부담감과 불안함을 털어놓지 못한다. 속마음을 털어놓으면 "네가 무슨 걱정이냐, 그 정도 성적이면 됐지. 그 정도면 나는 걱정도 없겠다."라는 말이나 잘난 척한다는 핀잔만 듣기 때문이다. 또 본의 아니게 친구의 자존심을 상하게 하고 마음에 상처를 줄 수 있기 때문에 고민을 털어놓을 친구가 별로 없다. 또 자신을 위해 고생하는 부모에게는 걱정을 끼칠까 봐 말도 못하고 혼자 끙끙거린다.

경호가 중3 2학기 중간고사를 앞두고 글자가 눈에 들어오지 않는다고 했다. 공부를 해야 한다고 머리로는 생각하는데 막상 책을 보면 하얗게 보이고 아무 생각도 안 난다고 했다. '내가 이러면 안 되는데, 공부해야 하는데. 내가 이상해졌나? 왜 이러지? 시험 못 보면 어떡하지? 전교 등수 떨어지면? 이러다 공부를 아예 못하게 되면 어떡하지?'라는 생각이 피어올라 더 괴롭다고 했다. 아마 1학기 때 전교 1등을 하면서 그 등수를 유지해야 한다는 강박관념과 불안감, 주변의 기대로 인한 부담감이 컸던 것 같았다.

그날부터 시험은 잊고 모든 학원을 쉬고 마냥 놀았다. 초등학교 고학년 때부터 매일 공부를 했으니, 로봇도 아닌데 이젠 멈추라는 신호가 온 것이라고 생각했다. "너 갑자기 왜 그러냐. 시험이 코앞인데 어쩌려고 그러냐. 왜 아빠, 엄마에게 말을 안 하냐."라고 다그치지 않았다. 그저 아이와 함께 영화 보고, 놀러 가고, 아이가 좋아하는 음식을 먹고, 집에서 빈둥거리며 쉬면서 "다른 친구들도 겪는 일이다. 유명한 운동선수들도 성공한 사람들도 모두 겪는 일이다. 이번에 성적 안 좋아도 된다. 그 시험 한 번으로 인생이 결정되는 것은 아니다."라고 말해주었다.

그로부터 일주일 후 경호는 괜찮아졌다며 다시 책을 폈고, 남은 기간 동안 열심히 공부해 좋은 성적을 유지했다. 그 후로는 매년 설 연휴 기간에 혼자 당일 여행을 다녀왔다. 홍대, 광화문, 네이버 본사 등을 다니며 바람을 쐬고 왔다. 1년에 한 번 혼자만의 여행으로 스스로를 조절하는 아이가 대견해서 나는 용돈을 두둑하게 챙겨주며 잘 다녀오라고 했다.

간혹 공부를 잘하다가 어느 순간 슬럼프를 극복하지 못하고 그대로 주저앉는 아이들도 있다. 계획대로 순탄하게 잘 따라가다가 갑자기 공부를 안 하니 엄마는 당황해서 아이의 상태를 받아들이지 못한다. 아이도 자신의 변화에 적응하지 못하고 주변 사람들의 걱정과 우려에 더 큰 마음의 짐을 갖는다. 공부를 잘하던 아이들도 결승전을 통과하기도 전에 중도 이탈을 한다. 아이가 공부를 잘한다고 주위에 자랑을 하고 다녔던 엄마일수록 더 크게 좌절한다. 그러는 동안 아이는 슬럼프에 더 깊이 빠지고 결국 헤어나오지 못한 채 고등학교 생활을 마친다.

아이의 등수와 성적을 자랑했던 엄마는 창피함, 실망감, 허무함, 속상함 등 모든 감정의 소용돌이를 겪으며 지인들과 연락을 끊은 채 조용히 잠수를 탄다. 입시 결과는 대입까지 가봐야 아는 것이다. 그 긴 레이스 중간에 내 아이가 어떤 일을 겪을지, 어떻게 될지는 아무도 모른다. 아이가 대학 합격이라는 결과를 얻기 전까지 주위에 자랑하지도, 자만하지도 말아야 한다. 좌절도 금지다!

공부뿐만 아니라 아이의 불안감, 압박감, 부담감 등도 관리해야 한다. 아이의 수업 진도, 등수, 내신 등급만 체크할 게 아니라 멘탈 관리도 해주어야 한다. 그러려면 아이에게 항상 긍정적인 격려와 칭찬으로 마음을 편하게 해주어야 한다. 아이가 힘들 때 부모에게 손 내밀 수 있도록 항상 좋은 관계를 유지해야 한다. 다른 아이와 비교하거나 시험 결과에 일희일비하면 아이의 불안감만 커진다. 슬럼프는 누구에게나 올 수 있다는 것, 다른 사람들은 슬럼프를 어떻게 극복했는지도 말해주어야 한다. '이것 또한 지나가리라.'라는 말처럼 성장하는 데 피할 수 없는 자연스러운 과정이라고 생각하고 잘 통과할 수 있도록 도와주어야 한다.

멘탈 관리도 하나의 과목이다

　승현이와 경호는 고등학교 3년 동안 주로 학교에서 공부를 했다. 경호는 학교에서 야간자율학습을 하고 독서실에 가서 두 시간 정도 더 공부하고 집에서는 쉬기만 했다. 공휴일에도 학교에서 공부가 더 잘된다며 친구와 오전 9시에 만나 학교에 갔다. 추석 연휴에도, 방학 때도 친구들과 매일 학교에 가서 공부하다가 저녁 때 독서실에 갔다. 전교 최상위권인 지인의 딸은 학교보다 집에서 공부가 잘된다고 했다. 학교 수업이 끝나면 집에 와서 30분 정도 낮잠을 자고 저녁을 먹은 후 자기 방에서 늦게까지 공부를 했다.

　이렇게 아이마다 집중이 잘되는 장소가 다르기 때문에 내 아이가 어디에서 집중이 가장 잘되는지 알아보고 한 곳을 정해서 공부하도록 해야 한다. 여기저기 옮겨 다니며 공부하는 것은 좋지 않다.

한때 아침형 인간으로 사는 것이 트렌드였던 적이 있었다. 새벽에 일찍 일어나 부지런히 움직여야 성공하며, 저녁형 인간은 게으르다고 생각했다. 그러나 아침형 인간으로 사는 것이 모든 사람에게 성공을 가져다주는 것은 아니다. 영국 서레이대학 사이먼 아처 교수에 의하면, 아침형 인간과 저녁형 인간의 차이는 의지나 생활 패턴의 차이가 아닌, 유전자의 영향이라고 한다. 대개 아침형은 늦은 아침부터 정오까지 주의력이 높은 반면, 저녁 6시가 넘어가면 주의력이 급격히 떨어진다. 저녁형은 그 반대다. 오후부터 집중력이 높아져 오후 6시 이후에 가장 활발하게 활동한다.[13] 사람들 중 40%는 아침형 인간, 30%는 저녁형 인간, 나머지 30%는 그 중간쯤이라고 한다.[14]

경호도 저녁형 인간이라 저녁 늦게까지 공부하고 일어나서 학교에 갔다. 아침에 일어나서 공부하는 건 꿈도 못 꿀 일이었다. 그런데 수능 100일을 앞두고는 저녁 공부 시간을 줄여서라도 일찍 자고 6시에 일어나겠다고 했다. 이유를 물어보니, 수능을 보러 가려면 6시에 일어나야 하니 지금부터 습관을 들여야 한다는 것이었다.

수능은 오전 8시 10분까지 입실해 1교시(8:40~10:00, 80분간)에 국어, 2교시(10:30~12:10, 100분간)에 수학 시험을 본 뒤에 점심 식사(12:10~13:00, 50분간)를 한다. 3교시(13:10~14:20, 70분간)에 영어, 4교시(14:50~16:32,

---

13) 이화영, '늦잠 자는 이유, 의지만의 문제 아니야', KISTI의 과학향기(제3449호)
14) 한전 KPS 사보 5월호

102분간)에 한국사, 사회, 과학, 직업탐구 시험, 5교시(17:00~17:40, 40분간)에 제2외국어, 한문 시험을 본다. 경호는 수능 100일 전 주말에 수능과 똑같이 시간을 정해서 모의고사 문제를 풀었다. 쉬는 시간과 점심시간도 똑같이 지켜서 수능을 보는 것처럼 혼자만의 모의고사를 치렀다. 영어는 점심 식사를 하고 나서 시험을 보는데, 특히 듣기평가를 맨처음에 보기 때문에 자칫 집중력이 흐려지기 쉽다. 그래서 듣기평가 연습도 점심을 먹고 13시 10분부터 시작했다. 이렇게 수능 100일 전부터 수능 시간에 맞게 신체리듬을 맞췄다.

공부를 할 때에는 본인만의 루틴을 만들어야 한다. 집중이 잘되는 시간을 찾아서 그 시간에 공부를 한다든지, 기분이 우울할 때마다 듣는 음악을 정해 놓는 것은 어떨까? 좋아하는 과목부터 공부하는 게 나은지 어려운 과목부터 공부하는 게 나은지 등을 알고 자신만의 공부법을 정하는 것도 중요하다. 중학교 때는 시간보다 양으로 공부 계획을 세우는 것이 좋은데, 하루에 국어 몇 문제를 풀지, 수학은 몇 장을 풀지 등도 정해야 한다. 시험에 대해서도 시험 준비 기간, 과목 배분법, 시험 볼 때의 마음가짐과 자세, 실수하지 않는 요령, 시험 보고 난 후에 할 일 등 자기만의 루틴을 갖는 것이 필요하다.

시간의 중요성,
언제 깨달을까

　공부를 잘하느냐 못하느냐는 머리가 좋은지 나쁜지보다 시간의 중요성을 아느냐 모르느냐에 달려 있다. 시간의 중요성을 알면 PC방에 가거나 게임을 하거나 유튜브 보는 시간을 아까워하기 때문에 잔소리하지 않아도 스스로 자제한다. 경호가 서울대학교 의대를 갈 수 있었던 요인 중 하나는 다른 아이들보다 조금 일찍 시간의 중요성을 깨달았다는 점이다. 경호는 PC방을 다니지 않았다. 특히 남학생들은 PC방에 가지 않고 게임을 하지 않으면 공부를 잘할 가능성이 높아진다. 괜히 하는 말이 아니다. 게임에 재미를 붙인 아이들은 바로 내일 중요한 시험이 있는데도, 머리 식힌다는 핑계를 대며 PC방에 가거나 게임을 한다. 엄마 입장에선 속이 터지는 일이다.

　경호가 초등학교 6학년 때, 농구부 엄마들과 모였는데 한 엄마가 그동안 나를 오해했다고 했다. '경호 엄마는 얼마나 아이를 독하게 잡기에 남자애가 PC방에 안 가냐.'고 생각했단다. 그런데 어느 날 농구가 끝나고 그 엄마가 "오늘 ○○이 생일이니 같이 밥 먹고 PC방에 가자."고 말하자 경호만 집에 가겠다고 했다. 그 엄마가 "내가 엄마와 친하니 전화해서 허락받을게. 다른 친구들과 같이 PC방에 가라."고 하자, 경호가 "아니에요, 제가 안 가는 거예요. 게임을 못해서 PC방에 가도 재미없어요."라는 말을 듣고 오해를 풀었다고 한다. 고등학교 때는 친구들이 "너를 꼭 PC방에 데리고 가겠다."며 억지로 데려갔는데 간신히 한 시간 동안 앉아 있다가 나왔다고 했다. 나도 신기해서 "너는 왜 PC

방을 안 가니?"라고 물어보면 "시간 아깝잖아요."라고 말했다.

2012학년도 수능 만점자이자 공인회계사인 김승덕 씨는 시간의 중요성에 대해 이렇게 말했다.

"어떻게 하면 공부를 잘할 수 있느냐고 많이 물어보는데 단번에 얻을 수 있는 것은 없다. 반드시 해야 하는 얼마만큼의 노력과 절대적인 시간이 필요하다. 중학교 때 남들보다 매일 한 시간 공부를 덜 했다면 3년이면 1,000시간의 격차가 벌어진다. 그렇게 벌어진 시간과 그 시간에 만들어진 기본기가 나중에 압도적인 차이를 만든다."[15]

경호는 중학교 때 공부를 열심히 했다. 내신 대비용 공부뿐만 아니라 다양한 분야의 책과 잡지를 읽었고, 국어, 영어, 수학, 과학의 기본 실력을 쌓기 위한 공부를 착실히 했다. 그 결과 매년 봄 송도고등학교에서 중학교 3학년 남학생을 대상으로 실시하는 학력경시대회에서 1등을 하여 고등학교 3년 전액 장학금을 받았다. 고등학교 때 그 많은 활동을 하면서도 전교 1등을 유지하는 것을 보고 친구들이 "너는 어떻게 그렇게 공부를 잘하냐?"라고 물어봤을 때 "나는 중학교 때가 더 힘들었다. 그때 공부를 정말 많이 했다."라고 대답했다. 친구들은 "우리가 PC방에서 살 때, 그 시간에 공부를 한 네가 전교 1등을 하는 건 당연한 결과야."라고 말했다고 한다.

---

[15] 김작가텔레비전, 수능만점자 공인회계사 합격자의 공부 태도, 서울대학교 경영학과 김승덕(2019.7.8.)

친구 따라
강남 간다

경호의 고등학교 시절 가장 친했던 친구는 3년 내내 같은 반이었던 반장이었다. 고등학교 1, 2학년 때 반 대표로 배구나 농구 연습도 같이하고, 고2 때는 2시 30분까지 공부하는 0230 모임도 함께했다. 고3 때는 한 달에 한 번씩 선착순으로 교실에 도착하는 순서대로 앉았는데 1년 내내 둘이 짝이었고, 점심시간에는 같이 농구를 하며 스트레스를 풀었다. 쉬는 시간에는 서로 모르는 것을 물어보고 같이 찾아보며 공부를 했다. 그 친구는 시험이 끝나면 PC방에 안 가는 경호를 배려해 영화를 보고 노래방을 가주기도 했다.

그 친구는 2학년 2학기 때부터 성적이 올라 3학년 1학기에 가장 좋은 내신을 받아 수시로 대학에 합격했는데 그 친구 엄마가 내게 "아이가 경호 따라 공부를 해서 성적이 올랐다."며 좋아했다. 그런데 나는 "경호와 친하다고 해서 다 성적이 오르는 것은 아니다. 아이가 공부할 마음을 먹고 노력했기 때문이다."라고 말했다. 경호와 짝이 되어 성적 향상에 도움이 되었을지도 모른다. 그러나 옆에 앉았더라도 스스로 공부하지 않으면 성적이 오를 리 없다. 경호도 속마음을 털어놓을 수 있는 친구가 3년 내내 옆에 있었기에 학교에서 보내는 긴 시간을 즐겁게 보냈다. 경호가 "고등학교 시절이 힘들지 않았다. 재미있었다."라고 말하는 건 아마 좋은 친구들을 만난 덕분일 것이다.

고3 때 교내 과학융합대회에 친한 친구와 같이 나가기로 하고, 점심시간은 물론 토요일에도 학교에서 만나 대회 준비를 했다. 고3이라 바쁜 와중에도 열심히 준비한 결과, 대회에서 1등을 하고 인천시 대회에서도 입상을 했다. 뜻이 맞는 친구를 만난 결과였다. 친구들에게 동아리를 만들거나 대회에 나가자고 해도 호응해주지 않아 고민인 학생들도 있다. 보통 과학탐구토론대회, 과학융합대회는 두세 명이 한 조가 되어 나가기 때문에 같이 나갈 친구가 없으면 아무리 하고 싶어도 할 수가 없다. 대회 나가는 걸 원하지 않는 친구와 같은 조가 되면 이름만 같이 올릴 뿐 혼자 다 해야 하는 경우도 있다. 그런 대회는 자료 준비부터 실험, 보고서 작성까지 해야 할 일이 많기 때문에 혼자 하기 힘들다. 그런 점에서 학업에 관심이 많은 아이들이 모이는 고등학교에 가는 것이 내신은 불리할지 몰라도 다양한 활동을 하는 데는 도움이 된다.

내신이 불리할 줄 알면서도 특목고나 자사고에 보내는 이유는 대입 결과가 좋은 이유도 있지만 친구 문제도 있다. 공부하는 친구, 좋은 환경의 친구들을 만나게 해주기 위해서이다. 고등학교 때 친구는 평생 간다는데, 아이에게 좋은 인맥을 만들어주고 싶은 것이다.

간혹 내신 받기 쉬운 고등학교에 가서 전교 1등을 하여 서울대학교에 지균전형으로 들어가는 게 어떠냐고 물어보는 분들이 있다. 나는 아이의 성격이 중요하다고 대답한다. 주위에 휩쓸리지 않고 나만의 길을 갈 수 있는 강직한 성격의 아이라면 보내도 되지만, 친구를 좋아하고 주변 영향을 많이 받는 아이라면 보내지 말라고 한다.

제자 중에 공부를 잘했던 아이가 내신을 잘 받기 위해 외곽의 한 고등학교에 갔다. 그런데 수업시간에 자는 아이들이 많아 수업 분위기가 좋지 않고, 내신시험문제가 어렵지 않아 공부와 점점 멀어졌다고 한다. 그 아이의 엄마는 아이가 친구들과 어울려 PC방에 다니고 공부를 하지 않는다며 그 고등학교에 보낸 것을 후회하셨다. 반면 중학교 때 공부를 잘하지 못했지만 공부 잘하는 아이들이 많이 모이는 고등학교에 간 아이가 있었다. 수업시간에 딴짓을 하기도 어렵고, 내신시험이 어려운 만큼 공부를 할 수밖에 없는 분위기였다. 친구들이 다 공부를 하니 안할 도리가 없었다. 아이 엄마는 지방대라도 가면 다행이라고 생각했는데 수도권 내 대학에 합격했다며 내신 센 고등학교에 보내길 잘했다고 만족했다.

학교에서 문제를 일으킨 학생들의 부모들은 대부분 "우리 아이는 착한데 친구를 잘못 만나서 그렇게 됐다."라고 말한다. 상대 아이가 우리 아이를 꼬드겼다고 싸우기도 한다. 그런데, 유유상종이다. 학교에서 보면 끼리끼리 논다는 말이 딱 맞다. 성향이나 취향이 같으니까 친구가 되는 것이다. 친구를 가려서 사귀라고 할 수는 없지만, 친구 보는 눈을 길러줄 필요는 있다.

서울대 비책 노트 |핵심 03|

지력, 심력, 체력, 그리고 시간

공부를 잘하느냐 못하느냐는 머리가 좋은지 나쁜지보다 시간의 중요성을 아느냐 모르느냐에 달려 있다. 시간의 중요성을 알면 PC방에 가거나 게임을 하거나 유튜브 보는 시간을 아까워하기 때문에 잔소리하지 않아도 스스로 자제한다. 아이들이 서울대학교 의대를 갈 수 있었던 요인 중 하나는 다른 아이들보다 일찍 시간의 중요성을 깨달았다는 점이다. 그리고 중요한 것이 지력, 심력, 체력이다.

서울대 비책	실천 노트
지력, 심력, 체력이 기본이다.	- 지력(다양한 분야에 대한 상식)을 키워라. - 심력(안정된 정서, 바른 인성, 마음의 힘)을 키워라. - 체력(운동, 수면, 식사, 영양제, 치료)을 키워라.
나만의 스트레스 해소법을 찾는다.	- 자신만의 방법으로 스트레스 풀기 - 공부에 방해되지 않는 취미 생활 갖기

나만의 슬럼프 극복법을 만든다.	- 슬럼프는 성장 중에 일어나는 자연스러운 과정으로 받아들여라. - 휴식, 취미 생활, 여행 등으로 슬럼프 극복하기 - '이것 또한 지나가리라.'라고 생각하기
나만의 공부 루틴이 필요하다.	- 공부가 잘되는 장소, 시간 등 나만의 공부법 찾기 - 멘탈 관리도 하나의 과목이다!
시간이 무섭다는 것을 늘 기억해야 한다.	- 시간의 중요성을 알면 게임을 하지 않고, PC방에 가지 않게 된다. - 공부하는 시간의 양이 절대적으로 필요하다.
같이 공부하는 친구가 중요하다.	- 친구들과의 만남이 중요하다. - 좋은 인맥을 만들기 위해 선택이 중요하다.

엄마에게 필요한 것은 무엇인가

부모가 건강해야 아이를 챙길 수 있다

무엇보다 부모가 건강해야 한다. 특히 엄마가 건강해야 한다. 내 몸이 아프면 만사가 귀찮고 짜증나고 무기력해지기 쉽다. 그러니 엄마는 평소에 운동하며 건강을 챙겨야 한다. 아이가 공부를 늦게까지 하고 집에 왔는데 엄마가 체력이 안 되어 먼저 자면 아이는 기운이 빠지고 엄마는 미안해진다. 우리 부부는 둘 중에 한 명은 경호가 올 때까지 안 자고 기다렸다. 방에서 시험공부를 할 때도 거실에서 책을 읽으며 같이 있었다. 경호가 자겠다며 방문을 닫으면 그제야 나도 방으로 들어갔다. 나중에 안 사실이지만, 경호는 나를 들여보내고 공부를 더 했다고 한다.

신체 건강뿐만 아니라 정신 건강도 챙겨야 한다. 학교생활에 적응하지 못하는 아이들 중에는 엄마가 우울증을 앓고 있는 경우가 있다. 우울증에 무기력까지 겹친 엄마들은 집 안에만 있으면서 아이에게 빵이나 과자만 주면서 방치하고, 하루 종일 텔레비전만 보기도 한다. 우울증 같은 정신적인 문제가 없다면 가장 조심해야 할 것이 감정 조절이다. 엄마들과 이야기하다 보면 아이에게 소리 지르고 화를 냈다면서 후회하는 경우가 많다. 그럴 만한 상황도 있겠지만 말로 해도 될 일에 감정을 폭발해버린 것이다. 나 또한 그랬다. 엄마도 감정이 있는 사람이다. 아이에게 화를 낼 수 있다. 그러나 최대한 자제하려고 노력해야 한다. 감정 조절에 문제가 있다고 판단되면 자신만의 스트레스 해소법을 찾아야 한다.

아이가 어느 정도 자라서 손이 덜 가면 취미 생활을 시작하는 것도 정신 건강에 좋다. 전업주부 중엔 아이에게 헌신하다가 아이가 대학을 가고 난 후에 할 일이 없어지자 자신의 존재 의미를 잃고 빈둥지증후군(자녀가 독립한 뒤 부모가 느끼는 상실감)으로 고생하는 경우가 꽤 있다. 아이가 어릴 땐 엄마의 손길이 필요하지만, 중고등학생이 되면 스스로 하는 일이 늘어나 엄마에게 시간적인 여유가 생긴다. 그때부터라도 취미 생활을 하거나 새로운 일을 배우며 자신만의 시간을 잘 써야 한다.

나는 경호가 고등학교에 가고 둘째가 중학생이 되면서 아이들의 귀가 시간이 늦어져 여유가 생겼다. 그래서 그때 대학원을 다녔다. 휴직 중엔 도서관이나 평생학습관에서 여러 가지 강좌를 수강하며 자격증도 취득했다. 수강생 중에 50대 엄마들이 많았는데, 그곳에서 배운 기술로 봉사활동을 하는 모습이 참 보기 좋았다. 편하게 쉬어도 되는데 왜 하느냐고 물어보니 아이들이 다 크고 나니 너무 허전해서 시작했다고 했다. 아이가 어릴 때는 아이에게 전념해야 하지만 엄마 손길이 덜 필요해지면 엄마의 인생도 다시 설계해야 한다.

극성이 아닌 지성으로

'성질이나 행동이 몹시 드세거나 지나치게 적극적인' 사람들을 보면 '극성'이라고 한다. 지성은 '지극한 정성'이다. 부모가 목표를 정하고 아이를 끌고 가거나 다그치면 극성이고, 아이가 원하는 것을 이루게 해주려고 지원하는 마음은 지성이다. 사랑과 관심이 지나쳐 아이에게 극성을 부리는 부모들은 아이의 능력과 재능이 부족한데도 강제로, 억지로 시킨다. 아이를 위하는 부모의 마음을 누가 모르겠는가. 다만, 아이가 어떻게 받아들이고 있는지 신경 써야 한다. 부모의 관심과 사랑에 부담을 느끼고 거부한다면 그 관심과 사랑은 극성이 되는 것이다. 아이가 부모의 마음을 극성으로 받아들이는 순간 둘의 관계는 멀어지기 시작한다.

극성의 정도가 지나친 엄마를 둔 어떤 아이는 대학 합격과 동시에 집을 나가 살면서 밖에서 아빠만 만난다고 한다. 또 극성인 아빠가 싫어 엄마만 만나는 아이도 있다. 어느 교사의 자녀가 명문대를 갔다고 해서 모두 부러워했는데, 그 자녀가 엄마에게 "아줌마, 이제 만족해요?"라고 하더니 기숙사에 들어가 집에 안 온다는 이야기도 들었다. 자신이 교사가 되는 것이 소원인 엄마 때문에 교대에 입학해 임용고시를 합격하고 한 학기 동안 학교에서 근무를 한 뒤 "엄마의 소원을 이뤄주었으니 이제부터는 내 인생을 살겠다."며 사표를 내고 미용실 스태프로 들어간 자녀도 있다.

2015 쇼팽 국제피아노 콩쿠르에서 한국인 최초로 우승한 피아니스트 조성진은 "부모님은 저에게 압박하신 적이 없는 것 같아요. 어머니는 제가 피아노를 끝까지 할 줄 몰랐고, 아버지는 그만두고 싶으면 그만둬도 된다고 하셨어요. 억지로 시켜서 하는 것은 힘들 것 같아요."라고 했다.

사실 나는 경호가 서울대학교 의대에 갈 줄 몰랐다. 집에서 가까운 대학의 의대를 가면 좋겠다는 생각은 했다. 내가 서울대학교 의대를 목표로 아이를 끌어당겼다면 그 결과를 얻지 못했을 것이다. 엄마만의 목표가 생기는 순간, 아이가 뭔가를 좀 더 했으면 좋겠고 아이의 부족한 점만 눈에 들어와 아이를 다그치게 된다. 그 결과 아이와 사이가 안 좋아져 결국 성적에도 영향을 준다. 나는 경호가 1학년 때 영어, 2학년 1학기 때 물리와 화학에서 2등급을 받아온 것을 보고 '영재학교나 과학고를 준비하는 아이들이 많아 내신 따기 어려운 학교에서 이 정도면 잘한 것'이라고 생각했다. 만약 그 시절 내 목표가 서울대학교 의대였다면 '중요한 과목인데 성적이 왜 이러냐.'며 다그치고 혼냈을 것이다. 내가 기대하고 목표한 것이 없었기에 결과에 만족하고 아이를 칭찬하고 격려해줄 수 있었다.

어느 고등학생이 자살했다는 뉴스가 보도되었다. 성적이 떨어져서 아빠가 몇 마디 했는데 자기 방 창문에서 떨어졌다고 한다. 10대의 뇌는 이성으로 통제가 안 되고 충동적이고 감정적이기 때문에 성적에 대한 부담감과 시험을 못 본 자신에 대한 원망, 자신을 혼낸 부모에 대한 서운함 등의 감정이 뒤섞여 그런 슬픈 일들이 발생한다. 실제로 10대의 자살률을 보면 성적으로 인한 원인이 1위를 차지한다. 숫자가 적힌 종이에 불과한 성적표가 아이의 목숨에 비할 게 아닌데, 아이가 극단적인 선택을 할 줄 어느 부모가 알았겠는가. 알았으면 잔소리도 하지 않았을 것이다.

혜민 스님의 『멈추면 비로소 보이는 것들』이라는 책 제목처럼 엄마의 극성을 멈춰야 아이의 장점이 보이고 좋은 관계도 유지할 수 있다. 고등학생들의 이야기를 담은 드라마 〈열여덟의 순간〉을 보면 극성인 엄마가 등장한다. 엄마는 인서울 대학에 가는 것만으로도 만족하는 아이를 서울대학교에 보내기 위해 아이의 모든 학교생활과 교우 관계까지 통제한다. 그러자 아이가 엄마에게 "엄마는 나를 서울대학교에 보내서 자랑하려고 낳았어?"라고 묻는다. 이 질문에 부모들은 어떻게 대답할까? 아마 "공부해서 좋은 대학 가면 네가 좋지, 엄마가 좋니?"라고 말할 것이다. 아이의 인생을 생각해서 공부하라고 하는 부모 마음을 누가 모르겠는가. 다만, 아이의 생각이나 능력과는 상관없이 부모의 대리만족, 과시, 명예, 자존심 때문에 그러는 건 아닌지 돌아보아야 한다.

엄마가 가져야 할 첫 번째 마음가짐은 시험 결과를 겸허하고, 겸손하게 받아들이는 것이다. 성적 때문에 안달복달하거나 일희일비하지 말고 내 아이가 이룬 결과로 최대한 좋은 대학에 보내겠다는 마음으로 입시를 준비하면 된다.

아이의 고등학교 성적은 엄마가 어떻게 한다고 되는 것이 아니다. 그저 아이의 체력과 정신, 마음을 정성껏 관리해주면서 내 아이의 생기부에 유리한 대학과 입시 전형을 알아보는 것이 엄마가 할 일이다.

가정이 편해야 공부도 잘된다

공부도 가화만사성이다. 가정이 안정적이고 화목해야 아이가 공부에 집중할 수 있다. 부모가 매일 큰소리로 싸우는 환경에서는 공부를 잘할 수 없다.

공부를 잘하는 요인 중 하나가 심리적인 안정이다. "문제아는 없다. 문제부모가 있을 뿐이다."라는 말이 있는데, 실제로 공부를 잘하는 아이들 중에는 집안 분위기가 안정적인 아이들이 많다. 부부 사이도, 아이와 부모의 관계도 좋아야 아이의 성적을 기대할 수 있다. 가정을 안정적으로 만들려면 아이들 앞에서는 싸우지 않는 등 부부가 함께 노력해야 한다.

뇌과학자 정재승 교수는 "부모가 된다는 것은 바닥이 드러날 때까지 인내하는 일이다."라고 말했다. 아이가 사춘기에 들어서면 갑자기 변한 모습과 태도에 놀라는 부모들이 많다. 요즘은 사춘기 연령대가 낮아져 초등학교 고학년 때 사춘기를 겪는 아이들이 있는데, 그 모습에 놀라 학교에 상담을 하러 오신다. 사춘기 때는 이해가 안 되는 일이 많이 생기지만 10대의 뇌 특성을 이해하고, 아이가 커가는 과정이라고 받아들여야 한다. 아이의 행동과 태도에는 이유가 있을 것이니 이야기를 들어주고, 차분하게 부모의 의견을 말해야 한다. 무시하거나 조롱하거나 비난하는 말을 하면 아이는 부모 앞에서 입을 닫는다. 무조건, 어떤 경우에도, 그럼에도 불구하고 아이와 사이좋게 지내야 한다. 그러기 위해서는 부모가 참고, 참고, 또 참는 수밖에 없다.

내가 아이들을 기를 때 가장 신경 쓴 부분은 집을 편안하게 쉴 수 있는 곳이라고 느끼게 하는 것이었다. 밖에서 치열하게 지낸 아이들이 집에서만이라도 안식을 느낄 수 있기를 바랐다. 공부는 학교, 도서관, 학원 등에서 마무리하고 집에 오면 하고 싶은 것을 하도록 두었다. 승현이는 어려서부터 온 가족이 함께 모여 잠을 잤다. 잠들기 전에 온 가족이 오늘 있었던 일에 대해 끝없이 수다를 떨었다. 단, 엄마 아빠는 아이들의 이야기에 공감만 할 뿐 가르치지 않았다. 그래야 아이들이 스스럼없이 부모에게 말을 하기 때문이다. 아이들을 데리고 공연을 보거나 서점을 다닐 때도 아이들이 자신의 느낌을 이야기할 수 있도록 계속 물어봐주고 많이 들어주었다.

어느 책에서 좋아하는 것은 '~하기 때문에' 좋아하는 것이고, 사랑하는 것은 '~라 할지라도' 사랑하는 것이라는 말을 읽었다. 그 후론 사람과 인연을 맺을 때 그 사람을 좋아하는지 사랑하는지 여러모로 생각해보는데, 아이들을 기를 때도 늘 그 생각을 했다. 사랑하는 아이들이 내 말을 잘 들어서, 공부를 잘해서, 말썽을 안 피워서 등의 '~ 때문에'보다는 말 안 듣고 약속을 안 지키고 속을 상하게 '할지라도' 사랑하는 마음으로 기르려고 노력했다. 과정을 인지하고 마음껏 칭찬하는 것이 아이의 학습을 지도할 때 가장 중요하다. "잘하는 것을 칭찬하지 말고 잘하고 싶어하는 것을 칭찬하라."는 말을 되새기며 그렇게 하려고 의식적으로 노력했다.

아이들이 중고등학생이었을 때, 주변 학부모들이 학교나 아이들 일에 대해 이것저것 많이 물어보았다. 우리 아이만큼 학교나 학원에서 있었던 일을 집에서 자세히 얘기하는 아이가 없었기 때문이었다. 그래서 그런가 아이들에게 필요하거나 꼭 준비해야 할 것들에 대처하기가 쉬웠다. 아이를 학교나 학원에 데려다주거나 데리고 올 때는 아빠나 엄마의 차로 이동하면서 이야기를 했다. 고등학교에 가면 아이와 집에서 함께할 시간이 없기 때문에 그나마 이동하는 시간이 대화할 수 있는 귀중한 시간이었다. 아이들도 그 시간엔 마음 편하게 쉬면서 학교생활이나 교우 관계 등에 대해 이야기했고, 나는 그 이야기에 같이 고민해주면서 공부하느라 힘든 아이의 마음을 다독여주려고 노력했다.

아이의
매니저가 되어라

연예인 곁에는 늘 매니저가 있다. 한 명의 연예인을 위해 여러 매니저들이 함께 일한다. 집으로 가서 픽업을 해 메이크업 숍이나 방송국에도 데려다주고, 식사와 간식을 챙기며 의상도 같이 고른다. 일하는 모습을 사진으로 찍거나 관찰하면서 모니터도 해준다. 때로는 차에서 조언과 격려를 해주기도 한다. 하루 일과를 마치면 연예인을 집까지 데려다주고, 남는 시간에는 사무실에 가서 서류 정리 등 남을 일을 처리한다.

학생과 연예인의 삶은 닮아 있다. 타고난 재능과 노력으로 부모의 도움 없이 혼자 힘으로 공부를 잘하는 아이도 분명 있겠지만('내 아이가 그러면 얼마나 좋을까'라고 생각할 것이다), 대부분의 아이들은 아이돌 연습생처럼 혼신을 다해 공부하는 과정에서 매니저 같은 부모의 도움을 받을 수밖에 없다.

매니저가 연예인의 활동을 모니터링하고 조언과 격려를 해주듯, 부모도 아이의 공부 태도를 모니터링하고 조언과 격려를 해준다. 그런데 아이에게 해서는 안 되는 말이 있다. 바로 "이리 와서 앉아봐."이다. 이 말을 듣는 순간 아이들은 '또 시작이구나.'라는 생각에 귀와 마음의 문을 닫는다. 가만히 앉아서 듣는 아이들도 사실 머릿속으로는 딴 생각을 하며 잔소리가 끝나기만을 기다린다. 그러니 아이에게 하고 싶은 말이 있을 때는 핵심만 짧게 말하고 끝내야 한다. 말이 길면 길수록 효과가 떨어진다.

매니저가 연예인에게 조언을 할 수 있는 건 신뢰가 있기 때문이다. 연예인도 매니저가 해주는 말이 자신을 위한 것임을 알고 있기에 더러 감정이 상해도 받아들이려고 노력한다. 부모와 아이의 관계에서도 마찬가지다. 서로 신뢰하고 사이가 좋아야 집에서든 차에서든 부모의 말이 잔소리로 들리지 않는다. 사이가 안 좋으면 무슨 말을 하든 잔소리로 받아들이고 무조건 거부한다. 그러니 아이에게 부모에 대한 신뢰를 심어주어야 한다. 평소 좋은 관계를 유지하는 것은 물론, 하고 싶은 말이 있을 때는 흥분된 상태에서 말하지 말고 차분하고 짧게 끝내야 한다.

이것은 나도 가장 지키기 어려운 부분이었다. 말하다 보면 나도 모르게 감정이 욱해서 큰소리가 났다. 감정을 다스릴 수 없을 땐 남편에게 대신 말해달라고 부탁하기도 하고, 하고 싶은 말을 편지로 쓰기도 했다.

수험생들과 부모들은 수시 원고를 쓸 때 6개의 선택 앞에서 고민에 빠진다. 어느 학교에 쓸까? 어느 전형에 쓸까? 나와 경호는 그 6장을 두고 함께 상의했지만 여기저기 다니며 알아보는 건 내가 했다. 자소서 쓰기와 수능 공부로 바쁜데 이것까지 신경 쓰게 할 수 없었다. 서울대학교 지역균형선발전형을 포기하고 일반전형으로 바꾸는 결정을 했을 때 주위에서 경호에게 물었다.

"지역균형 티켓을 포기하기 어려웠을 텐데 어떻게 엄마의 말을 그대로 따랐어?"

경호는 이렇게 대답했다.

"엄마가 그동안 설명회를 다니며 알아보셨기 때문에 바꾸자고 하셨을 땐 이유가 있을 거라고 생각했어요."

부모와 아이 사이에 신뢰가 있고 원만한 관계가 유지되면 부모의 조언이 통한다. 그래야 아이의 체력 관리, 심리 안정, 아이에게 필요한 정보 등을 알아보고 부족한 부분을 채워주는 매니저 역할도 성과를 낼 수 있다. 그렇다고 해서 아이의 모든 것을 끌고 나가라는 말은 아니다. 매니저는 연예인 옆에서 힘을 보탤 뿐 앞에 나서는 것은 연예인이 한다. 마찬가지로, 공부는 아이가 하는 것이다. 부모는 아이가 주도적으로 공부하게끔 옆에서 도와주어야 한다. 공부를 해야 하는 이유와 현실을 알려주고, 진로도 같이 고민한다. 공부할 수 있는 환경을 만들어주고, 부족한 부분을 채울 수 있는 다양한 방법을 제시해 아이가 선택할 수 있게 해야 한다.

학습뿐만 아니라 인성, 교우 관계 등에 대해서도 조언을 해주며 교육을 해야 한다. 아이의 긴 인생을 보았을 때 정말 중요한 것은 인성과 인간관계이다. 인성 교육은 참는 것을 가르치는 것이 아니라, 화가 나는 것과 화를 내는 것의 차이를 가르치는 것이다. '인성의 뿌리는 자신과 주변 사람들과의 관계, 공익을 조율할 수 있는 능력'[16]이라는 말을 다시금 되새겨 본다.

아빠와 엄마의 확실한 역할 분담

아빠의 무관심이 자녀 교육의 성공 요인이라는 말이 있다지만 교육 과정에서 아빠가 배제되는 것은 바람직하지 않다. 아빠는 몸으로 놀아주면서 사회성을 길러주고 아이들의 쉼터 같은 존재가 되어주어야 한다. 아이들을 교육할 때에는 부부가 함께 이야기를 나누면서 교육관을 일치시키고 역할을 나눌 필요가 있다. 엄마와 아빠가 다른 교육관으로 싸우면 아이는 혼란스러워한다. 가정 분위기도 좋을 리 없다. 엄마는 공부 계획을 세우고 있는데 아빠는 주말에 캠핑가자, 놀러 가자고 하면 갈등이 생길 수밖에 없다. 그래서 부부는 교육관과 자녀 양육에 대한 의견을 일치해야 한다.

자수성가했거나 명문대를 나와 사회적으로 인정받는 직업을 가진 아빠의 경우 자신이 노력하며 살았기에 아이도 그렇게 살기를 기대한다. 하지만 안정적인 환경에서 자란 아이에게 헝그리 정신이 있을 리 없고, 아빠의 눈에는 그런 아이의 모습이 불성실함으로 비쳐져 갈등을 일으키는 경우가 많다. 아빠와 아이가 싸우는 모습이 보기 싫어 방학 동안 아이를 일부러 겨울캠프에 보낸다는 엄마도 있다. 사회생활을 하며 이 세상과 현실을 몸으로 느끼는 아빠들은 "피라미드의 꼭대기에 있어야 한다."는 드라마 〈스카이 캐슬〉 속 대사에 공감한다. 눈에 보이지 않는 계급이 존재하는 현실에서 자녀가 도태되고 별 볼 일 없는 삶을 살게 될까 봐 걱정하는 것은 당연하다. 그렇더라도 아빠는 모든 걱정과 우려를 뒤로 하고 아이를 무조건 품어주는 역할을 해야 한다. 아이에게 내 편이 되어주는 단 사람이 아빠여야 한다.

승현이는 주말이면 축구, 농구, 야구 등 몸으로 할 수 있는 놀이를 했다. 그리고 일주일에 한 번은 꼭 아빠와 함께 목욕탕에 갔다. 아이들이 전자 기기에 덜 노출되고 스마트폰 없이 고등학교를 졸업할 수 있었던 것은 중학교 때까지 꾸준히 바깥 활동을 많이 했기 때문이다.

경호도 엄마의 잔소리를 들은 날엔 어김없이 아빠와 나가 농구를 했다. 경호는 "잔소리 한바가지 얻어먹고~"라고 말하며 조용히 아빠를 따라 농구공을 들고 나갔다. 막상 집에 혼자 남으면 '아이가 그랬을 땐 이유가 있을 텐데, 공부하느라 힘든 아이한테 왜 그랬을까?' 하고 온갖 후회가 밀려왔다.

SBS 스페셜 〈바짓바람 시대-1등 아빠의 조건〉에서 서울대학교 학생과 수

---

16) 조벽, 『인성이 실력이다』, 해냄

능 만점자 160명에게 아빠와의 관계를 물어보았다. 학생들은 아빠에 대해 자신을 믿어주는 편안한 관계라고 털어놓았다. 정신의학과 전문의 노규식은 "아빠와 정서적 교감이 있는 아이들은 역경이 와도 두려워하지 않는다. 새로운 도전을 두려워하지 않고, 한 번 실패했다고 포기하지 않는다. 그래서 자기가 원하는 분야에서 성공할 가능성이 높다."고 말한다. 이승욱 정신분석가도 아빠의 역할에 대해 말했다. "아이들이 진짜 아빠로부터 원하는 게 있다. '괜찮다, 괜찮다.'라고 말해주는 아빠다. 이렇게 불안한 세상에서 자녀를 닦달해서라도 교육시키는 게 아빠의 역할이라고 생각하는 사람들이 많은데, 아이들은 '정말 괜찮다.'라고 말해주는 아버지가 있으면 좋겠다고 말한다."

엄마와 싸우면 화해가 되지만 아빠와 싸우면 회복이 안 되고 더 멀어진다고 한다. 아이와 직접 부딪히는 건 엄마가 하고, 아빠는 세상으로부터 지친 아이를 품어주는 역할을 하는 게 좋다.

아이는 부모의 등을 보고 자란다

2014 수능 만점자 원유석 씨의 아버지는 건설 현장에서 일했다. 새벽 4시에 일어나 먼 거리를 출퇴근하느라 힘들었지만 저녁 시간엔 항상 아이들과 같이 앉아서 공부를 했다. 영어 입문사전을 매일 10쪽씩, 한 단어를 10회씩 썼는데, 그런 식으로 영어 사전을 총 11번 보았다고 한다. 또 공부하라는 말 대신 매일 같은 자리에서 책을 펼쳤다. 내용이 어려워도 그냥 읽었다. 어려워도 포기하지 않는 모습을 보여준 것이다.

원유석 씨는 수능 만점의 비결로 "아버지가 공부하니까 나도 같이 공부했다. 부모님이 그렇게 하시니까 나도 내가 계획한 시간계획표를 꼭 지켰다. 수능 만점을 받는 데는 부모님의 영향이 가장 컸다."라고 말했다. 아버지가 가르쳐준 것은 성실한 삶의 태도와 좋은 습관이었다.[17] 아이는 부모의 등을 보고 자란다는 말이 딱 맞는 사례이다.

서울대학교 의대 면접은 MMI로 5개의 면접이 있다. 4개는 주어진 제시문에 대답하는 면접이고, 1개는 학생부와 자소서에 대한 면접이다. 2019학년도 서울대학교 의대 MMI 면접에서 다음과 같은 지문이 나왔다.

---

[17] SBS스페셜 바짓바람의 시대-1등 아빠의 조건(2019.3.10.)

> 한파가 기승을 부리는 일요일 오전 11시입니다. 부부와 두 자녀는 특별한 약속이 없어서 주말 내내 집에 있습니다. 아버지가 1시간 거리에 있는 ○○물고기축제에 가보자고 제안합니다. 아내는 추운 날씨에 나가는 것이 귀찮았지만, 그냥 찬성합니다. 큰아이는 낚시를 싫어하지만 유별나게 군다고 잔소리 들을까 봐 가겠다고 합니다. 둘째 아이는 나머지 가족이 모두 가고 싶어하는 것 같아서 함께 집을 나섭니다.
>
> **문제** 물고기를 한 마리도 못 잡고 돌아오게 된 차 안에서 다툼이 일어났다. 각 사람이 생각하는 문제점과 해결 방법을 제시하라. 수험생이 첫째라면 뭐라고 했을 것 같은지 말해보라.

면접이 끝나고 점심을 먹으며 면접 문제에 대해 이야기를 나누었다. 나는 "아빠가 가족의 의견을 듣지 않고 결정한 게 잘못한 것이니 아빠에게 '앞으로는 혼자 독단적으로 결정하지 마세요.'라고 대답할 것 같다."고 했는데, 경호는 이렇게 대답했다고 했다.

"누구의 잘못이 아니다. 헛고생했다고 생각하지 말고 우리 가족이 함께하고 추억을 만들었다는 사실이 중요하다."

나는 그 말을 듣고 깜짝 놀랐다. 경호 아빠가 평소 하던 말을 그대로 했기 때문이다. 언젠가 비가 많이 내린 날 취소할 수 없어 마지못해 간 여행에서 툴툴거리는 나에게 아이들 아빠가 한 말이었다.

"이런 것도 추억이다. 온 가족이 함께하니 얼마나 좋으냐."

그 말을 기억해서 그대로 말한 것은 아니었겠지만, 평소 아빠의 말과 태도가 마음에 스며들어 면접 볼 때 드러난 것 같았다. 이렇듯 자녀는 부모의 생각, 말, 행동을 닮기 마련이다.

엄마에겐
계획이 있다

아이들이 고등학교에 입학하기 전까지는 책의 선택을 오롯이 아이들에게 맡겼다. 하지만 고등학교 때는 아이가 읽었으면 하는 책을 미리 읽고 권하는 방식으로 독서를 유도했다. 서점에 들러 청소년 소설 베스트셀러나 전공 관련 분야의 책들을 조사하고 먼저 읽어보았다. 또한 뉴스, 카페, 밴드에 올라오는 대입 관련 소식을 꼼꼼히 확인했다. 또 입시 설명회에 참석해 전문가의 설명을 듣기도 했다. 아이들은 공부하기 바빠 대입 전형에 대해 따로 공부하기 어렵다. 담임선생님이나 진로진학 담당 선생님의 도움을 받을 수도 있지만 그분들이 모든 학생을 일일이 챙기기 어려운 게 현실이다.

의대에 가고 싶어했던 승현이는 학교 선배 중 의대 합격자가 없어서 어디서부터 어떤 준비를 어느 정도까지 해야 할지 전혀 감이 잡히지 않았다. 학교에서는 1학년 전 학기 내신 1.0에 전 과목 1등이라는 성적으로도 메이저 의대가 힘들다고 했다. 3년 동안 1.0의 성적으로 마무리한들 서울대학교 지역균형선발전형으로 의대를 쓸 수 없다며 일반전형 의대로 준비하라고 했다. 하지만 나름 지역에서 이름도 있고, 매년 서울대학교, 연세대학교, 고려대학교 합격자를 30명 이상 배출하는 학교에서 메이저 의대를 합격시키지 못한다는 것이 이해가 되지 않았다.

아이가 열심히 할수록 그 노력이 헛되지 않게 엄마도 노력해야 한다는 생각에, 처음엔 매일 서점에 들러 책을 읽었다. 그렇게도 해결되지 않는 정보의 갈증은 입시 설명회 등에 참석하며 수집했다. 하지만 그 정보의 바다에서 올바른 정보, 내 아이의 상황에 맞는 정보를 찾아내는 것은 너무 어려웠다. 결국 엄마인 내가(손소영) 전문가가 되어야겠다고 생각했다. 지인의 도움으로 전문가 양성 과정에 참여할 기회를 얻어 입시 공부를 시작했고, 이름난 선생님들을 개인적으로 찾아가서 귀한 정보와 자료를 모으고 정보를 분석하기 시작했다. 과학 강사를 하며 가르치고 있는 아이들의 입시 사례와 주변 학원가의 지인들을 활용해 사례를 수집한 결과, 승현이가 충분히 경쟁력이 있고 메이저 의대에 적합한 학업 역량을 가졌음을 확신할 수 있었다.

메이저리그 브루클린 다저스 팀의 브랜치 리키 단장의 좌우명은 '운은 계획에서 비롯된다.'이다. '혁신'은 남들보다 한발 앞서 준비한 결과다. 입시도 운이 있다고 하는데, 그 운은 계획되고 준비된 상황에서 온다. 요즘 입시는 학생부종합전형으로 60% 이상 선발하는데 입시 전형도 다양하고 전형에 따른 선발 기준도 다르다. 아이가 원하는 대학과 학과가 있다면 합격권인 내신 등급, 비교과 상황, 수능 최저학력기준 조건 등을 알아보고 그에 따라 준비할 수 있도록 아이에게 조언해주어야 한다. 중3 기말고사가 끝나고 고1 준비 시기가 되면 자신이 가고 싶은 진로를 큰 줄기로 그리고, 그 꿈을 이루기 위해 자신이 해야 할 일과 준비할 것 등을 적어보게 하는 것이 좋다.

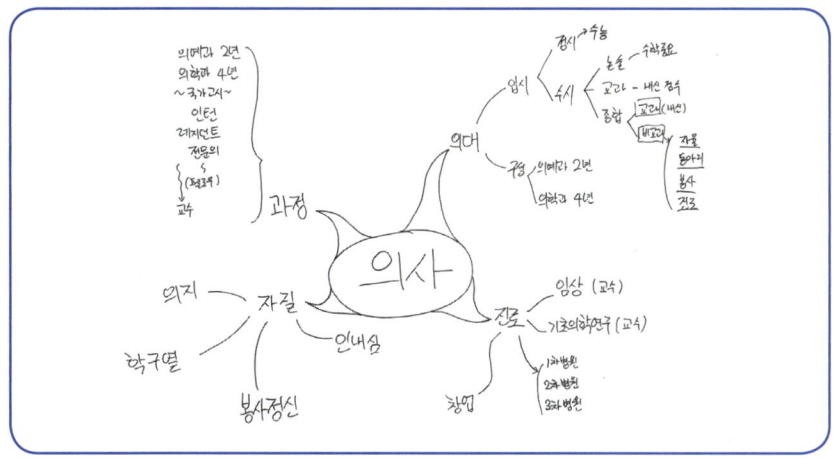

의사를 꿈꾸며 그려본 마인드맵

입시는 함께 가야 외롭지 않다

고3 여름이 되면 수능을 몇 달 앞두고 수능 공부를 열심히 할 것 같지만 현실은 그렇지 않다. 기말고사가 끝나면 담임선생님이 아이들의 수시 원서 6장을 놓고 상담을 시작한다. 자소서를 쓰느라 수능 공부에 소홀해지고, 수업을 거의 안 해서 교실 분위기는 어수선하다. 더운 날씨에다 3년간 달려온 피곤이 쌓여 있어 체력도 떨어진다. 결국 분위기에 휩쓸려 수능 공부를 소홀히 하게 된다.

그때 경호 친구 엄마가 대치동에 가서 수업을 듣게 하자고 제안을 했다. 그래서 내가 다른 친구 엄마들에게도 연락을 해서 대치동 학원별 스케줄을 짰다. 그렇게 5명이 주말마다 4개월간 대치동으로 강의를 들으러 다녔다. 아빠나 엄마들이 번갈아 차로 데려다주었는데 아이들은 차에서 자기도 하고, 수다 떨기도 하고, 게임도 하면서 이동 시간을 즐겼다. 모두 대학에 합격하고 난 뒤 엄마들이 모였는데, 한 엄마가 다른 지역에 사는 친구에게 아들 친구들과 대치동 학원에 같이 다닌 이야기를 했더니 깜짝 놀라며 이렇게 말했다고 한다.

"우리 아이 학교에서는 있을 수 없는 일이야. 그런 건 몰래 혼자 다녀."

만약 경호 혼자 대치동을 다녔다면 외롭고 힘들어서 끝까지 다니지 못했을 것이다. 아침, 저녁으로 데려다주고 데려와야 해서 나도 지쳤을 것이다. 친구를 수능 경쟁자로 여기는 것에 대해 나는 부정적이다. 전국에 수많은 경쟁자들이 있는데 친구들만큼은 동지로 생각해야 한다는 것이 내 생각이다. 적군이 아닌 아군으로 생각해야 입시라는 살벌한 전쟁터에서 서로에게 힘이 되어 슬럼프라는 구덩이에 빠지지 않고 끝까지 싸울 수 있다. 고등학교 친구는 평생 간다는데, 친구들이 잘되면 내 아이에게도 좋은 것 아닌가.

최상위권 엄마들은 반 모임이나 엄마들 모임에 참석하지 않는 경향이 있다. 엄마들의 관심이 집중되고 학습 정보에 대한 질문이 많으니 정보가 유출될까 봐, 얻는 것도 없이 자신만 털릴까 봐 그런 자리를 꺼린다고 한다. 나는 아이가 초등학교와 고등학교 때 만난 엄마들 모임을 아직도 지속하고 있다. 나에게 학습 정보를 물어보는 엄마들이 있으면 최대한 있는 그대로 알려주었다. 학원이나 공부법 정보도 다 공유했고, 자리가 나면 함께하자고 일부러 전화해서 알려주었다. 선택은 그 엄마가 하겠지만, 알고 안 하는 것과 몰라서 못 하는 것은 다르다고 생각했다. 내가 준 정보가 그 아이에게 결정적 도움이 될지도 모르지 않은가. 혹시 내가 말을 안 했는데 나중에 알고 서운함을 느낀다면 마음이 더 불편할 것이다.

동료 교사나 지인들이 개인적인 만남을 요청하거나 전화로 상담해와도 나는 최대한 응했다. 직접 만나서 이야기를 하다 보면 서너 시간이 훌쩍 지나갔다. 경호가 학원에서 합격 수기를 발표한 적이 있었는데 그곳에 오신 아버님과 두 시간 동안 통화를 한 적도 있다. 간절한 부모의 마음을 알기에 '내 아이라면 어떻게 할까?'라는 마음으로 내가 알고 있는 것을 최대한 말해주었다.

나는 '나와 인연을 맺은 사람은 모두 다 잘되면 좋겠다.'라는 마음으로 사람들을 대한다. 그래서 학원 정보도 숨기지 않고 소개해주었다. 그랬더니 다른 엄마들도 나에게 정보를 주었다. 자녀가 잘되기를 바라는 엄마의 마음은 모두 같다. '빨리 가려면 혼자 가고, 멀리 가려면 같이 가라.'는 아프리카 속담을 마음에 새기며 자녀의 친구들을 경쟁자가 아닌 동반자로, 친구 엄마들은 협력자로 생각하고 지내야 아이도 나도 마음이 편하다.

행운은 사람을 통해 온다고 한다. 아이들이 서울대학교 의대에 합격하기까지 많은 사람의 도움이 있었다. 독불장군처럼 혼자만의 힘으로 된 게 아니다. 오지랖이 넓다는 말을 들을 정도로 주변을 챙기니 나 또한 생각지도 못한 사람들에게 큰 도움을 받았다. 입시를 준비하며 깨달은 것은 받은 만큼 베풀어야 하고, 또 베푼 만큼 다시 돌려받는다는 세상의 이치였다.

엄마와 자녀가 함께 외우는
서울대 비책 노트 |핵심 04|

가정이 편안해야 공부를 잘할 수 있다

공부도 가화만사성이다. 가정이 안정적이고 화목해야 아이가 공부에 집중할 수 있다. 부모가 매일 큰소리로 싸우는 환경에서는 공부를 잘할 수 없다. 공부를 잘하는 요인 중 하나가 심리적인 안정이다. "문제아는 없다, 문제 부모가 있을 뿐이다."라는 말이 있는데, 실제로 공부를 잘하는 아이들 중에는 집안 분위기가 안정적인 아이들이 많다. 부부 사이도, 아이와 부모의 관계도 좋아야 아이의 성적을 기대할 수 있다.

서울대 비책	실천 노트
부모가 건강해야 아이를 챙길 수 있다.	- 엄마의 신체적, 정신적 건강 챙기기 - 엄마의 감정 조절하기 - 엄마의 인생 설계하기
극성이 아닌 지성으로 행동한다.	- 극성 부모는 자신이 정한 목표에 맞춰 아이를 끌고 간다. 공부는 공부대로 안 되고 관계도 악화된다. - 지성 부모는 아이가 원하는 것을 돕는 마음으로 지원한다. 관심, 지원, 칭찬, 격려를 아끼지 않는다.
가정이 편해야 공부도 잘된다.	- 안정적이고 편안한 가정환경이 중요하다. - '~ 때문에'가 아닌 '~할지라도'의 마음을 가져라. - 잘하는 것보다 잘하고 싶어하는 것을 칭찬하라.

아이의 매니저가 되어라.	– 매니저 같은 부모의 도움과 지원이 필요하다. – 아이의 체력, 인성 관리, 교육 정보를 제공하라. – 부모와의 신뢰와 좋은 관계가 중요하다.
아빠의 역할이 중요하다.	– 쉼터 같은 존재, 무조건 품어주는 역할을 하라. – 아이들은 자신을 믿어주는 아빠, 괜찮다고 말해주는 아빠를 원한다.
최고의 유산은 부모의 좋은 습관이다.	– 아이는 부모의 등을 보고 자란다. – 아이는 부모의 생각, 말, 태도, 행동을 닮는다.
기회는 준비된 자에게 온다.	– 행운은 계획에서 비롯된다. – 엄마가 입시에 대해 공부하자.
입시는 함께 가야 외롭지 않다.	– 친구는 경쟁자가 아닌 동지이다. – 빨리 가려면 혼자 가고, 멀리 가려면 같이 가라. – 행운은 언제나 사람을 통해 온다.

05

엄마가 꼭 알아야 할
심리학

자존감
_아이를 살리는 말

자존감(self-esteem)의 가장 기본적인 정의는 '나를 어떻게 평가하는가'이다. 자신을 높게 평가하는지, 낮게 평가하는지에 대한 수준을 의미한다.[18]

카피라이터 박웅현은 다섯 살 아들을 둔 여자 후배가 "아이에게 무엇을 가르쳐야 아이가 행복해질 수 있을까?"라는 질문을 했을 때 고민 끝에 '자존'이라고 대답한다. 행복한 삶의 기초를 '자존'이라고 생각해서다. 스스로 자(自), 높을 존(尊). 스스로를 높이는 마음. 이것이 있으면 어떤 상황에 처해도 행복할 수 있다.[19]

아이들을 가르치면서 하얀 거짓말을 정말 많이 했다. 아이들이 학습의 위기나 적응에 어려움을 겪을 때마다 학교 선생님, 학원 선생님, 주변 어른들, 친구들 등 아이들과 인연이 닿는 누구라도 끌어들여 아이들의 자신감을 높이려 애썼다. 지금도 엄마들에게 그 점을 가장 많이 당부한다. 아이들에게 낙관적이고 긍정적인 사고를 심어줌으로써 '마음을 관리하는 힘'을 길러주어야 한다고. "나는 내가 너무 맘에 든다."라는 승현이의 말이 새삼 기억난다.

마음의 근력을 기르는 방법 중 '긍정적인 혼잣말'은 운동선수들이 슬럼프를 극복하거나 혹독한 훈련을 이겨내야 하는 미국의 '네이비 실(미국 해군의 특수부대)'의 훈련 방법이다. 훈련과 선발 과정이 혹독하기로 유명한 미국의 네이비 실은 긍정적인 혼잣말을 통해 스스로를 각성시켜 위기 상황을 돌파하는 정신력을 기른다. 한국 프로야구에서도 활약했고 현재 메이저리그에서도 꾸준히 활약을 이어가는 에릭 테임즈는 그 원동력을 '긍정적 혼잣말'에서 찾았다. 테임즈는 미 해군 특수부대 '네이비 실'의 정신력 훈련기법에 관한 책을 읽고, 이를 타격에 적용하려 노력한 것이 실효를 거뒀다고 한다.[20]

세계 유명인들도 자기긍정을 통해 자존감을 높인다고 한다. 빌 게이츠는 매일 아침 거울을 보며 자신을 향해 "오늘은 왠지 좋은 일이 생길 것 같아. 난 무엇이든 할 수 있어."라고 말하고, 성악가 조수미의 좌우명은 '두려워하지 말고 나를 믿어라.'라고 한다. 심리학 용어 중 '자기충족적 예언(Self-Fulfilling

---

18) 윤홍균, 『자존감 수업』, 심플라이프
19) 박웅현, 『여덟 단어』, 북하우스
20) 팔목상대 테임즈 해군 특수부대 정신훈련 기법이 실효, 연합뉴스(2017.4.25.)

Prophecy)'이 있고, 우리 속담에 '말이 씨가 된다.'는 말이 있다. 이 말들처럼 부모가 아이에 대해 긍정적인 말을 해야 아이도 그대로 자란다. 부모 인생도, 아이의 인생도 긍정적인 방향으로 나아갈 수 있도록 한 마디 말이라도 아이의 자존감을 살려줄 수 있도록 생각해서 해야 한다.

학대라고 하면 우리는 보통 신체적 학대만 생각하지만, 아이를 양육하면서 저지르는 가장 흔한 학대가 언어 학대다.

"네가 그렇지 뭐, 그럴 줄 알았어."

"○○이랑 같이 시작했는데 너는 왜 아직도 여기냐. 넌 항상 그 모양이지."

다른 아이와 비교하면서 내뱉는 말이나 아이를 자극하기 위해 내뱉는 말, 엄마의 화풀이 등이 모두 화살이 되어 아이들의 심장에 그대로 꽂힌다. 의식하지 못하는 사이에 쏟아지는 엄마의 사나운 말들은 아이들의 자존감을 떨어뜨린다. 가장 견디기 힘든 말이 형제, 자매, 남매, 친구와 비교하는 말이다. 이런 말을 반복하면 나보다 잘나서 자꾸 나를 혼나게 만드는 형제나 친구를 미워하게 된다. 그러니 비교하는 말은 그만하고, 아이들만의 장점을 발견해 인정해주는 말을 해야 한다.

그러나 아이의 자존감을 살려주겠다고 3등급 나오는 아이에게 "너도 열심히 하면 1등급이 될 수 있다."라고 말하는 것은 위험하다. 그런 엄마의 말에 아이는 힘을 얻는 게 아니라 부담을 갖는다. 해도 안 될 것 같은데 엄마는 된다고 하니 부담이다. 또 열심히 했는데도 1등급이 안 나오면 엄마가 실망할까 봐 공부를 아예 안 한다. 따라서 기대하는 말, 구체적인 성적이나 등수를 언급하는 말은 안 하는 것이 좋다. 칭찬을 할 때는 "잘했다."보다 "수고했다.", "네가 열심히 노력한 만큼 결과가 나와서 기쁘다."라고 말하는 것이 좋다. 결과에 대한 칭찬이 아닌 아이가 노력한 과정을 칭찬해야 한다.

회복탄력성
_모범생의 실패 경험

연세대학교 김주환 교수는 저서 『회복탄력성』에서 회복탄력성은 자신에게 닥치는 온갖 역경과 어려움을 도약의 발판으로 삼는 힘이라고 말했다. 위인들은 역경에도 '불구하고' 위인이 된 것이 아니라 역경 '덕분에' 위대한 업적을 이룰 수 있었다고 한다. 사람마다 지니고 있는 회복탄력성의 크기는 다른데, 체계적인 운동과 훈련을 통해 체력을 기르듯 회복탄력성도 체계적인 노력과 훈련을 통해 키워나갈 수 있다. 여기에서는 회복탄력성을 온몸으로 보여준 한 사람이 있어 소개해 본다.

2019년 3월 4일, 서울대학교 입학식에 어느 교수님께서 휠체어를 타고 무대에 오르시더니 축사를 했다.

"보시다시피 저는 장애인입니다. 선천적인 장애는 아니고, 마흔네 살에 교통사고로 장애를 갖게 되었습니다. 여러분처럼 움직이고 뛰어다니다 어느 순간 갑자기 이렇게 되었습니다. 그런데 저는 1년에 해외 출장을 평균 열 번씩 다닐 정도로 활발한 삶을 살고 있습니다. 그럴 수 있는 이유는 과학자가 되는 과정에서 얻은 지식과 사고력 교육 덕분입니다. 사고 전까지 저도 여러분처럼 앞만 보고 달렸습니다. 그런데 갑자기 인생의 밑바닥에 떨어져 죽을지도 모르고, 설령 산다고 하더라도 평생 손가락 하나 움직이지 못하는 중증장애인으로 살 수밖에 없다는 것을 알게 되었습니다. 참고로 저는 책 한 장도 스스로 넘기지 못합니다. 하지만 지금 제 입 앞에 있는 빨간 도구로 컴퓨터를 조작하고 전자 문서의 책장을 넘길 수 있습니다. 오늘 아침에 세어보니 지난 12년간 아마존 킨들에서 제가 구입한 책이 어느 덧 800권에 이르더군요. 오디오북까지 합치면 천 권 이상입니다."

축사를 한 사람은 한국의 스티븐 호킹으로 불리는 서울대 지구환경과학부 이상묵 교수였다. 한창 일할 나이에 지질 조사를 하려고 간 미국에서 차량이 전복되는 사고로 전신마비가 되었다고 한다. 그러나 다시 강의를 하겠다는 일념으로 별도의 장치를 설치해 입으로 마우스와 키보드를 조작하며 연구와 강연을 하고 있다. 보통 전신마비 환자들은 3년 이상이 지나야 자신에게 닥친 상황을 비로소 현실로 받아들이는데, 이상묵 교수는 6개월 만에 일상에 복귀했다고 한다. 회복탄력성이 뛰어났기에 가능한 일이었다.

이상묵 교수처럼 회복탄력성이 높은 사람들의 뇌는 과감하고 도전적이어서 늘 새로움을 추구하며 긍정적이다. 그래서 실수에 대해 예민하게 반응하지만 실수를 두려워하지 않는 것이 특징이다. 따라서 회복탄력성을 높이려면 긍정적인 뇌로 변화시켜야 한다. 연세대 김주환 교수는 회복탄력성을 기르는 방법으로 감사하기와 규칙적으로 운동하는 습관을 추천한다.[21]

내가 아이들을 가르치면서 가장 신경 쓴 부분이 마음의 근력을 기르는 일이었다. 마음의 근력은 회복력을 의미한다. 아이들이 성장하며 만나는 수많은 난관, 특히 상급 학교에 진학했을 때 겪게 되는 성적 하락은 그들에게 가장 큰 실패 경험이다. 그 상황을 벗어나는 힘은 마음의 근력이 얼마나 훈련되어 있는지에 따라 다르게 나타난다. 그럴 때 부모는 아이 곁을 지키면서 지금의 실패는 긴 인생에서 봤을 때 아주 작은 것에 불과하고, 다시 일어나면 된다고 말해주어야 한다.

초등학교 때와 중학교 때 공부를 잘했던 아이들이 고등학교에 가서 성적이 떨어지는 일을 겪으면 그 상황을 인정하지 못하고 성적을 숨기려 하거나 허세를 부리는 경우가 많다. 그중에서 '나는 공부를 못하는 것이 아니라 안 해서 성적이 나쁜 것'이라고 보이기 위해 손에서 공부를 놓기도 한다.

승현이도 중학교 때 경시대회 준비를 하며 위기를 겪었다. 과학고 입시에서 떨어진 날도 마찬가지였다. 승현이는 국어학원에 등록해달라고 했다. 과학고 입시 준비를 하느라 국어 공부를 못했는데, 일반고에 가면 국어 성적이 중요하기 때문이라고 했다. 모두가 합격할 거라고 확신했던 아이였기에 충격이 컸을 텐데 바로 일반고에 갈 준비를 했다. 그 결과 고등학교 3년 내내 전 과목 1등급을 받을 수 있었다.

21) 김주환, 『회복탄력성』, 위즈덤하우스

서울대학교 화장실에 가면 문 안쪽에 이런 스티커가 붙어 있다.

이 스티커는 세면대 거울 앞에도 붙어 있다. 다른 학교에는 없는데 왜 서울대학교에만 심리 상담 안내 스티커가 눈에 띄는 곳에 붙어 있을까? 서울대학교 학생들 중 극단적인 선택을 하는 경우가 간혹 있다. 서울대학교만 들어가면 행복할 것 같은데, 어떻게 들어간 서울대학교인데, 누구나 다 바라는 서울대학교를 들어갔는데, 도대체 왜? 이유가 뭘까? 우리나라뿐만 아니라 미국 대학생의 약 7%가 자살 충동에 시달리고 있다. 아이비리그의 자살률은 일반 대학생들의 2배에 가깝다는 통계가 있다. 하버드대학교는 〈칼리지 매거진〉이 선정한 '스트레스가 가장 심한 대학' 1위에 오르기도 했다.

똑똑한 아이들이 모인다는 학교에서 왜 이런 일이 벌어지는 걸까? 좋은 학교에 합격할 때는 좋지만 막상 들어가면 잘난 아이들이 너무 많은 것을 깨닫고 충격을 받기 때문이라고 한다. 서울대학교 3대 바보 중의 하나가 서울대학교 학생에게 전교 1등이었냐고 물어보는 것이라고 한다. 학창 시절 내내 공부 잘한다고 칭찬과 인정을 받은 것은 물론 실패 경험도 별로 없는 학생들이 처음으로 성적에서 좌절감을 느끼면 어떨까? 감당하기가 쉽지 않다. 아무리 공부 잘하는 학생들이 많아도 전부 A학점을 받을 수는 없다. 난생 처음 받아본 황당한 학점과 뒤처지는 것 같은 자신의 상황을 받아들이기 힘든 것은 당연하다. 이런 좌절감이 심해지면 우울증이 되어 극단적인 선택을 하게 되는 것이다.

서울대학교 의대는 신입생 오리엔테이션을 하면서 학부모 오리엔테이션도 같이 한다. 학부모를 초대해 의대 6년간의 과정에 대해 알려주고 교수님과 같이 식사를 하며 궁금한 것을 질문하는 기회를 준다. 그 자리에서 들은 말 중에 한 교수님의 말이 기억이 남는다.

"서울대학교 의대에 왔어도 게임에 빠져 수업에 안 들어오는 경우도 있고, 공부를 안 해서 유급되는 경우도 있습니다. 서울대학교에 왔다고 안심하고 무관심하게 두지 마시고 아이의 생활에 계속 관심을 가져주세요."

처음에는 '이 아이들이 진짜 그럴까?'라고 생각했다. 하지만 그런 아이들이 분명히 있었다. 낮은 학점을 받아들이지 못한 나머지, 아예 공부를 하지 않는 것으로 스스로 핑계거리를 만들기도 했다. 중고등학교 학생과 학부모들은 어느 대학에 가느냐가 최대의 관심사이다. 하지만 대학은 끝이 아닌 또 다른 시작이다. 회복탄력성이 없으면 좋은 학교에 가는 것이 오히려 독이 되기도 한다.

1만 시간의 법칙
_깨어 있는 시간엔 공부하라

'1만 시간의 법칙'은 1993년 미국 콜로라도대학교의 심리학자 안데르스 에릭슨이 발표한 논문에 처음 등장한 개념이다. 세계적인 바이올린 연주자와 아마추어 연주자 사이의 실력 차이는 대부분 연주 시간에서 비롯된다고 한다. 그중 우수한 집단은 연습 시간이 1만 시간 이상이었다고 한다. 말콤 글래드웰이 저서 『아웃라이어』에서 안데르스 에릭슨의 연구를 인용하면서 '1만 시간의 법칙'이라는 용어가 대중에게 널리 알려졌다. 안데르스 에릭슨에 의하면 영재 음악가들은 20세가 되기 전에 1만 시간 이상의 개인 연습을 하는 것으로 추정되었다. 발레, 체조, 피겨스케이팅 등 스포츠 영역도 마찬가지이다. '피나는 연습이 완벽함을 만든다.'라는 격언이 에릭 에릭슨의 연구로 입증된 것이다.[22]

SBS 스페셜 〈작심 1만 시간〉에서 아이돌그룹 엑소의 멤버 카이는 "연습생 때 특별한 일이 없으면 연습만 했다. 추석 때도 3일 휴가 내내 연습만 하고, 밥 먹는 시간을 제외하고 연습만 했다."고 말했다. 또 연습 시간이 1만 시간이 넘어 2만 시간은 채운 것 같다며 한 분야에서 1만 시간을 노력하면 적어도 자기가 가고자 하는 목표치는 채울 것 같다고 말했다. 동방신기의 유노윤호, 샤이니의 태민도 연습을 1만 시간 이상 한 것 같다고 했다. 힘들었지만 열정이 있었기에 열심히 할 수 있었다고 덧붙였다.

중학교 1학년부터 고등학교 3학년 10월까지의 일수를 계산해보면 약

2,100일 된다. 1만 시간을 2,100일로 나누면 약 4.76시간으로 하루에 5시간 정도 공부해야 수능 보는 날까지 1만 시간이 된다. 따라서 중학교 1학년부터 매일 5시간 이상의 공부 시간을 확보해야 한다. 평일에 5시간을 공부하는 건 어려운 일이라 주말이나 방학 때 5시간 이상 공부한다고 계산하면 평일에 3시간의 학습 시간은 확보해야 한다. 이때 학교나 학원에서 수업을 받는 시간은 제외한다. 진정한 공부 시간은 혼자 하는 시간만 계산한다.

승현이는 중3 겨울방학 내내 도서관에서 살다시피 했다. 과학고 입시 준비로 수학 선행과 심화를 이미 끝냈지만 다시 한 번 복습한다며 고1용 〈수학의 정석〉과 연습장을 들고 도서관 문 열 때 가서 문 닫을 때 나왔다. 중3은 기말고사를 일찍 보기 때문에 12월부터 2월까지 석 달의 시간이 주어진다. 아이들은 이 시기를 시험이 끝난 홀가분함, 졸업에 대한 기대감, 고등학교 입학에 대한 설렘으로 흐지부지 보낸다. 그러나 이때가 가장 중요한 시기이다. 이 시간을 어떻게 보내느냐에 따라 고등학교 성적이 달라진다. 방학 내내 도서관에서 공부한 승현이는 시에서 선발하는 수학 영재에 합격했고, 고등학교 내내 수학 1등을 놓치지 않았다. 그리고 2년 연속 전국수학경시대회에서도 수상을 했다.

초등학교와 중학교 때는 경호에게 학교와 학원 숙제만 하면 된다고 했다. 그 시기에는 공부만 할 수 없다. 깨어 있는 시간에 공부만 시키면 지치고 지겨운 마음에 공부에 반감이 생길 수도 있다. 그렇게 되면 정작 공부해야 하는 고등학교에 가서 손을 놓을 수도 있다. 하지만 고등학교에 가서는 깨어 있는 시

22) 영재 두뇌 만들기, 김영훈, 2017.9.17.

간엔 무조건 공부를 해야 한다. 시간에 따른 학습량이 중요하기 때문이다. 후배들이 경호에게 고등학교 때 몇 시간을 공부해야 되냐고 질문한 적이 있다. 그러자 경호는 정한 시간을 다 공부하고 나면 남는 시간엔 무엇을 할 거냐, 공부 안 하고 놀 거냐고 되물었다고 한다.

경호가 서울대 의대에 합격하자 많은 엄마들이 노하우를 듣고 싶어 했다. 고등학교 때 어느 학원에 다녔는지, 어떻게 공부했는지 등 고등학교 3년에 대한 것만 궁금해했다. 그러나 하루아침에 이루어지는 것은 없다. 어릴 때부터의 습관, 다양한 경험, 독서, 절대적인 공부의 양 등이 쌓이고 쌓여서 고등학교 때 성적과 대학 입시에서 좋은 결과로 드러나는 것이다.

학습된 무기력
_아이가 무기력에 빠져 있을 때

원하는 결과가 나오지 않아 실패에 익숙해지는 현상을 '학습된 무기력'이라고 한다. 좋은 성적을 받고 싶어서 밤새 공부를 했는데도, 인터넷 강의를 열심히 들었는데도, 학원에 빠지지 않고 다녔는데도 시험을 망쳤다고 생각해보자. 그러면 '나는 아무리 열심히 공부해도 시험을 망치겠구나.'라는 인식이 학습된다. 공부를 해도, 하지 않아도 어차피 망칠 거라는 인식은 그다음 시험을 보기도 전에 실망을 예측한다. 무기력에 빠지기 쉬운 세 가지 상황이 있다. 부정적 보상이 덮쳐올 때, 방전이 되어 의욕을 잃는 소진증후군이 있을 때, 평소 불안이 높아 에너지가 금방 소진되는 경우가 그렇다.[23]

자기 힘으로 어찌지 못하는 상황을 학습하고 나면 다른 상황에서도 더 이상 노력하지 않는 심리적 부적응이 나타난다. 이미 자기가 그 상황을 통제할 수 없다는 사실을 배웠기에 더 이상 노력을 하지 않는 것이다. 이것을 심리학 용어로 통제 불가능, 비수반성 인지라고 하는데, 이것이 학습된 무기력의 원인이다. 즉 무기력은 선척적인 것이 아니라 환경에 의해 학습되는 것이다.[24]

따라서 아이가 무기력에 빠져 있으면 무심코 지나쳐도 안 되지만, 고칠 수 없는 심각한 병으로 생각해서도 안 된다. 환경에 의해 학습되어 무기력에 빠졌다면 환경에 의해 학습하게 함으로써 무기력에서 빠져나오게 할 수 있다.

초등학생 중에도 무기력에 빠진 아이들이 있다. 초등학교 1학년인데도 아무것도 안 하고 멍하니 앉아 있는 일이 많아 검사를 해보면 '우울증으로 인한 무기력'으로 진단되곤 한다. 이런 아이들은 엄마가 우울증을 앓고 있는 경우가 많다. 중학교, 고등학교에도 공부 시간 내내 잠만 자는 아이들이 있다. 자신은 대학에 안 갈 거라면서 모든 공부에서 손을 떼는 것이다. 작은 실패의 경험이 쌓이고 쌓여 공부에 대한 무기력으로 나타난 것이다.

자녀가 '나는 뭘 해도 안 돼.', '하면 뭐해. 어차피 실패할 텐데.'라는 생각이나 말을 자주 한다면 학습된 무기력에 빠진 것이 아닌지 의심해보아야 한다.

---

23) 윤홍균, 『자존감 수업』, 심플라이프
24) 박경숙, 『문제는 무기력이다』, 와이즈베리

자녀의 학습된 무기력은 부모가 긍정의 말을 자주 해줌으로써 치유할 수 있다. 아주 작은 목표를 제시해서 성공하면 충분히 칭찬을 해서 자신감을 줄 수 있다. 무엇보다 부모에게 자녀가 큰 선물임을, 부모가 얼마나 사랑하고 있는지를 알려주어야 한다. 이때 다른 아이들과 비교하지 말고 아이가 '한번 해볼 만하다. 그 정도는 나도 할 수 있다.'라는 생각이 들 정도로 아주 쉬운 과제를 주고 성취감을 느끼게 하는 것이 중요하다. 작은 성공 경험은 아이들이 무기력에 빠지는 것을 예방하는 효과도 있다.

어느 전국단위자사고에 다니던 아이와 엄마가 상담을 온 적이 있다. 직원전형으로 자사고에 입학했는데 자퇴를 고민하고 있다고 했다. 아이가 하루 종일 누워 있거나 게임하면서 학교에도 안 가겠다고 한단다. 상담을 해보니 중학교 때 외국에서 살다 와 학교에 적응을 못하고 중학교 수준의 수학도 익히지 못한 상태였다. 그러니 자사고에 적응하는 게 힘들 수밖에. 아이와 상담해보니 글쓰기를 좋아해 문예창작과에 대해 알려주고 국어, 영어 수능 등급이 어느 정도면 갈 수 있다고 알려주었다. 그리고 "대학을 못 가는 게 아니라 늦게 가는 것뿐이다. 지금부터 시작해도 늦지 않는다."라고 말해주었다. 그 후에 아이는 대학에 가고 싶은 목표가 생겼는지 중학교 수학을 시작으로 국어, 영어 공부도 열심히 공부하고 있다.

아이들은 주로 공부에서 좌절감을 느껴 무기력에 빠지는 경우가 많은데, 인생에서 성공하는 방법이 공부만 있는 건 아니다. 아이가 좋아하고 잘하는 분야에서 성공하는 기회를 갖도록 해야 한다. 여러 재능 중 한 분야일 뿐인 공부 때문에 인생 전체를 포기하는 일이 없도록 도와주어야 한다. 아이가 좋아하는 것이나 재능을 찾아 잘 살릴 수 있도록 밀어주어야 한다.

시카고 고등학교 졸업시험에서는 낙제 학점인 F학점 대신에 'Not yet(아직은)'이란 학점을 준다고 한다. 스탠포드 대학 캐롤 드웩 교수는 낙제를 받은 학생은 스스로를 형편없다고 느끼겠지만, 낙제 대신 '아직'이란 학점을 받은 학생은 자신이 배우는 과정 중이란 걸 이해할 것이라고 했다. 그리고 아이를 '아직' 대신 '지금'의 방식으로 키우고 있는지, 점수에 집착하는 아이로 키우고 있지 않은지 반성해보라고 한다. 모든 아이들은 성장할 수 있으며, 모든 아이들이 그런 성장을 창조해주는 '아직'으로 가득 찬 환경에서 자라는 것이 인간으로서 기본 권리라고 했다.[25]

부모와 자녀의 거리

부모는 아이의 모든 것을 궁금해하고 관여하고 싶어한다. 그러나 부모의 관여는 아이가 초등학교일 때나 가능하지, 중학교에 가면 자아가 강해져 부모의 관심을 간섭으로 받아들인다. 그럴 때 부모는 아이와 거리를 두고 지켜보고 도와주어야 한다. 방치하거나 방임하라는 게 아니다. 아이를 지켜보다가

---

25) The power of believing that you can improve, Carol Dweck, TED(2017.12.17.)

아이가 원할 때 도와주어야지, 매사에 '이거 해라, 저거 해라' 지시하고 강제로 시키면 안 된다. 많은 것을 가르치고 싶은 것이 솔직한 부모 마음이고, 다 공부하여 깨우치면 살아가는 데 도움이 되는 것도 사실이다. 하지만 아이가 받아들일 준비가 안 되어 있거나, 해야 할 필요성을 느끼지 못하고 하기 싫어하는데 강제로 시킨들 효과가 있을 리 없다. 아이에게 공부의 필요성을 이야기해주고, 공부를 하면 어떤 점이 좋은지 말해줄 필요는 있으나 강제로 시키지는 말아야 한다.

아들러 심리학을 청년과 스승이 대화하는 형식으로 풀어 쓴 『미움받을 용기』에서는 '선을 긋지 않은 채 자신의 희망만 밀어붙이면 그건 스토커나 다름없다. 그것이야말로 하지 말아야 할 개입이다.'라며 과제를 분리하라고 말한다. 만약 "다 너를 위해서야."라고 말하는 부모의 속마음이 세상의 이목이나 체면, 지배욕 등을 만족시키기 위한 것이라면, 아이는 분명히 반발을 한다. 이 말에 공감하지 못할 수 있다. 공부를 잘하면 아이에게 좋은 것이고, 아이를 위해 공부하라고 말하는 부모의 마음을 우리는 알기 때문이다. 그러나 아이가 거부하는데도 억지로 시키고 있다면 아들러가 한 말에도 한번쯤 귀를 기울여 보아야 한다.

'말을 물가에 데리고 갈 수는 있지만 물을 마시게 할 수는 없다.'는 말이 있다. 학교에서도 수업 태도가 안 좋아 수업에 방해가 되는 학생을 강제로 공부시킬 수는 없다. 나는 아이들에게 "공부를 안 하면 누가 손해냐? 본인만 손해다. 부모는 너희 인생을 대신 살아줄 수 없다. 공부를 안 한 결과는 본인이 책임져야 한다."라고 말한다. 책상에 교과서를 펴놓고 앉아 눈으로 쳐다보는 것까지는 할 수 있지만, 머릿속에 넣는 건 본인의 의지가 있어야 한다. 그러니 공부에 의지가 없는 아이에게 강제로 시키면서 싸울 필요가 없다. 사이만 나빠질 뿐이다.

'마이크로매니지먼트'란 세부 사항까지 통제하고 사소한 일까지 관리한다는 뜻이다. 비즈니스에서 마이크로매니지먼트는 부하직원이나 직원의 작업을 면밀히 관찰하고 통제하는 관리 스타일을 말한다. 이러한 관리 시스템에서는 직원들의 사기가 저하되고 의욕이 상실되어 결국 생산성이 하락한다고 한다. 또 일 잘하는 사람들은 마이크로매니지먼트를 극도로 싫어한다고 한다. 자신의 능력을 발휘하지 못하기 때문이다.

이는 공부에서도 마찬가지다. 아이의 공부에 너무 집착하듯 간섭하면 자율성과 의욕을 잃어 자존감까지 낮아질 수 있다. 부모와 같이 공부 계획이나 시험 계획을 세운 뒤에 완료했는지 확인하는 것은 좋지만, 언제 하는지는 믿고 맡겨야 한다.

서울대학교 행복연구센터 주관의 교사행복대학에서 홍영일 교수의 〈자녀의 공부에 대한 부모의 통제(간섭) 결과〉라는 주제의 강의가 있었다. 서울대학교에서 3학년 두 학기 연속 학점 4.0 이상인 45명을 심층 인터뷰했더니 성적 우수자의 공통점 120가지가 추출됐다고 한다.

그중 하나가 '어려서부터 공부하란 소리를 한 번도 못 들었다.'였다. 또한 서울대학교 1,097명에게 설문조사를 한 결과, 학점이 높은 학생들일수록 '엄마는 학원 선정이나 학습 스케줄 등을 세심하게 관리해주었다.'와 '나의 성적에 대한 부모님의 관심이 부담스러웠다.'라는 항목에 대한 응답 비율이 낮았다. 엄마의 관리로 서울대학교에 들어온 학생들은 합격은 했지만 대학 성적은 낮았던 것이다.

자녀의 일, 특히 교육과 관련된 문제에 지나치게 관여하는 엄마를 '헬리콥터 맘'이라고 한다. 우리 주변에서도 많이 볼 수 있다. 수강 신청을 못했다며 자신의 아이를 수업에 받아달라고 교수에게 전화하는 엄마, 자녀의 부서를 바꿔달라고 회사에 전화하는 엄마들의 이야기는 드라마에만 나오는 게 아니다. 현실에도 존재한다.

초등학생, 특히 1학년 엄마들은 아이들에 대한 관심과 걱정이 많기 때문에 학교에 자주 연락을 한다. 아직 애기 같은 자녀를 처음 학교에 보냈으니 그럴 만도 하다. 그런데 아이가 중, 고등학교에 가서도 애기 다루듯 간섭하는 일이 많다는 게 문제다. 대입에서 요구하는 교사 추천서까지 이러저러하게 써달라고 요구하거나, 교사가 쓴 추천서를 보여달라고 하는 경우도 있다고 한다. 교사 추천서는 교사가 직접 대학에 전산으로 보내게 되어 있어, 학생은 물론 교장선생님도 볼 수 없다. 비밀이 보장되어야 하는 교사 추천서까지 간섭하려는 부모를 교사는 과연 어떻게 볼까? 과도한 자녀 사랑이 오히려 자녀의 앞길을 막는다는 걸 진정 모르고 그렇게 하는 것인지 궁금하면서 안타깝다.

엄마와 자녀가 함께 외우는
서울대 비책 노트 | 핵심 05 |

엄마는 내 아이의 심리 전문가가 되어야 한다

아이들을 가르치면서 하얀 거짓말을 정말 많이 했다. 아이들이 학습의 위기나 적응에 어려움을 겪을 때마다 학교 선생님, 학원 선생님, 주변 어른들, 친구들 등 아이들과 인연이 닿는 누구라도 끌어들여 아이들의 자신감을 높이려 애썼다. 지금도 엄마들에게 그 점을 가장 많이 당부한다. 아이들에게 낙관적이고 긍정적인 의식을 심어줌으로써 '마음을 관리하는 힘'을 길러주어야 한다.

서울대 비책	실천 노트
공부는 자존감이다.	- 자기 자신을 어떻게 평가하고 있는지 점검하기 - 스스로의 가치를 높이기 - 자기 자신을 자주 칭찬하기 - 장점을 발견해 인정해주는 말하기 - 결과가 아닌 과정에 대해 칭찬하기
회복탄력성은 실패를 딛고 일어서게 한다.	- 회복탄력성은 역경과 시련을 극복해내는 힘이다. - 회복탄력성은 체계적인 훈련으로 키울 수 있다. - 감사하기, 규칙적으로 운동하기 - 마음의 근력 기르기

서울대 비책	실천 노트
깨어 있는 시간에는 공부한다.	- 피나는 연습이 완벽함을 만든다. - 시간에 따른 학습량이 중요하다. - 하루아침에 이루어지는 것은 없다.
학습된 무기력에 빠지지 않는다.	- 무기력은 환경에 의해 학습된다. - 긍정의 언어, 칭찬, 사랑을 기억하라. - 좋아하고 잘하는 분야에서 작은 성공을 경험하라. - Fail(실패)이 아닌 Not yet(아직은)임을 기억하라.
엄마와 자녀를 분리한다.	- 말을 물가에 데리고 갈 수는 있지만 물을 마시게 할 수는 없다 - 마이크로매니지먼트는 효율성 저하의 원인이 된다. - 헬리콥터 맘이 되지 마라.

06

엄마가 알아야 할
과목별 완전학습

국어

국어는 모든 과목의 기초가 되는 과목이다. 국어를 잘하면 다른 과목을 잘할 확률이 높다. 모든 과목의 평가가 문제를 이해하고 문제가 요구하는 정답을 찾는 과정으로 이루어지기 때문이다. 영어도 한국어로 해석한 내용을 이해하지 못하면 문제를 풀지 못하고, 수학도 문제를 읽고 이해해야 어떤 개념을 적용해 풀 것인지 찾아낼 수 있다. 한마디로, 공부를 잘할 수 있는 기본 바탕이 국어다. 게다가 수능시험의 1교시가 국어다. 1교시 과목인 국어 시험을 망치면 이후 시험에도 계속 영향을 끼쳐서 평소 실력을 발휘하지 못할 수 있다. 2019학년도 수능에서 국어는 난이도가 높기로 유명했다. 일부 학생들이 국어 시험을 망친 뒤로 다른 과목까지 못 보게 되어 수능 최저학력기준을 못 맞춘 사례가 많았다. 정시를 준비하는 학생들 중에서는 국어 시험이 끝난 후 나머지 시험을 포기하고 시험장을 나간 학생들의 수가 다른 해보다 많았다.

다양한 방법으로 어휘력 늘리기

국어를 잘하는 비결의 하나가 독서다. 책을 읽으면 활자에 익숙해지는 것뿐만 아니라 어휘력, 이해력, 사고력이 길러진다. 가만히 눈으로 책을 보는 시간을 견디는 힘과 책상에 오래 앉아 있는 힘도 길러진다. 공부는 책상에 오래 앉아 있는 엉덩이의 힘이 중요하다. 책을 읽으며 자연스럽게 얻게 되는 어휘력은 독서의 가장 큰 수확이다. 공부를 잘하는 비결 중에 하나가 어휘력이다. 단어의 뜻을 많이 알아야 국어뿐만 아니라 모든 과목을 잘할 수 있다.

어휘력을 늘리기 위해서는 개념, 즉 단어의 뜻을 익히는 것이 중요하다. 특히 중학교 교과서에 나오는 단어 중 뜻을 모르는 것을 찾아 교과서 여백에 써 두면 좋다. 종이로 된 국어사전이 아니어도 된다. 스마트폰으로 찾아 적어도 된다. 고등학교에 가면 단어의 뜻을 찾고 외울 시간이 없으니 중학교 때 어휘력과 개념을 정리한 문제집을 하나 골라 꾸준히 공부한다. 중학교 때는 방학을 이용해 어휘력 문제집이나 개념 문제집을 보는 것이 좋다. 개념의 경우 EBS에 관련 인터넷 강의도 있으니 활용하면 도움이 된다.

중학교 때 한자를 많이 외우면 국어뿐만 아니라 다른 과목을 공부하는 데도 도움이 된다. 모든 과목의 주요 용어는 한자어이고, 그 한자를 알면 단어의 뜻을 이해하기 쉽기 때문이다. 한자와 더불어 속담, 고사성어, 관용구 등도 공부해야 한다. 고사성어의 경우 그것이 생겨난 일화까지 설명된 책을 사서 읽는 게 좋다. 만화로 된 고사성어 책도 있으니 아이에게 맞는 유형의 책으로 시작하자.

국어 시험을 잘 보기 위해 교과서를 달달 외워도 문제나 보기에 나온 고사성어나 속담의 뜻을 몰라 틀리는 경우도 있다. 예를 들어, 〈어부사시사〉의 작가나 주제 등은 다 외었는데 문제에 나온 '유유자적'의 뜻을 몰라 틀리는 것이다. 고사성어의 탄생 일화나 속담, 관용구의 뜻은 부모가 옛날이야기 들려주듯이 얘기해주는 것도 좋다. 아이들과 생활하다가 수시로 그 상황에 맞는 고사성어나 속담을 빗대 말해주는 것이다. "이럴 때 쓰는 고사성어는 뭐지?", "이때 쓸 수 있는 속담은 뭐지?"라고 퀴즈처럼 묻고 답해보자.

다독이 정답은 아니다

책만 많이 읽는다고 해서 국어 성적이 좋은 것은 아니다. 많은 부모가 책만 많이 읽으면 국어 공부를 따로 안 해도 된다고 생각하는데, 그건 착각이다. 물론 책을 많이 읽은 아이들이 어휘력, 사고력, 이해력이 좋아 국어 성적을 잘 받을 수 있는 기본 자질을 갖춘 것은 사실이다. 그것만으로도 중학교 때까지는 국어 성적이 잘 나온다. 수업 시간에 잘 듣고 필기하고 외우기만 잘해도 어느 정도 성적이 나온다. 그래서 중학교 때 수학, 영어는 따로 학원을 다니면서 공부해도 국어는 소홀히 하는 경우가 많다. 고등학교에 가서 낮은 국어 점수를 보고 놀라고 그때서야 국어 공부를 어떻게 해야 하냐고 물어본다.

고등학교 국어는 내신과 수능으로 나뉜다. 내신은 중학교 때처럼 교과서를 외우면 되지만, 고등학교에서는 교과서에 없는 지문이 나오기도 한다. 또는 모의고사에 나온 지문을 제시하고 그 지문에 따른 응용문제를 내기도 한다. 따라서 고등학교에서는 교과서만 가지고 공부해서는 성적이 잘 나오지 않는다. 모의고사에는 새로운 지문들이 나온다. 그래서 내신만 대비했던 아이들은 고1 3월 모의고사부터 국어 문제를 보고 당황한다. 처음 보는 지문을 읽고 문제를 풀어본 경험이 없기 때문이다. 물론 고등학교에 가서 국어를 해도 늦지는 않다. 하지만 여유가 많은 중학교 때가 국어 공부를 시작하기에 가장 좋은 시기이다.

   고등학교 내신은 국어 교과서와 프린트를 완벽하게 외우는 것이 가장 중요하다. 자습서와 평가문제집은 보조 교재로 활용한다. 시험 대비를 미리 했다면 내신 대비 문제집을 한 권 정도 더 풀면 좋다. 학교에 따라 교과서 외 지문이 나오는 경우도 있고, 교과서에 나온 작가의 다른 작품이나 교과서에 나온 작품과 동시대의 작품 혹은 같은 주제의 작품 등이 지문으로 나오는 경우도 있다. 따라서 교과서에 나오는 작품과 관련된 다양한 지문을 찾아 따로 공부해야 한다. 시중에 문학작품을 갈래별로 모아놓은 개념서가 있으니 그런 책들을 참고하면 된다.

풍부한 상식 기르기

   고등학교 모의고사나 수능에서 학생들이 어려워하는 부문이 독서(비문학)이다. 인문, 사회, 과학, 기술, 예술 등 다양한 분야의 지문이 제시되는데 이런 문제들은 상식이 풍부한 아이들이 잘 푼다. 다양한 분야의 책을 많이 읽었거나 다양한 경험이 많은, 다방면에 상식이 풍부한 아이들이 유리하다. 일반적으로 이과 아이들은 경제, 철학, 역사 지문을, 문과 아이들은 과학 지문을 어려워한다. 이는 평소 배경지식이나 상식과 관련이 있다.

중학교 때 상식을 기를 수 있는 가장 좋은 방법은 과학, 인문 분야의 잡지를 읽는 것이다. 잡지는 만화나 사진 자료가 풍성해서 책을 싫어하는 아이들도 재미있게 읽을 수 있다. 또한 경제나 문화 등 현재의 이슈를 재미있게 다루기 때문에 이해하는 데도 부담이 없다. 그것마저도 하기 싫어한다면 잡지의 한 꼭지라도 아이가 좋아할 만한 내용을 골라서 함께 읽고 보충 설명을 해주자. 그런 뒤에 질문을 해서 아이가 정확히 이해했는지 다시 한 번 확인한다. 현장 체험을 가는 것도 좋지만 중학교 때부터는 스케줄이 바빠 못 가는 경우가 많다. 이럴 때는 주말이나 방학 때 다양한 분야의 영화나 다큐멘터리를 보며 상식을 키운다.

문제 많이 풀어보기

중학교 때까지는 다양한 분야의 책을 읽을 시간이 있지만, 고등학교에 가면 책을 읽을 시간이 부족하다. 그러니 고등학교 때는 차라리 국어 어휘력 문제집이나 개념서로 공부하는 것이 낫다. 또 모의고사 기출 문제를 풀면서 처음 접하는 다양한 지문을 읽고 내용을 요약하는 연습을 하는 것이 더 효율적이다.

문학은 현대시, 현대소설, 고전시가, 고전소설, 극문학, 수필 등의 장르가 있는데 각 장르들의 특징을 정리해서 외워야 한다. 고전시가나 고전소설은 작품이 정해져 있어서 외우면 된다. 그러나 현대시나 현대소설은 모든 작품을 다 외울 수 없으니 시대 순으로 대표 작가와 작품을 정리하고, 작가에 따른 시대상과 주제를 정리한다. 문학 장르별로 작품을 모아놓은 참고서를 보는 것도 좋다.

수능 국어에서 변별력을 가르는 부문은 '독서'로 이름이 바뀐 비문학이다. 독서(비문학)는 지문이 길기 때문에 읽는 시간과 문제 푸는 시간을 확보하려면 앞부분을 빠르게 풀어야 한다. 독서(비문학)를 잘하는 방법은 많이 풀어보는 수밖에 없다. 다양한 분야의 지문을 많이 읽고 글의 내용을 요약할 줄 알아야 한다. 기출 모의고사는 EBS 홈페이지에 있으니 중학교 때부터 국어 모의고사를 다운받아 지문만 프린트해서 주고 요약하는 훈련을 하면 좋다. 이때 지문에서 중요한 문장에 밑줄을 긋고, 여백에 지문의 내용을 몇 문장으로 요약해서 쓴다. 문제까지 풀 필요는 없다. 중학교 때는 수능 지문을 읽고 요약하는 훈련으로 충분하다.

2021학년도 수능 국어 영역은 독서, 문학, 언어(문법), 화법과 작문이고, 2022학년도 수능 국어는 공통과목과 선택과목으로 나뉜다. 공통과목은 독서와 문학으로 45문제 중 75%, 선택과목은 화법과 작문, 언어와 매체(문법) 중 선택으로 45문제 중 25%가 출제된다. 선택과목은 원점수가 동일해도 선택과목에 따라 표준점수가 다르게 산출되기 때문에 과목 선택이 매우 중요해진다. 어느 과목을 선택해야 유리한지는 시험이 끝나기 전까지 아무도 모른다. 따라서 공통과목에 비중을 두고 공부해야 한다.

전문 선생님이 짚어주는 국어 공부법

EBSi의 국어 대표 강사이자 『수능 개념-윤혜정의 개념의 나비효과』 저자인 윤혜정 교사는 국어 공부의 효과적인 방법에 대해 이렇게 얘기했다.

"국어 공부를 할 때 꼭 생각해야 할 것은 '올바른 방법으로 공부하고 있는 가?'예요. 정리된 것을 암기하고 기억하는 공부로는 범위조차 명확히 규정 짓기 어려운 국어를 잘하기가 어렵습니다. 다양한 글들의 '갈래별 특징'을 알고, 그런 글들이 '말하고자 하는 바'를 '어떤 방법을 통해 제시하는지'를 배우는 것에서 시작해야 합니다. 이 시가, 이 소설이, 이 글이 '어떤 화자'를 통해, '어떤 서술자와 인물들'을 통해, '어떤 화제와 근거들'을 통해 나에게 '무엇'을 말하고 있는지를 스스로 이해하는 연습을 하는 거죠."[26]

승현이를 3년 동안 가르친 J국어학원 원장님은 국어 공부를 잘하는 세 가지 방법에 대해 다음과 같이 말했다.

첫째, 독서로 인한 배경지식과 긍정적인 효과는 인정하지만 다독만 하고 내용 정리를 못하면, 정확한 지식은 모른 채 독서량에 대한 자부심과 허영심만 가질 수 있다. 그리고 많은 책을 읽으려고 욕심내다가 속독하는 습관이 생기면, 꼼꼼하게 글을 읽지 못해서 문제를 틀리고 난 후 실수라는 변명으로 학생 스스로 자신을 포장하기 쉽다.

둘째, 복습이 중요하다. 문학 작품을 배우고 제목과 주제, 글의 특성을 중심으로 요약해서 정리하고 외우면 모의고사 지문에 아는 문학이 출제되었을

---

[26] 윤혜정, 국어 공부는 주전자 물 끓이기, 채널예스(2019.4.23.)

때 심리적으로 좀 더 편안하게 시험을 치를 수 있고, 다른 문제를 푸는 데 시간을 벌 수 있다.

셋째, 2022학년도 수능부터 화법과 작문, 언어와 매체(문법) 중 선택을 하게 된다. 언어와 매체(문법)는 지식이기 때문에 암기가 필요한 과목이다. 중3 겨울방학부터 쉬운 난이도로 시작해서 방학 때마다 조금 더 어려운 난이도에 도전하면서 준비하면 고3 때 수능시험을 편하게 대비할 수 있다.

 서울대학교 의대 선배의 국어 공부법

내신은 문학이든 문법이든 독서(비문학)든 시험 범위가 정해져 있기 때문에 무조건 암기를 기본으로 했다. 특히 문학은 주제, 내용, 표현상의 특징을 기본적으로 외웠다. 예를 들어 시는 본문에서 시어의 의미와 수사 표현, 소설은 줄거리와 각각의 대사나 배경 설정이 갖는 의미 등을 이해하고 암기했다. 문학작품을 감상하는 이상적인 방법이라고 생각진 않지만 공부는 그렇게 했다. 수능은 EBS 연계 지문을 공부할 땐 내신과 다르지 않았다. 그 외의 수능 공부는 모의고사를 반복적으로 풀어서 감을 잃지 않기 위해 노력했다.

수학

『수학의 아름다움』을 쓴 우쥔은 "수학을 배우지 않았다면 구글에서 일할 수 없었을 것"이라고 말했다. 그는 수학을 배우면 좋은 이유를 다음과 같이 말했다.

첫째, 수학은 모든 자연과학의 기초이고, 수학적 사고는 다양한 연구를 하는 데 꼭 필요한 능력이다.

둘째, 중학교에 진학한 이후 수학을 배우는 주된 목적은 논리적 추론 능력을 기르기 위해서이다.

셋째, 수학을 배우면 독해 능력도 기를 수 있다.

그는 수학을 잘할 수 있는 방법으로 이해력 높이기, 비교적 완전한 수학 지식 체계 구축하기, 논리를 잘 이용하기라고 말했다.[27]

수학에 대한 관심과 상식 기르기

"영어를 잘하면 인생이 바뀌고, 수학을 잘하면 대학이 바뀐다."라는 말이 있을 정도로 수학은 대입에서 결정적인 역할을 한다. 부모들도 수학의 중요성을 알고 있기에 어릴 때부터 시작하며, 사교육도 많이 한다. 수학을 잘하면 영재학교나 과학고에 합격할 확률이 높다. 영재학교나 과학고에 가지 않더라도 자사고, 일반고에서도 수학을 잘해야 최상위권에 들 수 있다. 문과에서도

---

27) 우쥔, 『어떻게 살아야 할지 막막한 너에게』, 이지수 역, 오월구일

수학으로 등수가 결정된다. 서울대학교 공대와 자연대 일반전형, 문과 일부 학과의 경우 수학 문제를 푸는 면접을 보기 때문에 1차에 합격했다고 하더라도 수학 면접에 통과하지 못하면 최종 합격자 명단에 이름을 올릴 수 없다.

그런데 이렇게 중요한 수학을 포기하는 아이들이 점점 늘고 있다. 우리나라에 '수포자'라는 말이 생기게 된 데는 수학 교육과정의 특징과 연관이 있다. 수학 교육과정은 나선형의 특징을 보인다. 나선형 교육과정은 달팽이집이 위로 올라갈수록 점점 커지고 넓어지듯, 처음에는 쉬운 내용을 가르치고 단계적으로 학습의 수준을 높여가며 가르치는 것을 말한다. 수학은 앞 단계의 학습이 완벽하지 않으면 다음 단계로 넘어가기가 어렵다. 덧셈을 못하면 곱셈을 못하는 이치이다. 자기 학년에서 이해하고 넘어가야 하는 부분을 제대로 하지 못한 경우 학년이 올라갈수록 수학은 외계어가 된다.

수포자가 되지 않기 위해 가장 중요한 것은 수학에 대한 거부감을 없애는 것이다. 문제를 많이 풀어보는 것도 좋지만, 수학에 대한 관심을 갖는 것이 먼저다. 『수학자들이 들려주는 수학 이야기』 시리즈 중에서 관심 있는 분야나 현재 배우고 있는 단원에 해당하는 책을 읽으면 도움이 된다. 중학교 때 수학자에 관한 책, 수학 잡지, 영화, 다큐멘터리 등을 보면 수학에 대한 배경지식이 풍부해지고, 수학 용어와 개념의 발생 이유, 수학사에 관련된 책이나 영상 등을 보면 수학의 필요성을 깨달을 수 있다.

경호는 초등학교 때 문제집을 풀기 전에 덧셈, 뺄셈, 나눗셈, 곱셈 등 수학 개념과 수학 역사책을 먼저 읽었다. 수학은 사람들이 생활을 하다가 불편을 느껴 만든 것임을 알면 '사는 데 필요하지도 않은 수학을 왜 공부하느냐'는 생각을 하지 않게 된다. 또한 중학교 때 수학 관련 잡지, 수학 관련 다큐멘터리나 영화를 보며 수학에 대한 관심과 상식을 키웠다.

수학은 개념을 정확히 알아야 하며, 공식을 통해 유도 과정의 원리를 이해해야 한다. 예를 들어 '근의 공식'을 외우는 것이 아니라 과정을 쓸 수 있어야 한다. 개념서 중에 한 가지를 골라 공부하면 좋은데, 처음 배울 때는 혼자 하기 어려우니 학원, 과외, 인터넷 강의 등의 도움을 받는 것이 좋다. 개념을 확실하게 이해하지 못한 채 문제만 풀면 수학 실력은 하나도 늘지 않는다. 개념을 공부할 때는 교과서나 개념서에 설명된 내용을 눈으로만 보지 말고 손으로 쓰면서 익히는 것이 좋다. 또한 개념의 성질이나 정리는 책을 보지 않고 직접 쓰면서 증명해보도록 한다. 공식만 암기하는 것이 아니라 과정을 이해한 후에 암기를 해야 한다.

개념을 이해하지 않고 문제 풀이 위주로 공부를 하면, 쉬운 문제는 풀 수 있어도 심화 문제나 응용문제에서 막힌다. 그래서 개념을 확실히 이해한 후에 문제 풀이를 해야 한다. 수능 수학에서 비교적 어려운 '준킬러 문제'는 2가지 개념을, 아주 어려운 '킬러 문제'는 3가지 개념을 적용해야 풀 수 있다. 따라서 개념이나 공식의 원리를 이해하는, 수학의 기본을 공부하는 것이 중요하다.

예능 프로그램 〈미스터트롯〉에 나와 화제가 된 수학 일타강사 정승제는 중학교 시절 수학을 거의 포기할 뻔했다고 한다. 다행히 개념과 원리부터 차근차근 알려준 학원 선생님의 도움으로 극복할 수 있었다며 "학원에서 진도를 빼는 데 급급해 수학 개념을 가르치지 않고 문제 풀이 방법만 외우게 한다. 원리를 모른 채 외워서는 절대 수학에 재미를 느낄 수 없다."고 말했다.[28]

수학학원에 가서 테스트를 받으면 아이의 진도와 그 학원에 개설된 반의 진도가 안 맞는 경우가 있다. 그럴 때 종종 배우지 않은 부분을 상위 반에 가서 배우다 보면 저절로 알게 된다고 하거나, '브릿지'라고 하여 아주 짧은 기간 보충을 해주겠다고 하는 학원들이 있다. 그런데 개념을 충분히 이해하지 못한 채 진도만 따라가면 수학은 반드시 탈이 난다. 건너뛴 부분이나 브릿지로 배운 부분은 결국 나중에 다시 공부할 수밖에 없다.

승현이는 다른 아이들보다 수학학원에 늦게 갔기 때문에 진도가 맞지 않아 몇 달 동안 '브릿지'로 보충을 했는데 나중에 그 부분을 어려워하여 다시 공부하였다. 경호도 미적분을 배울 때 "엄마, 나는 머리가 나쁜가 봐. 문제가 안 풀려."라고 하기에 과외 선생님께 진도가 늦어도 좋으니 아이가 충분히 이해를 한 후에 진도를 나가 달라고 했다. 그리고 아이가 완벽하게 알 때까지 천천히 몇 번이고 다시 복습해달라고 부탁했다. 일부 학원이나 과외선생님 중에는 학부모에게 안도감과 만족감을 주기 위해 아이가 아는지 모르는지 상관없이 무조건 진도를 빨리 빼는 경우가 있다. 급하게 먹으면 체하기 마련이다. 진도 속도에 속지 말고, 아이가 정확히 이해했는지 확인해야 한다.

수학 문제 양치기

문제를 많이 푸는 것을 '양치기'라고 한다. 양치기의 효과를 보려면 개념을 확실히 공부한 후에 해야 한다. 경호가 고1 9월 모의고사를 본 날, 같은 고등

---

28) 미스터트롯 화제된 일타강사 정승제 나도 수포자였다. 중앙일보(2020.4.18.).

학교에 다니는 친구 엄마에게 전화가 왔다. 경호가 모의고사 수학을 백점 맞았다고 하면서 어느 학원을 다니냐, 어떻게 공부를 했냐고 물었다. 과학고를 준비했던 친구라 나름 수학에 자신이 있었다고 한다. 그런데 3월, 6월 모의고사를 보고 낮은 점수에 충격을 받아 여름방학 동안 수학학원을 2개나 다녔는데도 9월 모의고사에서 60점을 받았다. 경호에게 너는 어떻게 백점을 맞았냐고 물어보니 "문제를 하도 많이 풀어봐서 오늘 모의고사에서 안 풀어본 유형이 하나도 없었어요. 다 풀어본 문제들이었어요."라고 말했다.

　문제 풀이를 할 때는 기본 문제부터 심화 문제까지 많이 풀수록 좋다. 틀린 문제가 있으면 그 문제에 적용된 개념이 무엇인지 알아보고 그 개념을 다시 공부해야 한다. 답안지를 베끼지 말고 틀린 문제에 자신만의 표시를 한 후 다시 한번 풀어봐야 한다. 그래도 못 푸는 문제는 해설지를 보며 풀이 과정을 꼼꼼히 확인해 어떤 개념이 적용되었는지 알아야 한다. 맞힌 문제도 해설지를 보면서 다른 풀이 방법이 있는지 확인하고, 자신이 푼 방법과 비교해본다. 그래서 해설지를 보고 문제집을 고르는 아이도 있다.

　문제를 풀 때는 무조건 옆에 공책이 있어야 한다. 문제를 풀 때 문제집 여백에 풀이 과정을 쓰는 아이들이 있는데 좁은 여백에 과정을 다 쓰지 못해 단계를 건너뛰며 풀게 된다. 그러다 보면 실수를 하게 되고, 서술형 문제에서 감점될 수 있다. 또한 자신이 어느 과정에서 틀렸는지 알 수가 없다. 경호는 문제집에 풀이 과정을 쓰지 않고 꼭 공책 한 바닥에 풀이 과정을 쓰면서 문제를 풀었다. 풀이에 필요한 모든 과정을 빼먹지 않고 자세하게 적었다. 문제집에는 틀린 문제만 표시하고, 두 번째 틀린 문제를 다시 풀었다. 틀린 문제를 다시 풀어보며 먼저 풀었던 과정과 비교해 틀린 이유를 알아냈다. 두 번 풀어도 해결하지 못한 문제는 해답지에 나온 풀이 과정을 옮겨 적으면서 이해했다.

심화 문제도 해결하자!

수학을 선행할 때 기본부터 심화까지 완벽하게 해결해야 진도를 마치는 경우가 있고, 심화까지는 안 하고 빠르게 진도를 나가는 경우가 있다. 두 가지 경우 중에서 완벽하게 이해하고 나가는 것도 좋지만 진도를 빨리 나가서 몇 번 반복하는 게 좋을 수도 있다. 진도를 너무 오래 끌면 앞의 내용을 잊어버리고 아이는 지치게 된다. 그러니 개념서를 확실히 공부한 후에 문제가 많이 있는 문제집을 한 권 정해서 풀어본다.

문제의 난이도에 따라 C단계, B단계, A단계가 있다면 처음부터 끝까지 C단계만 풀고 나서 B단계를 쭉 풀고, 그다음에 A단계를 푸는 방법으로 문제집 1권을 세 번 본다. 한 단원의 문제를 C단계, B단계, A단계를 순차적으로 다 풀고 나서, 다음 단원으로 넘어가려고 하면 시간이 오래 걸려 진도가 늦어진다. 게다가 계속해서 어려운 문제를 풀지 못하면 수학이 더 어렵게 느껴지고, 수학을 포기할 가능성이 커진다. 문제가 풀리면 수학이 좋아지고 재미있어지는 만큼 쉬운 문제를 통해 수학에 대한 성취감, 만족감, 자신감을 갖는 것이 좋다. 그렇게 기본 문제집을 풀고 나서 심화 문제에 도전한다.

한 엄마가 세 권의 심화 문제집 이름을 말씀하시며 그중에서 어떤 문제집을 풀었냐고 물어보셨다. 경호는 세 권을 다 풀었다고 했다. 수학은 하루 3시간 이상을 공부해야 수학적 감이 생기고 머리가 트인다고 한다. 따라서 학원

스케줄을 조정해서 일주일 중 하루는 집에서 수학 공부만 하는 게 좋다. 승현이는 중3 겨울 3달 동안 하루 종일 수학만 공부했다. 경호도 중학교 2학년 1학기까지 영재학교 준비로 매일 많은 시간 동안 수학을 공부했고, 일반고로 전환한 중2 가을부터는 금요일, 토요일, 일요일에 5시간씩 수학 공부를 했다. 다른 요일에는 3시간씩 수학을 공부했다. 그런 노력이 있었기에 영재학교, 과학고를 준비한 실력 있는 친구들 사이에서 3년 내내 수학 1등급을 유지했고, 수능에서도 1등급을 받았다.

수능 수학에 대한 기본적인 이해

2021 수능 수학 범위는 가형(이과)은 수학Ⅰ, 확률과 통계, 미적분이고, 나형(문과)은 수학Ⅰ, 수학Ⅱ, 확률과 통계이다. 2022 수능 수학은 공통과목이 수학Ⅰ, 수학Ⅱ이고, 선택과목은 확률과 통계, 미적분, 기하 중 1과목을 선택하게 되어 있다. 국어와 마찬가지로 공통과목에서 75%, 선택과목에서 25%의 문제가 나온다. 대학과 학과에 따라 확률과 통계, 미적분, 기하 중 과목을 지정해서 발표하기 때문에 지원하고자 하는 대학과 학과에서 수학 선택과목을 어떤 과목으로 지정했는지 확인해야 한다.

2022 수능 수학에서는 공통과목인 수학Ⅰ, 수학Ⅱ에서 수능 수학 30문제 중 23문제가 나오고 심화 문제가 나오기 때문에 수학Ⅰ, 수학Ⅱ가 중요해졌다. 수능에서 수학의 범위가 줄어든 만큼 무리한 선행보다 심화가 중요해진 것이다. 따라서 수학Ⅰ, 수학Ⅱ는 심화 문제까지 풀 수 있을 정도로 깊이 있게 공부해야 한다. 내신과 수능 모두 어려운 한두 문제를 긴 시간 동안 푸는 능력

이 중요한 것이 아니라, 쉬운 문제를 빠른 시간 안에 정확하게 푸는 것이 중요하다. 그래서 실수 없이 빨리 푸는 연습을 해야 한다. 영재학교나 과학고를 준비하다 떨어져서 일반고에 간 학생들이 내신이나 모의고사 수학 성적이 좋지 않은 경우가 있다. 문제를 풀 실력은 되지만 빠른 시간 안에 푸는 연습이 부족해서 문제를 다 풀지 못하는 경우가 대부분이다.

전문 선생님이 짚어주는 수학 공부법

승현이를 가르치신 G수학학원 원장님은 최상위 그룹으로 가기 위한 수학 방법으로 "최상위 그룹으로 가기 위해서는 수학에 흥미가 있어야 한다. 이런 학생들에게 쉬운 문제를 반복해 풀라고 하면 수학에 대한 흥미를 잃을 수 있으므로 좋은 학습법이라 할 수 없다. 선행학습을 통해 고학년 수학을 미리 접해봄으로써 흥미와 긴장을 유지하는 것이 중요하다. 중학생인 경우, 영재학교나 과학고를 목표로 하고 있다면 고등 전 과정을 선행하는 것이 좋다. 고등 전 과정을 학습하고 오는 합격생이 많다 보니, 선행되어 있지 않으면 수학에 대한 자신감이 떨어질 수 있다. 일반고를 갈 예정이라면, 수학Ⅱ 정도까지 학습해도 충분하다. 어차피 미적분은 수학Ⅰ, 수학Ⅱ가 제대로 학습되어 있지 않으면 선행학습이 의미가 없다. 고등학교에 가서는 학기 중에는 현행 심화를, 방학 중에는 선행학습 위주로 공부하는 것이 좋겠다. 흥미 자체가 없는 학생들에게 빠른 선행이나 높은 난이도의 문제들은 큰 부담으로 다가갈 수밖에 없다. 해결할 수 있는 수준의 문제들을 반복해서 풀며, 정확도를 올리면서 자신감과 흥미를 얻는 것부터 연습해야 한다."라고 말했다.

경호는 서울대학교 입학설명회에서 합격 수기 발표를 할 때 수학에 대해 이렇게 얘기했다.

"고등학교 내신 준비를 하며 정말 힘들었던 것이 개념과 문제 풀이 사이의 괴리감이었다. 예를 들면 미분이 뭔지 안다고 해서 어려운 수능 30번 문제까지 시원하게 풀리지 않았다. 나도 그 점이 너무나 답답하고 힘들었다. 개념을 아는 것 외에 뭐가 부족해서 문제를 못 푸는 걸까. 정답은 개념을 적재적소에 적용하는 능력이었다. 아무리 어려운 문제라도 교과 과정에서 배운 개념을 이용해서 푸는 것 말이다. 그래서 어려운 문제를 공부할 때 해설지를 보더라도 문제 구성요소를 하나하나 뜯어봐가며 어떤 문제 상황에서 어떤 교과 개념이 적용되는지를 분석했다."

서울대학교 의대 선배의 수학 공부법

교과서 개념을 확실하게 익힌 후에 많은 양의 문제를 풀었다. 단순히 개념만 적용하면 되는 쉬운 문제부터 풀이 방법을 잘 숨겨둔 어려운 문제까지. 그런데 결국 어려운 문제도 개념을 적용하는 문제 몇 개가 복잡하게 이어져 있는 것이기 때문에 그것을 파악하는 연습을 했다. 내신과 수능은 문제 유형이 조금 다르지만 공부법에서는 크게 다르지 않다.

영어

수능 영어가 절대평가로 바뀌고 나서 1등급 받기가 쉬워졌다며 공부를 소홀히 하는 아이들이 있는데, 이는 큰 착각이다. 2019 수능 영어에서 90점 이상이면 1등급이었는데 전체 수험생의 5.3%가 1등급이었다. 상대평가인 다른 과목의 1등급이 4%임을 보면 1등급 받는 비율이 다른 과목과 크게 차이 나지 않는다. 2020 수능 영어는 1등급 비율이 7.43%로, 2019년도보다 낮아지긴 했지만 매년 비율이 달라지기 때문에 안심하면 안 된다. 어떤 난이도의 문제가 나오더라도 5% 안에 들 정도로 공부를 해야 한다. 다시 말해, 영어도 다른 과목에서 1등급을 받기 위해 노력하는 정도로 공부해야 1등급을 받을 수 있다는 뜻이다.

내신과 수능에 필요한 영어

국어와 마찬가지로 중학교 영어 시험은 교과서의 본문만 외우면 되고, 시험 범위가 적어 시험 점수가 잘 나온다. 하지만 고등학교의 경우 시험 범위가 많아 전부 외우는 것이 힘들고, 내신시험에 교과서 외 지문이 나오는 경우도 있다. 더군다나 모의고사에는 한 번도 보지 못한 지문이 나오기 때문에 교과서 암기가 아닌 영어 실력을 길러야 한다.

영어는 말하기, 쓰기, 듣기, 독해로 나눌 수 있는데 내신이나 수능에서는 듣기와 독해만 필요하다. 말하기와 쓰기는 중학교나 고등학교에서 내신시험이나 수행평가를 볼 때 학교에 따라 필요할 수 있다. 말하기의 경우 주제에 대한 원고를 쓰고 외워서 발표하는 방식으로 시험을 보기도 한다. 따라서 아이가 다니게 될 학교의 영어 내신시험과 수행평가 문제의 유형과 수준을 알아보아야 한다. 쓰기 영역은 문법을 공부한 후 단어 배열을 보고 문장으로 완성하거나, 문장 쓰기를 할 수 있는 문제집을 선택해서 공부하는 것이 좋다.

듣기와 독해 실력 기르기

영어 듣기를 잘하기 위해서는 많이 들어야 하는 것이 상식이다. 그래서 어릴 때부터 영어에 노출되는 것이 좋다. 영어 유치원을 다니고, 어학연수를 다녀오라는 말이 아니다. 내신과 수능 영어의 듣기평가는 꾸준히 연습하면 만점을 받을 수 있다. 초등학교 때는 영어책으로 듣기를 많이 하고, 중학교 때부터는 리스닝 문제집을 골라 꾸준히 듣고 문제를 풀면 된다. 리스닝 문제집은 주로 단계별, 학년별로 되어 있는데 가장 기초적인 문제집부터 시작해 고등학교 모의고사 대비 듣기 문제집, 수능 대비 듣기 평가 문제집까지 이어서 한다. 듣기가 완벽하게 준비되면 듣기 문제를 풀면서 독해 문제도 동시에 풀 수 있어 독해 시간을 확보할 수 있다. 이는 모의고사부터 연습이 된 경우에만 해야 하고, 자칫 듣기 문제를 놓칠 수 있으니 주의해야 한다.

독해의 기본은 단어, 숙어, 문법이다. 단어와 숙어는 총알이고 문법은 총이다. 이 두 가지가 완벽하면 독해를 잘할 수 있다. 단어와 숙어는 매일 꾸준히 외운다. 어원이 나와 있는 단어책이 있는데 어원을 알면 시험에 모르는 단어가 나왔을 때 단어의 뜻을 유추할 수 있다. 첫째 날 30개를 외웠으면 둘째 날은 전날 외운 30개와 새로 외우는 30개, 셋째 날은 첫째 날 30개, 둘째 날 30

개, 새로 외우는 30개, 넷째 날은 둘째 날 외운 단어부터 다시 보는 방법으로 외운다. 영어 단어는 짧은 기간에 반복해서 외워야 한다. 단어책 외에도 교과서나 영어 공부하는 책, 모의고사 시험지에서 모르는 단어가 나오면 영어 사전을 찾아 뜻을 쓰며 외운다.

문법은 책을 하나 정해서 반복해서 보는 방식으로 공부하는데, 독학으로 하기는 어려울 수 있으니 학원, 과외, 인터넷 강의 등을 활용하면 도움을 받을 수 있다. 어느 영어학원은 문법책 한 권이 끝나면 새로운 책으로 다시 시작하는데, 그렇게 하면 학부모들이 책을 여러 권 배운다고 좋아하기 때문이라고 한다. 하지만 문법책은 한 권을 반복해서 보면서 예문을 외우는 것이 도움이 된다.

수능 영어에 대한 기본적인 이해

수능 영어는 EBS 수능 교재에서 70% 수준의 연계율로 출제됐으나 2022학년도 수능부터 연계율이 50%로 조정된다. EBS 교재인 〈수능 완성〉과 〈수능 특강〉에 나오는 각 지문별 주제 정리, 핵심 문장과 어법, 어휘 정리를 꼼꼼히 하는 한편, 다양한 지문을 접하며 문제를 푸는 연습을 해야 한다. EBS 연계율이 높을 때는 영어 지문을 공부하지 않고 해석된 한글 지문을 읽으며 영어 공부를 한다는 이야기도 있었으나, 연계율이 낮아지면서 독해 실력을 길러야 할 필요성이 커졌다.

수능에서 독해 문제는 글의 주제, 제목, 목적, 요지, 주장 찾기, 빈칸 채우기, 글의 순서, 문장 삽입, 요약문 완성, 무관한 문장 찾기, 분위기나 심경 파악, 어법, 내용의 일치나 불일치, 도표 파악, 연결어나 구 넣기, 문단에 문장

넣기 등 다양한 유형으로 출제된다. 모의고사나 기출 문제를 풀었을 때 틀리는 유형을 분석하고 자신에게 가장 취약한 유형을 연습해야 한다. 2020학년도 수능 영어에서 오답률이 가장 높았던 문제는 1위와 2위가 빈칸 추론(33, 34번), 3위 문법성 판단(29번), 4위 글의 순서 파악하기(37번), 5위 주어진 문장 넣기(39번)이었다.[29] 따라서 평소 수능 오답률 문제 유형과 자신이 모의고사에서 많이 틀렸던 문제를 많이 풀어보면서 취약한 유형에 대해 철저히 대비를 해야 한다.

토익, 토플, 텝스 공부해야 할까?

최근 내신이나 수능 영어를 대비하기 위해 토익, 토플, 텝스를 공부해야 하느냐는 문의가 많다. 토플, 토익, 텝스를 배우면 내신이나 수능을 쉽게 할 수 있다며 학원에서 권유한다는 것이다. 영어는 말하고, 듣고, 읽고, 쓰는 능력을 기르는 것이니 이런 시험이나 수능이 같은 것이라는 얘기다. 맞기도 하고, 틀리기도 하다. 토익, 토플, 텝스 점수가 높으면 영어를 잘한다고 말할 수 있다. 그러나 이런 시험과 수능은 시험의 목적과 유형이 다르다.

토익은 취업, 토플은 외국 유학, 텝스는 대학원과 로스쿨 진학 등을 위해 필요한 시험이다. 수능 영어에 필요한 단어가 1민 개 이내에서 출제되는 반면 토플, 토익, 텝스는 3만 단어 이상을 알아야 한다. 수능은 단어와 문법을 활용해서 독해하는 능력이 중요하다. 하지만 토플, 토익, 텝스는 문법을 모르고 단

---

[29] 2020학년도 수능 마무리를 위한 작년 오답률 TOP5, EBS 학습전략칼럼(2019.11.4.).

어만 알아도 풀 수 있는 유형의 문제들이다. 따라서 수능에 나오지 않는 단어를 외워야 하는 고생을 사서 해야 한다. 그래서 토플, 토익, 텝스를 공부할 시간에 수능 영어 공부를 하고, 3만 개의 단어를 외울 시간에 문법, 듣기, 독해에 집중하라고 권유하고 싶다.

전문 선생님이 짚어주는 영어 공부법

경호를 5년 동안 가르친 B영어학원 원장님은 영어를 준비하는 수험생의 전략에 대해 다음과 같이 말했다.

"단어 암기의 경우 하루 100개씩 암기하는 단순 프린트물은 휘발성이 강하다. 시험 보고 나면 금세 잊어버린다. 독해에 적용하기도 힘들다. 단어를 암기하는 최고의 방법은 독해를 하다가 스스로 그 단어가 궁금해서 사전을 찾아보는 것이다. 사전에 나와 있는 내용을 꼼꼼히 읽을 때 저절로 몸에 익는다. 억지로 외울 필요가 없다. 단어의 어원으로 암기하는 것, 의미의 변화를 추론해 보는 것도 좋다. 듣기는 기출 문제 위주로 공부하면 크게 문제가 없다.

학생들이 종종 '문법 문제가 몇 문제 안 나오니 문법을 버리자.'라고 생각한다. 문법을 포기하면 문법 문제뿐만 아니라 지문도 매끄럽게 읽히지 않는다. 즉 문법 포기는 독해 포기다. 상위권으로 갈수록 문법 싸움이다. 독해 지문이 눈에 잘 들어오지 않는다면 그것은 문법이 부실한 경우가 많다. 단어만 외우지 말고 문법을 완성해야 한다.

중학교 내신시험을 준비할 때는 영어책을 통으로 암기하면 된다. 중학교 내신은 양도 적고 난이도도 낮아서 가능하다. 그러나 이 방법은 중학교 내신에서 끝을 내야 한다. 고등학교 내신에서는 특별히 암기력이 좋은 몇몇 소수 아이들을 빼고는 불가능한 일이다. 많은 학생들이 중학교 때와 같은 방법으로 통암기를 하다가 암기가 안 된 채 불안한 마음으로 시험을 보러 간다. 고등학교 때에는 공부 방법을 달리해, 주제문이나 문법적으로 중요한 논점이 있는 문장을 영작해보아야 한다. 설령 변형되어 나와도 문법을 잘 알면 조건을 보고 쓸 수가 있다. 주관식 영작 문제는 영작 조건이 주어지기 때문에 문법에 자신이 있으면 그리 어렵지 않다. 주관식 영작을 정복하고 싶다면 통암기보다는 문법을 익힌 후 평소에 영작을 해보는 것이 유리하다. 그리고 자신 없는 문장만 통으로 암기를 하면 된다."

서울대학교 의대 선배의 영어 공부법

내신 대비는 교과서를 몽땅 외우다시피 했다. 대신 문법 지식을 바탕으로 외워야 더 잘 외워지고, 변형 문제가 나왔을 때 잘 대처할 수 있다. 교과서 영어 본문을 외우고 난 뒤에는 백지에 외운 것을 다 써보았다. 다 쓴 후에는 교과서를 보며 틀린 부분을 수정하며 다시 외웠다. 수능 대비는 모의고사만 꾸준히 풀었다. 모의고사 하나를 풀면 그 지문에서 모르는 단어들을 찾아서 표시하고 최대한 외우고 넘어갔다.

수능 몇 달 전부터 실제 시험 시간인 13:10~14:20에 예비 시험을 보았다. 그 시간대의 신체 리듬이 영어 시험 보는 것에 익숙해지도록 하기 위해서였다. 특히 점심을 먹고 나서 듣기평가를 하기 때문에 집중력이 떨어질 것을 감안해 같은 시간에 연습했다.

과학

과학은 중학교 때 과학책, 잡지, 다큐멘터리 등을 통해 과학 상식이나 배경지식을 충분히 쌓아야 한다. 책을 통해 이론만 외울 것이 아니라 과학관에서 실시하는 각종 프로그램에 참여해 직접 체험해본다. 경호는 중학교 1, 2학년 때 국립과천과학관에서 봉사활동을 했다. 홈페이지에서 신청할 수 있는데 빨리 마감이 되기 때문에 알람을 해놓고 늦지 않게 신청을 했다. 봉사를 하면 전시관에 대한 사전 설명을 들을 수 있고, 물어보는 관람객 학생들에게 대답을 해주어야 하기 때문에 자연스럽게 공부가 된다.

영재학교나 과학고 진학을 생각한다면 과학 공부를 심도 있게 해야 한다. 영재학교나 과학고를 준비하는 학생들은 중학교 때 수학·과학 올림피아드 대회를 나가 자신의 실력이 어느 정도인지 알아보기도 한다. 수학·과학 올림피아드 시험은 혼자 준비하기가 쉽지 않기 때문에 전문 기관의 도움을 받는 것이 낫다.

과학 공부 기본기 다지기

자유학년제가 적용되는 중1 때 관심 있는 과학 분야의 대회를 준비하는 것도 좋다. 과학탐구토론대회, 과학융합대회, 과학발명품경진대회, 과학전람회 등이 매년 열리는 과학 대회인데, 시험이 없어 시간적으로 여유 있는 중1 때 나가보기를 권한다. 과학발명품경진대회와 과학전람회는 시·도 예선대회를 거쳐 전국대회까지 나갈 수 있기 때문에 잘 준비한다면 좋은 경험을 할 수 있다. 각 시·도마다 매년 수상자의 작품을 전시해 자유롭게 관람할 수 있게 하므로 대회에 나가기 전에 미리 가서 보면 많은 도움이 된다. 국립중앙과학관의 홈페이지에 가면 발명품경진대회와 전국과학전람회 게시판에 대회 안내와 개최 요강, 역대 수상 보고서를 볼 수 있으니 참고해보자.

영재학교, 과학고를 가지 않아도 이과 계열로 진로를 정한 학생들에게는 수학과 더불어 과학이 중요하다. 일반고에서 물리, 화학, 지구과학, 생명 등 과학II 과목을 2개만 배우는 데 비해, 과학중점고등학교는 4과목을 모두 배운다. 그래서 대학 입시 수시에서 일반고 이과 학생들보다 과학중점고등학교 학생들이 유리한 면도 있다. 일반고든 과학중점고등학교든 이과를 가려면 수학 다음으로 중요한 과목이 과학 내신 성적이다. 따라서 중학교 때부터 관심을 갖고 공부하면 고등학교에 가서 많은 도움이 된다.

용어의 뜻을 아는 것은 과학에서 가장 중요한 부분이다. 기계처럼 외워서 교과서에 나온 단어 뜻을 이해할 수도 있지만, 그보다 '나만의 말'로 설명할 수 있어야 한다. 과학은 원인과 결과를 알아야 하고, 왜 그런 실험을 하는지 이해해야 한다. 공식도 왜 그런 공식이 나왔는지 이해해야 한다. 직접 실험을 해보는 것도 좋다. 과학의 어떤 과목도 암기과목은 없다. 암기를 잘하고 많이 했다고 해도 개념과 원리에 대한 충분한 이해가 없는 상태에서 기계적으로 공부하는 것은 진짜 공부가 아니다. 암기로만 공부하면 약간만 응용된 문제가 나와도 풀 수 없게 된다.

중등 과학이어도 기본 개념을 정확히 공부하려면 전공별로 수업을 해주는 학원이 적합하다. 예를 들어, 생명과학을 전공한 선생님이 가르치는 물리와 물리를 전공한 선생님이 가르치는 물리는 사용하는 용어부터 제시하는 문제까지 완전히 다르다. 물론 중등 과학 내신 정도라면 선생님의 세부 전공과 상관이 없지만, 물리나 화학 과목에 대한 내신과 수능까지 고려하여 과학을 공부한다면 중학교 때부터 전공별로 나누어서 수업을 해주는 학원을 추천한다. 학원에 따라서는 물리·지구과학, 화학·생명과학으로 나누어 수업을 하는 곳도 있는데, 이런 경우에는 과목 간 내용을 통합하고 연계하여 수업할 수 있다는 장점도 있다.

통합과학을 해야 할까?

중3 엄마들이 통합과학을 꼭 해야 하느냐는 질문을 많이 한다. 학원에서 물리Ⅰ, 화학Ⅰ을 배우면 통합과학은 그냥 할 수 있기 때문에 통합과학을 안 해도 된다고 했단다. 물론 아이의 능력에 따라 통합과학을 안 하고 물리Ⅰ, 화학Ⅰ을 시작해도 잘 따라가는 아이도 있을 것이다. 그러나 일반적으로 통합과학은 하는 것이 좋다. 통합과학은 물리, 화학, 생명, 지구과학의 전 분야를 다 훑어주어 뼈대를 알려준다. 통합과학을 안 하면 물리Ⅰ, 화학Ⅰ을 배울 때 어려워하고 배우는 속도가 느려진다.

통합과학은 지식과 이해의 수준이 높지 않고 한 번만 제대로 이해했다면 고난이도의 응용문제나 심화문제가 출제되지 않는 과목이어서, 학교의 내신 평균 점수가 아주 높은 과목이다. 내신 경쟁이 치열하고 작은 실수 하나가 등급을 급감시키는 결과를 가져오는 경우도 종종 있다. 따라서 완벽히 꼼꼼하지 않으면 내신 등급을 따기가 오히려 어렵다. 통합과학 내용은 중등 과학 과정과 동떨어져 있고, 개념의 이해와 원리보다는 지식에 해당하는 내용이 많다. 그 양도 방대해서 미리 시작하는 것이 비효율적이다. 통합과학은 중3 겨울방학 정도에 시작해서 꼼꼼하게 1번 정도 내용을 공부한 다음, 학기별 시험에 맞추어 복습을 하는 위주로 스케줄을 짜는 것이 좋다.

물리Ⅰ과 화학Ⅰ을 병행해서 공부하는 것도 좋다. 이 둘은 이과 계열의 대학을 가는 경우라면 필수로 거쳐야 할 과목이다. 물리Ⅰ을 먼저하고 나서 화학Ⅰ을 하면 공백기 동안 물리에 대한 관심이 없어진다. 물리와 화학은 통합과학과 달리 과학 개념에 대해 충분히 이해하고 있어야 어려운 문제도 해결할 수 있기 때문에 과목을 끝낸다는 마음으로 접근해서는 안 되고 2번 정도 반복하여 충분히 이해하는 것을 목표로 공부하는 것이 좋다.

서울대학교와 과학Ⅱ

수능 과학은 8과목 중에서 2과목을 선택해 시험을 본다. 그런데 서울대학교 지역균형선발의 경우, 수능 최저학력기준을 맞추기 위한 과학탐구 과목 중 한 과목은 무조건 과학Ⅱ를 선택해야 한다. 서울대학교는 정시에서도 과학Ⅱ 선택이 필수이기 때문에 과학Ⅱ 과목을 시험 보는 수험생들은 대부분 서울대학교를 목표로 하는 학생들이다. 인원수도 적은데 학생들 실력도 다 높기 때문에 등급 따기가 정말 어렵다. 수능에서 만점을 받아도 서울대학교 의대에 못 가고 연세대학교 의대에 갔다는 뉴스가 나오는데, 그 이유가 과학Ⅱ를 선택하지 않았기 때문이다. 서울대학교 일반전형은 수능 최저학력기준이 없지만, 지역균등전형과 정시를 준비한다면 과학Ⅱ 과목을 심도 있게 준비해야 한다.

과학Ⅱ는 과학Ⅰ보다 5배쯤 어렵다. 전교 1등이 서울대학교 지역균등전형을 포기하는 경우가 있는데 바로 과학Ⅱ를 공부해야 하는 부담감 때문이다. 자칫 과학Ⅱ에서 낮은 등급이 나올 경우 다른 대학의 수능 최저학력기준을 못 맞출 수 있기 때문이다. 정시의 경우 과학Ⅱ의 어느 과목을 선택하느냐에 따라 만점을 받고도 백분위 점수에서 100점을 못 받을 수도 있다. 과학Ⅱ의 어떤 과목을 선택하느냐에 따라 수능 전체에서 1개를 틀려도 누구는 서울대학교 의대에 합격하지만 누구는 합격하지 못하는 사태가 발생한다.

고등학교 2학년이나 3학년 내신에서 과학 과목을 선택할 때, 전공에 관련된 과목과 내신 따기에 유리한 과목 중 어느 것을 선택해야 하는지 고민이 생길 수 있다. 서울대학교 입학사정관은 과학Ⅱ의 경우 지원하는 학생 수가 적으면 내신 등급이 낮게 나오는 것을 알고 있다. 따라서 내신 등급만 생각하지 말고 전공에 유리한 과목을 선택하라고 조언한다.[30] 공대라면 물리, 의대라면 화학, 생명을 선택하는 것이 전공적합성에서 유리하다는 것이다.

따라서 진로에 따른 과학 선택 과목을 미리 염두에 두고 심화 과정까지 공부해두면 좋겠다. 반면 수능은 어느 과목을 선택했는지 중요하지 않다. 수시의 경우 최저학력기준을 맞추는 것이 중요하기 때문에 자신이 좋아하는 과목, 고3 1학기 내신에서 공부한 과목, 모의고사에서 점수 잘 나오는 과목, 많은 수험생들이 선택하는 과목 등을 고려하여 선택하도록 한다.

전문 선생님이 짚어주는 과학 공부법

승현이가 물리, 화학을 배운 K과학학원 원장님은 "영재학교, 과학고 준비를 할 때 단원별로 핵심적인 정의, 공식을 익히고 응용문제에 어떻게 활용되는지를 공부한다. 물리 I·II, 화학 I·II 심화된 문제들을 풀어보는 것이 좋다. 시중에 있는 중학생 물리경시대회, 화학경시대회 등 각종 기출 문제들을 병행해서 풀어보며 기본 원리들이 어떻게 문제화되는지를 익혀둔다. 이때 문제를 접근하고 해결하는 방법에 따라서 실력이나 시간에서 많은 차이가 날 수 있다."라고 말했다.

M과학학원에서 경호에게 물리와 지구과학을 가르친 고○○ 선생님은 물리와 지구과학 공부법에 대해 이렇게 정리해주었다.

"물리를 잘할 수 있는 방법은 '기본 개념에 충실'하는 것이다. 즉, 기본 개념과 정의를 완전히 이해하는 것을 목표로 공부해야 한다. 자신의 물리학적 개념이나 정의가 올바로 잡혀 있는지 확인하려면 개념을 수식 없이 말로 표현할 수 있어야 한다.

지구과학은 직접적인 자연을 연구 대상으로 하는 학문으로, 자연현상을 물리나 화학적으로 해석하는 과목이다. 따라서 물리나 화학 지식을 지구과학에 접목시켜 보는 연습을 해보면, 지구과학이라는 과목이 더욱 재미있게 느껴질 것이다. 통합적으로 사고하는 습관도 기를 수 있다. 주의할 것은 현행 고등학교 지구과학의 내용이 다른 과목에 비해서 상대적으로 쉽게 느껴진다고 해서 단기간에 암기만 해도 좋은 성적이 나올 거라고 생각하면 안 된다는 점이다. 수능시험에서는 단순한 암기 문제를 출제하지 않는다. 내용에 대한 명확한 이

---

30) 인천광역시 서울대학교 입학 설명회(2019.5.11.)

해가 기본 전제 조건임을 절대로 잊어서는 안 된다."

승현이와 경호의 모교인 송도고에서 두 아이들에게 생명과학을 가르친 송○○ 선생님은 생명과학 공부법에 대해 이렇게 정리했다.

"생명과학은 우리 주변의 많은 생물에서 보이는 여러 현상을 탐구하고, 이들 생물에게서 관찰되는 특징을 통해서 생물의 특성을 찾는 학문이다. 우리 주변에 많은 종류의 생물이 있기에, 생명과학에서 다루는 탐구의 대상과 현상이 매우 많다. 탐구 대상과 현상을 설명하기 위해 많은 개념이 필요하고, 생명과학에 입문하는 학생들은 이 개념을 기본적으로 숙지해야 한다. 아마도 이 때문에 많은 학생들이 생명과학을 암기 과목이라고 생각한다. 다른 과목과 마찬가지로, 생명과학에서 다루는 대상과 현상을 이해하기 위해서는 이들 개념을 정확히 알고 숙지해야 한다. 단지, 알고만 있어서는 안 된다. 하나의 현상을 하나의 개념으로만 설명할 수 없기 때문이다.

따라서 현상 또는 체계를 이해하기 위해서는 관련된 개념들을 연관 지어 전체를 바라볼 수 있어야 한다. 특히, 생명과학Ⅰ의 '항상성 조절', 생명과학Ⅱ의 '세포의 특성', '세포호흡', '광합성', '유전자의 발현과 조절' 등의 단원은 학생들이 여러 관련 개념을 정확히 연결 짓는 연습을 하면, 전체를 쉽게 이해할 수 있다. 생명과학은 단독 학문이 아니다. 특히 생명과학Ⅰ의 '사람의 유전' 단원은 수학 교과의 '확률과 통계'와 밀접한 연관이 있다. 확률과 통계를 잘 학습한다면 유전 확률의 고난이도 문제를 쉽게 해결할 수 있다."

한편, 경호는 서울대학교 입학 설명회의 합격 수기 발표에서 특히 실험의 중요성을 강조했다.

"과학은 실험을 자주 하려고 했다. 교과 개념을 이용하거나 직접 확인해볼 수 있는 실험이 꽤 많기 때문에 여건이 허락하는 선에서 실험을 다양하게 해보고자 했다. 특히 3학년 때 화학Ⅱ가 너무 어려워서 기존의 암모니아 분수 실험을 교과 개념을 이용해서 앙금분수로 바꾸어 했던 경험이 기억에 남는다. 이렇게 교과 개념을 적용하고 융합한 실험을 직접 해보면 개념이 헷갈릴 때 실험이 떠오르면서 개념을 바로잡는 신기한 경험을 하게 된다."

서울대학교 의대 선배의 과학 공부법

과학 공부는 교과 개념을 익히고 문제 풀이 위주로 공부했다. 기본적인 문제에 개념을 적용해본 뒤, 어려운 교육청 문제나 수능, 평가원 모의고사 킬러 기출을 연습했다. 해보다가 안 되면 바로 답지를 보고 단계별로 분석했다. 내신은 주어진 시간 안에 어려운 난이도의 문제를 다 풀어야 하기 때문에 답지 해설을 분석하면서 계속 반복했다. 그러다 보니, 풀이법을 체득하게 되어 새로운 문제가 나와도 적용이 가능해졌다. 수능은 크게 다를 건 없지만, 좀 더 시간을 두고 꼼꼼하게 내용을 익혔다. 시간 안에 푸는 실전 모의고사 훈련도 꾸준히 했다.

사회

사회는 무턱대로 암기하기 어려운 과목이다. 중학교 때는 시험 범위가 적어서 무작정 외우면 되지만, 고등학교에 가면 외워야 할 양이 많고 다른 과목도 공부해야 하기 때문에 시험 범위를 다 외우는 것이 불가능할 수도 있다. 그런데도 고등학교 사회 시험에서 100점을 맞거나 1등 하는 아이들이 있다. '어떻게 그 많은 양을 다 외웠을까?'라는 생각에 좌절하고 사회 과목을 버리는 아이들도 있다.

그런데 사회 성적이 높은 아이들과 낮은 아이들은 공부 방법이 다르다. 성적이 낮은 아이들은 그냥 외운다. 무슨 말인지, 왜 그런지도 모르고 무작정 외운다. 그래서 단순 암기형 문제는 풀지만, 변형 문제는 풀지 못한다. 또한 시간이 부족해 외우지 못한 문제는 그냥 버리게 된다.

이해하는 순서

상위권 학생들은 외우기 전에 먼저 이해를 한다. 이것은 그냥 외우는 것과 큰 차이가 있다. 예를 들어 한국전쟁에 대한 공부를 할 때 무작정 암기하는 아이들은 '한국전쟁은 1950년 6월 25일 새벽에 북한이 쳐들어왔고, 3년간 전쟁을 했다.'라고만 외운다. 그러나 상위권 아이들은 '한국전쟁이 왜 일어났는가?'라는 질문에 대한 답을 찾는다. '소련(현 러시아)과 중공(현 중국)이 왜 개입되었지? 미국과 유엔은 왜 남한을 도와주었지?' 등 끊임없이 '질문'을 이어가며 답을 구한다.

그리고 교과서만 보는 것이 아니라 책, 영화, 동영상을 통해 완벽하게 이해하려고 노력한다. 그러면 암기는 저절로 된다. 본격적으로 공부해야 하는 시험 준비 기간에는 시간이 부족하기 때문에 평소 수업 시간이나 복습을 할 때 위와 같은 질문에 대해 생각해보고, 시험 때는 집중적으로 암기를 한다. 예를 들어, 영화 〈명량〉을 보며 임진왜란과 이순신 장군에 대해 이해하면 일부러 쓰면서 외우지 않아도 누군가 물어보았을 때 술술 대답하게 된다. 영화 볼 시간이 없으면 '명량'에 대한 동영상 강의를 봐도 도움이 된다. 유튜브에서 관련 영상을 찾아보면 아주 유용하다. 이처럼 다양한 매체와 방법을 이용해 이해를 먼저 하도록 한다.

사회 공부를 할 때는 교과서의 목차를 보면서 대단원, 중단원, 소단원의 제목을 읽으며 흐름을 파악한다. 그리고 용어의 뜻을 알아야 한다. 개념을 알아야 한다는 말이다. 공책 필기를 할 때에는 대단원 제목을 쓰고, 다음 줄에 한 칸 들여서 중단원 제목을 쓰고, 또 다음 줄에 한 칸 더 들여서 소단원 제목을 쓴다. 그다음 줄엔 굵은 글씨로 되어 있는 단어와 뜻을 쓰면서 전체 흐름과 주요 키워드를 이해한다. 교과서를 한 장씩 세부적으로 암기하는 것보다 중요한 키워드를 중심으로 큰 틀에서 파악한 뒤에 세세한 부분을 외우면 도움이 된다.

사회 교과서에는 그림, 그래프, 도표, 지도 등이 자주 나오기 때문에 그것들을 보고 왜 그런 결과가 나왔는지 이해하고 해석할 수 있어야 한다. 가령 경호는 삼국 시대를 공부할 때 거실에 있는 화이트보드에 우리나라 지도를 그려 삼국의 이름을 쓰고 중국, 일본 지도까지 그렸다. 그리고 어느 나라를 먼저 침

범했는지, 어느 나라가 중국과 손을 잡고 어느 곳을 공격했는지, 일본은 어떠했는지 등을 화살표로 그려가며 설명을 했다.

단권화 작업하기

사회는 교과서와 자습서, 공책을 잘 활용하면 큰 도움이 된다. 어떻게 하면 이것들을 잘 활용할 수 있을까? 자습서를 보면서 필요한 내용을 교과서에 옮겨 적어, 나중에 교과서만 보고도 자습서에 있던 내용까지 알 수 있도록 단권화 작업을 한다. 교과서에 적는 것이 번잡해 보인다면 공책에 필기를 하면서 정리하고, 교과서와 자습서의 내용을 같이 적어 공책으로 단권화 작업을 해도 좋다. 자신에게 맞는 방법을 골라 되도록 한 권에 필요한 내용을 담으면 된다.

교과서를 암기하고 단권화 작업을 했으면 문제 풀이를 통해 알고 있는 것과 모르는 것을 확인하고, 틀린 문제를 분석하면서 몰랐던 개념을 다시 한번 찾아 외워야 한다. 그리고 어떤 개념에서 틀렸는지 교과서나 공책에 표시해 놓는다. 맞힌 문제라도 해설지에 있는 설명을 보면서 다시 한번 이해하는 것이 좋다. 선지에 나온 내용들도 일일이 확인을 해서 정답인 이유와 정답이 아닌 이유까지 분석해야 완벽해진다.

어떤 과목을 골라야 할까?

2018년도부터 시행된 2015 교육과정에 따라 고1 때 통합사회를 배운다. 한국사, 윤리, 지리, 일반사회를 전반적으로 배우는데, 1년 동안 8단위로 내신에서 높은 비중을 차지한다. 수능은 한국지리, 세계지리, 세계사, 동아시

아사, 경제, 정치와 법, 사회문화, 생활과 윤리, 윤리와 사상 9개 과목 중에서 선택할 수 있다. 2021 수능은 사회탐구에서 2과목을 선택하여 시험을 본다. 2022 수능에서는 사회, 과학 계열 구분 없이 2과목을 선택하면 되는데 고등학교 때 학교에서 배운 내신 과목, 자신이 좋아하는 과목, 응시자 수, 탐구 과목 간의 내용 연계성 등을 고려해 선택한다. 대학과 학과에서 선택과목을 지정하는 경우도 있으니 확인해야 한다. 대학과 학과에 따라 한국사 시험이 필수인 경우도 있고, 한국사의 최저학력기준 등급을 요구하는 경우도 있으니 확인 후 그에 맞춰서 공부한다.

사회탐구의 경우 어느 과목을 선택하느냐에 따라 만점을 받아도 백분위 점수가 낮아져 정시로 서울대학교에 가지 못하는 상황이 생길 수도 있다. 어느 과목은 다 맞혀야 1등급인데, 그 인원이 너무 많아 2등급 없이 한 문제만 틀려도 3등급이 된다. 똑같이 한 문제를 틀려도 2점짜리 문제를 틀리느냐 3점짜리 문제를 틀리느냐에 따라 등급이 달라지기도 한다. 따라서 사회탐구는 선택과목 2개를 모두 만점을 목표로 공부해야 한다.

전문 선생님이 짚어주는 사회 공부법

사회탐구를 가르치는 고○○ 원장님은 사회 과목에 대한 두 가지 편견이 있다고 말했다.

첫째, '사회'라는 과목이 있다고 생각하는 편견이다. 물론 실제 초등, 중등, 고1 과정에서는 사회라고 불리는 과목이 있다. 하지만 고2부터는 9개 과목을 선택해서 배운다. 한국사까지 실제로는 10개 과목인데 '사회'라는 과목으로 합쳐서 불리는 바람에, 많은 학생들이 '나는 사회를 잘 못해, 나는 사회가 어려워.'라는 편견을 일찍부터 갖는다.

정확하게 말한다면 '나는 역사는 흥미 있고 재미있지만, 지리는 조금 어려운 것 같아.'가 맞는데 여러 사회 과목군을 사회 한 과목으로 이해하기 때문에 어릴 때부터 사회가 어렵고 싫다는 편견을 갖는 것 같다. 가급적이면 사회 교과군 내에 어떤 과목에 대한 흥미와 관심이 있는지 파악해두어야 한다. 최근에는 학생들에게 설문조사를 하여 사회 과목들을 정하는 학교들이 많다. 일찍부터 사회 교과군 중 어디에 강점이 있는지를 파악해둔다면 입시에 실질적인 도움을 받을 수 있다.

둘째, 사회 과목을 암기 과목이라고 생각하는 편견이다. 물론 사회도 다른 과목들처럼 문제 해결을 위해 암기해야 할 내용이 있다. 하지만 사회 과목의 암기 양은 영어나 과학에 비해 많지 않다. 오히려 생활과 윤리, 사회문화, 경제 같은 과목들은 암기할 내용이 없는 편이다. 하지만 사회가 암기 과목이라는 인식 때문에 점수가 잘 안 나오면 암기를 못했기 때문이라고 결론을 내리는 경우가 많다. 그렇다고 교과서를 펴놓고 시험을 본다면 다 맞을까? 그렇지 않다. 오답 정리를 하다 보면 되레 단어 뜻을 잘못 알고 있거나 독해력이 부족해 틀린 경우가 더 많다. 그런데도 사회 점수가 좋지 않은 원인을 늘 암기 부족이라고 결론을 내리니, 매번 낮은 점수를 면하기 어려운 것이다.

사회를 잘하기 위해 중요한 것은 독서량이다. 사회 과목은 국어처럼 문제 지문이 길지는 않지만 대신 어려운 어휘들이 많이 쓰인다. 이런 단어들을 영어 공부하듯이 일일이 하나하나 다 찾아가며 공부할 수는 없으니, 풍부한 독서를 통해 어휘력과 상식을 많이 갖춰두면 사회 실력에 도움이 된다.

중학교 사회는 매우 중요하다. 중학교 과정에서 배운 내용이 고등학교 과정에 그대로 반복, 심화된다. 예를 들어, 중학교 때 한국사 공부를 제대로 해놓으면 고등학교 사회는 거의 비슷한 내용이 반복되고 동아시아사 한국 파트는 따로 공부할 필요가 없다. 이 점은 다른 과목들도 거의 비슷하다. 중학교 때 사회, 역사 과목에 대한 기억이 거의 없는 학생들은 고1 통합사회를 몹시 힘들어한다. 누구는 가볍게 복습하는 내용을, 누구는 처음 배우는데다가 학습양마저 많으니 벅차게 느껴질 수밖에 없다. 고등 사회탐구는 중학교 때 배운 내용에 살짝 세부적인 내용들을 추가시켰을 정도의 양과 난이도이다. 때문에 중등 사회, 역사를 제대로 공부해두는 것이 입시에 직접적인 도움이 된다. 실제 역사 과목에 대한 흥미도가 높은 학생들은 수능 세계사 모의고사 문제도 큰 무리 없이 고득점을 얻는다고 한다.

A사회탐구학원 원장님은 사회탐구 공부법에 대해 이렇게 말했다.

"수능에서 사회탐구 과목을 선택할 때 중요한 사항은 첫째 '효율성'이다. 두 번째가 학생의 적성과 성향과의 '연계성'이다. 상대평가로 등급을 가르는 현 수능 체제에서 간혹 많은 학생들이 선택하는 과목이 유리하다는 착각을 하곤 한다. 하지만 학생들마다 직성과 성향이 다른 만큼 잘할 수 있는 과목 자체가 다르다. 즉 '어느 과목이냐'가 아니라 '얼마나 준비했는가'가 더 정확한 기준이다."

서울대학교 의대 선배의 사회 공부법

사회탐구는 개념을 정확히 이해하면 응용이 가능한 과학탐구와 달리 문제 유형을 먼저 확인하는 것이 중요하다. 문제집이나 교과서의 경우 광범위한 시사 내용을 포괄하나, 출제되는 유형이나 내용은 한정적이기 때문이다. 따라서 학교 수업이나 인터넷 강의로 개념을 공부했다면, 기출 문제를 먼저 풀어보고 다시 개념 학습을 함으로써 꼼꼼히 해야 할 것과 하지 않아도 될 것을 구분하는 것이 좋다. 수능에서 사회탐구는 어느 과목보다 실수하기 쉬운 과목이다. 보기나 선지에서 주어지는 화살표 방향이나 벤다이어그램을 정확히 해석하는 힘을 키워 실수로 등급이 떨어지는 일이 없도록 해야 한다.(서울대 경제학과 합격생의 조언)

엄마와 자녀가 함께 외우는
서울대 비책 노트 | 핵심 06 |

최상위권을 위한 과목별 완전학습은 따로 있다

"영어를 잘하면 인생이 바뀌고, 수학을 잘하면 대학이 바뀐다."라는 말이 있을 정도로 수학은 대입에서 결정적인 역할을 한다. 부모들도 수학의 중요성을 알고 있기에 어릴 때부터 시작하며, 사교육도 많이 한다. 수학을 잘하면 영재학교나 과학고에 합격할 확률이 높고, 자사고나 일반고에서도 수학을 잘해야 최상위권에 들 수 있다. 문과에서도 수학으로 등수가 결정된다.

서울대 비책	실천 노트
국어 공부와 다독은 별개이다.	- 다양한 독서, 풍부한 어휘력, 다방면의 상식 키우기 - 한자, 속담, 고사성어, 관용구 공부하기 - 지문 읽고 내용 요약하기 - 문제를 매일 꾸준히 풀기 - 문학작품 정리하기 - 문법은 암기하기
수학 풀이 과정은 공책에 써야 한다.	- 앞 단계를 알고 다음 단계 가기 - 수학에 대한 관심과 상식 기르기 - 개념을 이해하고 응용해서 문제 풀기 - 문제 많이 풀어보기 - 문제 풀이 과정 자세히 쓰기 - 빠른 시간 안에 정확하게 푸는 연습하기

서울대 비책	실천 노트
영어가 절대평가라 쉽다는 생각을 버린다.	- **단어**: 사전 찾아 암기, 어원 암기, 의미 변화 추론하기 - **문법**: 한 권을 정해 반복해서 보기 - **독해**: 시간을 재면서 많이 풀기 - **듣기**: 기출문제 연습하기
책, 다큐멘터리 등으로 과학 상식을 다진다.	- 과학에 대한 상식과 풍부한 배경지식 알기 - 관심 있는 과학대회 참가하기 - 기본 개념과 정의를 완전히 이해하기 - 응용문제에 어떻게 활용되는지 알기 - 관련된 개념들을 연결하기 - 과학 실험하기
사회는 암기 과목이 아니라 이해하는 과목이다.	- 어휘력과 상식 갖추기 - 이해하고 나서 외우기 - 질문을 이어가며 답 구하기 - 다양한 매체와 방법을 이용해 이해하기 - 그림, 그래프, 도표, 지도 해석하기 - 이해, 정리, 암기, 문제 해결 능력 키우기

07

시험공부, 어떻게 해야 할까?

내신시험이 중요한 이유

특목고나 자사고의 입학전형에서 1차는 서류 평가이다. 우선 생활기록부를 통해 출결과 내신 성적을 본다. 특목고와 자사고는 학교에 따라서 특정 과목 내신만 보는 경우도 있고, 전 교과의 성적을 반영하는 경우도 있다. 내신 성적이 좋지 않으면 1차 서류 평가에서 통과하기 어렵기 때문에 일반고를 지원할 경우엔 상관없지만, 특목고나 자사고를 지원하고 싶다면 반드시 중학교 내신 성적을 관리해야 한다.

고등학교의 내신은 대학교 입학과 직결되므로 특히 중요하다. 대입에서 학생부종합전형의 비중이 높고 비교과 활동도 들어가니 내신 성적이 안 좋아도 된다고 생각하는 학부모들이 있는데, 그럼에도 불구하고 중요한 것이 내신 성적이다. 3학년 1학기 시험을 마치고 전체 내신점수가 나오면 그 점수를 기준으로 대략 대학을 정하기 때문이다. 비교과 활동이 얼마나 좋은지에 따라 한두 단계 정도 학교 레벨이 올라갈 수는 있지만, 결국 내신점수가 대학 결정의 기준이 된다.

내신점수가 좋으면 종합전형뿐만 아니라 내신점수가 중요한 비중을 차지하는 교과전형에도 지원할 수 있다. 비교과 활동은 일부 부모들이 자신들의 재력, 지위, 권력을 이용하여 자녀의 스펙을 채우고 입시 비리로 대입을 성공시킨 사건들로 인해 축소되고 있다. 이미 수상, 동아리, 봉사 내용의 글자 수와 항목 수가 축소되었다. 그렇게 되면 대학에서는 내신 등급으로 학생의 능력을 판단할 수밖에 없다. 특목고나 자사고의 경우 내신 등급을 받기 어렵다는 것을 대학들이 알기에 어느 정도 감안하는 것 같은데, 일반고 출신을 평가할 때는 내신 등급을 중요한 기준으로 삼는다.

내신 등급이 안 좋은 학생의 경우 정시로 대학에 가겠다며 내신을 포기하는 경우도 있는데, 내신 성적은 끝까지 놓지 말아야 할 카드이다. 정시는 수능시험 한 번으로 결정되기 때문에 수능날 컨디션이 안 좋아 시험을 못 보면 대학에 가기 어렵게 되거나 재수를 해야 할 수도 있다. 그러나 내신은 총 열두 번의 기회가 있다. 한 번 시험을 못 보더라도 다음 시험에서 만회할 수 있으니 내신은 끝까지 포기해선 안 된다.

내신 공부는 수능 공부의 기초이며, 내신 대비가 곧 수능 대비이다. 요즘은

'내신은 암기, 수능은 응용'이라는 고정관념이 무색하다. 수능 문제 중에 고등학교 교과서에 나오는 개념을 완벽히 알아야 풀 수 있는 문제들이 있는 것처럼, 내신에서도 변별력을 높이기 위해 한두 문제라도 수능형 문제를 낸다. 수능 이후에 보는 고3 2학기 기말고사는 수능을 보고 난 다음이라 긴장감이 풀어지고 번아웃 상태에서 공부를 안 하고 대충 보는 경우가 있는데, 일부 대학에서는 재수생이 수시 지원을 했을 때 고3 2학기 내신까지 합산해서 내신점수를 산출하기 때문에 내신은 끝까지 붙들고 있어야 한다. 서울대학교의 경우 내신 성적의 추이도 중요한데 상승곡선을 그리는 성적 추이가 유리하다. 특히 고3 1학기 내신 성적이 매우 중요하다.

수업 시간이 가장 중요

예습은 방학 때 다음 학기에 배울 교과서를 미리 한번 읽어보는 식이 좋다. 교과서를 보지 않더라도 다음 학기에 배울 내용에 대한 책을 읽거나 자료를 검색하여 수집하는 것도 도움이 된다. 학기 중에도 이렇게 하면 좋지만 현실적으로는 어렵다. 그 대신 수업 시작할 때 선생님이 교실 문에서 교탁까지 걸어오는 짧은 시간에 교과서를 눈으로 한번 쓱 읽는 정도로 예습을 한다. 내용의 큰제목이나 굵은 글씨만 읽어도 된다.

내신시험을 잘 보기 위해서는 수업 시간에 잘 듣는 것이 중요하다. 수업 시간에 선생님의 설명을 잘 듣고 칠판에 판서된 내용, 질문한 내용을 교과서에 적는다. 나는 경호에게 선생님이 질문하면 질문 내용과 대답한 친구의 이름도 적고, 선생님이 하신 농담까지 적으라고 했다. 그렇게 하면 나중에 복습할 때 그 수업 시간의 상황과 함께 공부한 내용이 저절로 기억이 나기 때문이다. 경호는 서울대학교 합격수기 발표에서 공부를 잘하는 첫 번째 방법으로 '학교 수업에 집중하기'를 꼽았다.

"결과도 좋고 효율도 좋았던 공부법 중 첫 번째는 학교 수업에 집중하는 것입니다. 귀에 못이 박히도록 들어본 말 아닌가요? 내신시험은 수업을 하는 선생님께서 출제를 하십니다. 그렇기 때문에 수업을 열심히 들어서 손해 볼 것도 없고, 듣지 않아서 득 볼 것도 전혀 없습니다. 그래서 전 수업 시간엔 선생님이 하신 설명을 통해서 개념을 정확하게 익히려고 노력했습니다. 수업을 열심히 들었다는 뜻이죠."

연세대학교 법학과를 졸업한 도티는 한 방송 프로그램에서 대학 입학에 대한 얘기를 했다. 그는 일반고를 나왔는데 모의고사보다 내신을 잘 봐서 수능을 안 보고 내신으로 대학을 갔다고 한다. 내신 공부에 대한 팁으로 "선생님들이 모든 문제를 창작하기는 불가능하므로 문제집 속 문제를 응용해야겠다는 생각이 들었다. 시험 한 달 전쯤 교무실에 가서 전 과목 선생님들 자리에 있는 문제집을 스캔하고 체크해놓았다. 그 후에 문제집을 통해 미리 체크해놓은 문제 위주로 공부를 하니 좋은 결과가 나왔다."라고 말했다. 그 방송 이후 고등학교 선생님들이 문제집을 학생들이 보지 못하는 곳에 숨겨둔다는 이야기가 있다.

시험에 대한 정보는 수업 시간에 어느 정도 얻을 수 있다. 선생님들은 시험 보기 일주일 전쯤부터 시험문제에 대한 힌트를 알게 모르게 흘린다. 수업 중에 강조하거나 한 번 더 보라고 지나가는 말을 한다. 이런 내용은 시험에 나올 확률이 크다. 이때는 시험문제 출제가 끝났을 시점이라 다른 교사가 낸 시험문제를 서로 검토한다. 만약 본인이 아이들에게 소홀히 가르친 부분에서 문제가 나오면 보충 설명을 한다. 그래서 시험 보기 일주일 전에는 특히 수업 시간에 집중해야 한다.

수업 시간에 적극적으로 참여하는 태도도 중요하다. 이러한 태도는 교사에게 좋은 인상을 주는 효과도 있다. 교사가 수업에 열심히 참여하는 학생을 좋게 보는 것은 인지상정이다. 학생부종합전형에서는 생활기록부가 중요하다. 과목별 세부특기사항은 각 교과 선생님들이 수업 시간의 활동 내용, 수업 시간의 태도 등을 적기 때문에 수업 시간에 적극적으로 참여하면 그 내용이 세부특기사항에 들어갈 수 있다. 경호는 합격 수기에서 "고등학교 3학년이 되면 참여형 수업이 이루어지기가 쉽진 않지만, 혹시 참여형 수업을 하는 선생님이 있다면 반드시 수업에 열심히 참여하길 추천합니다. 조사를 해서 발표를 하든 선생님 질문에 답변을 하든 그 과정에서 얻어가는 것이 분명 있습니다. 개념도 더 잘 정리할 수 있고요."라고 했다.

선생님이 주는 인쇄물도 잘 관리해야 한다. 인쇄물에는 교과서에 나오지 않는 여러 가지 자료들이 있을 수 있다. 이런 보충 교재에서도 시험문제가 출제되기 때문에 잘 가지고 있다가 시험공부를 할 때 빼먹지 말고 봐야 한다. 한 학년에 학급이 많아 여러 명의 선생님이 한 과목을 가르친다면 선생님에 따라 설명한 내용이나 중요하다고 강조한 것, 사용한 학습지 등이 다를 수 있다. 그럴 땐 다른 반 친구와 교과서, 노트 필기, 인쇄물 등을 서로 바꾸어 보면서 빠진 것이 있는지 확인하는 것이 좋다. 또한 기출문제를 학교 홈페이지에서 다운받거나, 시험지를 갖고 있는 선배에게 빌려 풀어보는 것도 권한다.

공책 정리하기

본격적으로 시험공부를 할 때 교과서를 정독하면서 공책에 간략하게 정리하는 것도 암기하는 데 도움을 준다. 제목을 뽑고 번호를 매겨가며 내용을 정리하거나 기호를 이용해 공책에 적는다. 공책에 정리하다 보면 교과서를 정독하게 되고, 대단원과 소단원의 제목을 쓰다 보면 큰 흐름은 물론 내용도 이해하게 된다. 여학생들이 여러 색깔 볼펜을 사용해 필기하는 경우가 많은데, 색깔 볼펜은 2~3가지 색만 사용하고 형광펜도 1~2가지 색만 사용하는 것이 효율적이다.

공책 정리를 유독 싫어하는 아이들은 어떻게 할까? 특히 남학생들이 공책 정리를 싫어하는 경향이 있다. 그런 아이들은 억지로 시키지 말고 단원명과 주요 단어만 쓰게 한다. 꼭 외워야 하는 개념만 정리하는 것이다. 어떤 아이들은 교과서 자체를 하나의 이미지로 통째로 외운다. 이런 경우는 공책 정리를 강요할 필요가 없다. 이처럼 아이의 특성에 맞는 암기 방법을 사용해야 효과가 있으니 여러 가지 공책 정리법을 알려주고 아이가 공부하기 편한 방법을 고르게 한다.

암기 및 내용 정리에 효과가 좋은 정리법으로 핵심 단어 정리법, 코넬식 노트 필기법, 마인드맵, 나무-가지 정리법 등 4가지가 있다.

'핵심 단어 정리법'은 대단원, 중단원, 소단원 제목을 쓴 후 굵게 강조된 주요 개념이나 단어만 쓰는 것이다. 이때 대단원, 중단원, 소단원 제목은 한 줄에 하나씩 쓰고 한 칸씩 들여서 쓴다. 긴 줄글보다 구조화되어 있으면 한눈에 들어와 암기가 잘된다.

코넬대학교 교육학 교수 월터 파욱이 고안한 '코넬식 노트 필기법'은 공책의 한 면을 제목, 노트 필기, 키워드, 요약정리로 구획을 나눈다. '제목' 칸에는 수업의 제목을 쓰고, '노트 필기' 칸에는 수업 시간에 들은 내용을 적는다. '키워드' 칸에는 가장 중요한 핵심 단어를 쓰고, '요약정리' 칸에는 복습하면서 내용을 정리해 쓴다.

'마인드맵'은 생각의 지도라는 뜻이다. 지도에서 중심부를 시작으로 도로가 사방으로 뻗어 나가듯, 공책 가운데에 중심단어를 쓰고 그와 관련된 내용을 소주제별로 여러 개의 가지로 만들어 가지치기를 하며 쓴다.

'나무-가지 정리법'은 나무 모양으로 그림을 그려서 정리하는 방법이다. 대단원의 제목은 줄기에 해당하고, 큰 개념들은 가지, 그보다 작은 개념들은 큰

가지에서 뻗은 작은 가지들이 된다. 가지는 물론이고 가지가 나온 큰 줄기가 어디인지까지 파악할 수 있는 장점이 있다.[37]

공책 정리는 어디까지나 이해와 암기를 순조롭게 하기 위한 보조 수단이다. 그러니 공책 정리에 너무 많은 시간이나 정성을 들이기보다는 교과서의 내용을 체계적으로 정리하는 것에 신경을 쓰도록 유도하는 것이 좋다.

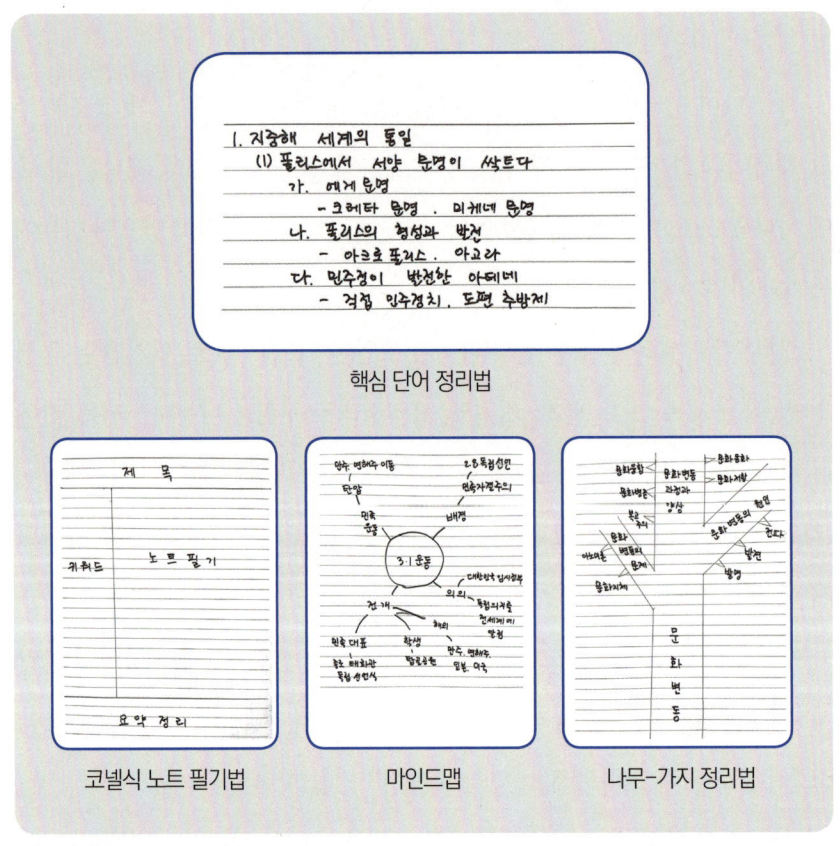

37) 에듀카이로스 유튜브, 수능 전 과목 1등급의 사회탐구 공부법-줄기를 알면 답이 보인다(2016.1.24.)

서울대 암기법 ①
_이해를 바탕으로

교과서를 읽은 뒤에는 교과서에는 없고 자습서에만 있는 내용을 확인한다. 자습서에는 단어의 뜻이나 요약, 관련 개념들이 잘 정리되어 있어 교과서를 보고 이해가 안 되었던 부분을 이해할 때 도움이 된다. 단어의 뜻을 찾을 시간이 없을 때도 자습서를 활용하면 도움이 된다. 이렇게 자습서까지 꼼꼼하게 읽으면 교과서 내용을 완벽히 이해할 수 있다.

교과서, 노트, 자습서, 인쇄물에는 거기에만 있는 내용이 있다. 처음 공부할 때는 교과서, 공책, 자습서, 인쇄물을 모두 읽으면서 그중 자신이 가장 공부하기 좋은 것을 하나 골라 거기에 다른 것에만 있는 내용을 옮겨 적는다. 앞에서 말한 단권화 작업을 하는 것이다.

중학교 내신은 시험 범위가 적어서 암기를 잘하면 100점을 받을 수도 있다. 그러나 고등학교 내신은 시험 범위가 많고 내용의 수준도 높아서 내용을 이해하지 않으면 암기가 되지 않는다. 교과서만으로 이해하기 어려우면 자습서나 책, 인터넷 검색 등 어떤 방법을 써서라도 이해하는 것이 먼저다. 경호가 자기소개서 대회에서 공부법에 대해 쓴 글에도 내용을 이해했을 때 얻은 값진 경험이 그대로 나온다.

"수학에는 수많은 공식들이 있다. 수학 문제는 그 공식들을 외워 각각의 문제에 알맞게 대입하면 쉽게 해결할 수 있는 것이라고 생각했다. 그래서 자연스럽게 수학을 공식과 풀이법을 암기하는 식으로 공부했다. 하지만 이런 공부 방법은 높은 수준의 사고력을 필요로 하는 문제에는 해당되지 않았다. 그래서 공식을 단순히 암기하기보다는 그 공식이 유도된 과정을 살펴보고 문제의 풀이가 왜 그렇게 됐는지 탐구했다. 그렇게 공부를 했더니 이전에 막막했던 고난이도 사고력 문제들의 풀이와 그 이유를 명확하게 알 수 있었다.

이후 암기 위주가 아닌 이해와 본질 탐구를 통한 문제해결력을 키우기 위해 노력했고, 이를 수학 과목뿐 아니라 다른 과목들에도 적용했다. 그리고 나서 보니 정말 단순히 암기하면 된다고 생각했던 내용이 모두 저마다 인과관계가 있다는 것을 알게 되었다. 그리고 그 인과관계를 따라가다 보니 암기는 저절로 되었다. 친구들도 이런 학습법을 인정하며 모르는 문제나 개념의 풀이 과정을 질문했다. 내가 친구들이 질문한 모든 문제의 풀이를 아는 것은 아니었기에 같이 고민해보고 아는 문제는 풀이를 알려주었다. 그 과정에서 다시 한 번 머릿속에 개념이 확실히 자리잡히는 것을 느꼈다. 이를 통해 수학 과목에 많은 노력을 기울이게 되었고, 성적 또한 향상되었다."

내용을 이해하고 나면 암기를 하는데, 암기를 잘하기 위한 방법으로 부호화 기술이 있다. 암기를 할 때 직접 강의하듯 눈으로 보고, 입으로 말하고, 손동작까지 하면서 외우면 여러 감각을 이용해 빠르고 선명하게 외울 수 있다. 이미지를 이용하는 것도 기억하는 데 도움을 준다. 기억하고 싶은 것을 머릿속에서 선명한 그림으로 만드는 것이다.[31]

첫 글자만 외우거나, 첫 글자로 문장을 만들어 외우는 방법도 있다. 예를 들면 조선시대 왕들의 이름을 외울 때 "태정태세문단세~"라고 외우는 것이다. 이것을 요즘 아이들이 좋아하는 노래나 랩으로 부르며 외우도록 한다. 무작정 첫 글자를 모아서 외우는 것보다 문장을 만들어 외우면 더 오래 기억에 남는다. 5대 영양소는 탄수화물, 비타민, 단백질, 지방, 무기질이다.'의 첫 글자를 모으면 '탄비단지무'가 된다. 이것을 '비싼(탄) 단무지'라고 하면 쉽게 외울 수 있다. 임진왜란이 일어난 연도를 외울 때 '1592, 일오구(159) 이(2)쓸 때가 아니다.'로 문장을 만들어 '이러구 있을 때가 아니다.'라고 외우는 방법도 있다.

첫 글자들 사이에 글자나 단어를 첨가해서 문장을 만들어 외우는 방법도 있다. "세계에서 가장 긴 10대 강은 나일강, 미시시피강, 아마존강, 양쯔강, 오브강, 라플라타강, 황허강, 콩고강, 아무르강, 레나강이다."를 외울 때 "나미아양오라 황콩 아레(로)!"라고 첫 글자를 모으고 '로' 자를 첨가해 완벽한 문장을 만드는 것이다. 이 방법은 딸이 과학을 공부할 때 유용하게 썼다. 예를 들어, 리트머스종이를 산성용액에 넣으면 파란색이 빨간색으로 변한다는 것을 '산파빨'로 외우게 했는데 헷갈려 해서 '산에 (나무는) 파란데 가을이 되면 빨갛게 변한다.'라고 가르쳐주었더니 금방 외웠다. '나무'라는 단어를 추가해 문장을 완성한 것이다. 자기가 직접 첫 글자로 문장을 만들어 외우면 더 잘 기억한다.

---

31) EBS 공부의 왕도 1부-인지의 세계는 냉엄하다(2008.8.4.)

서울대 암기법②
_묻고 답하고 설명하기

　교과서와 자습서를 보면서 암기를 한 뒤에는 부모가 아이에게 문제를 내서 맞히도록 하면 암기를 정확히 했는지 확인할 수 있다. 아이들은 교과서를 몇 번 읽고 내용이 대충 머릿속에 그려지면 다 외웠다고 착각한다. 하지만 실제로 그렇지 않다. 그래서 질문을 통해 완벽히 암기했는지 확인하고, 다시 한 번 암기할 수 있도록 해야 한다. 나는 경호가 초등학교 때부터 중학교 3학년 때까지 시험 기간이면 모든 과목의 내용에 대해 질문했는데, 사회나 과학처럼 암기 양이 많은 과목은 두 번씩 질문하기도 했다.

　딸도 이 방법의 덕을 톡톡히 보았다. 경호가 고등학생 때부터는 독서실에서 공부를 해서 거실에 있던 테이블과 화이트보드를 치우고 소파와 텔레비전을 놓았다. 그런데 딸아이가 자신이 쓰겠다면서 화이트보드를 자기 방으로 가져갔다. 주로 그림을 그리며 놀던 아이인데 중2 때부터 자기도 오빠처럼 해달라면서 나를 앞에 앉혀놓고 화이트보드 앞에서 글씨를 쓰거나 그림을 그리며 공부한 내용을 설명했다. 나는 설명을 들으며 질문도 하고 보충 설명을 요구하기도 했다. 이제 막 공부를 시작하는 아이에게 전 과목을 그렇게 공부하게 하는 것은 무리일 것 같아 첫 시험을 볼 때는 한 과목만 그렇게 공부했다. 그 방법으로 공부한 과목의 성적이 오르자, 아이는 다음 시험부터 차차 과목 수를 늘려갔다.

　안다는 것은 남에게 설명할 수 있다는 뜻이다. 남에게 설명하지 못하는 것은 모르는 것이다. 설명을 하면서 무엇을 알고 무엇을 모르는지 정확하게 알아야 비로소 이해가 되었다고 말할 수 있다. 인형을 앞에 두고 자신이 공부한 내용을 설명하거나, 스마트폰으로 녹음해서 다시 들어보는 방법도 있다. 어떤 방법을 선택하든 핵심을 정확히 암기했는가가 중요하다.

자신이 암기를 제대로 했는지 확인하는 다른 방법으로 '백지법'도 있다. 빈 종이에 과목과 단원의 제목을 쓰고 생각나는 모든 내용을 쓰는 것이다. 다 쓰고 나서 교과서를 보며 자신이 쓴 내용과 비교해서 빠진 내용이 있으면 교과서를 보고 다른 색의 볼펜으로 보충해 써넣고, 추가로 기입한 내용만 다시 외우면 된다. 그런 과정을 거치면 자신이 알고 있는 것과 모르는 것을 정확히 구분할 수 있다. 승현이도 고등학교 영어 내신시험을 준비할 때 영어 본문을 외워서 백지에 썼다. 그런 다음 자신이 쓴 것과 교과서 내용을 비교했다. 빠진 부분은 그때그때 체크를 했다.

경호는 '설명하는 공부법'의 효과에 대해 이렇게 말했다.

"생명과학 수업 시간에 공부한 내용에 대해 추가 조사를 한 후 다른 과목 시간에 그 내용을 관련지어 발표했다. 그 예로 흥분의 전도 과정에서 막전위 값을 도출해내는 데 쓰인 수학적 요소를 조사했다. 그 결과를 친구들에게 소개하고 간단한 역할극을 통해 복잡한 이론을 쉽게 보여주었다. 교과 선생님은 물론 친구들의 반응이 모두 좋았다. 머릿속에 존재하는 지식을 다른 사람들에게 설명할 때 그 지식에 대한 이해가 한층 심화된다는 사실을 체감하게 해준 경험이었다."

시험의 모든 것
_계획부터 틀린 문제 분석까지

중학교는 2주, 고등학교는 3~4주 전에 내신시험을 준비하는 것이 좋다. 고등학생은 시험 대비를 할 때 모의고사는 신경 쓰지 않도록 한다. 지역에 따라 1년 중 4회의 모의고사를 전부 보지 않고 선별해서 보기도 하지만, 대체로 고등학교 1, 2학년 때 3월, 6월, 9월, 11월에 모의고사를 본다. 아이들은 모의고사를 중요하게 생각해서 모의고사 시험을 보고 난 후에 내신시험을 준비하는 경우가 종종 있다. 특히 11월 모의고사는 전국의 고등학생들이 다 보기 때문에 11월 초 모의고사를 보고 나서 내신시험을 준비한다. 기말고사는 보통 12월 중순쯤 보는데, 과목 수가 많고 수행평가도 있기 때문에 한 달 남짓한 시간 동안 충분하고 완벽하게 시험공부를 못할 수도 있다. 따라서 고등학교 1, 2학년 때는 모의고사와 상관없이 내신시험을 대비해야 한다. 모의고사는 평소 실력으로 본다고 생각하고, 내신에 중점을 두고 집중해야 한다. 수시로 대학을 가기 위해서는 모의고사 점수보다 내신 점수가 훨씬 더 중요하기 때문이다.

시험 준비를 어떻게 하는 것이 좋을까? 우선 시험 보는 과목과 단원, 분량 등을 적은 다음 학습 계획을 세운다. 주요 과목과 이수 시간이 많은 과목은 공부를 먼저 시작할 수 있도록 계획을 세운다. 달력이나 수첩에 날짜와 과목, 단원이나 분량을 자세하게 적고, 교과서를 공부할 것인지 문제집을 풀 것인지 자세하게 적는다.

이때 너무 무리하게 계획을 세우지 않는 것이 좋다. 계획대로 실천을 못 하면 조급하고 불안해져 시험에 나쁜 영향을 줄 수 있다. 그러니 공부 계획은 약간은 여유 있게 세우는 것이 중요하다.

하루에 중요한 과목을 같이 공부하지 않도록 배분하는 것도 중요하다. 예를 들어, 하루에 암기 과목을 모두 공부하면 암기 양이 너무 많아져 힘들다. 또 한 번에 한 과목을 완벽하게 공부하기보다 여러 번 반복해서 보는 계획을 세우는 것이 좋다. 시간을 많이 들여 완벽히 공부해도 한 번만 보면 잊어버린다. 처음 봤을 때 몰랐던 내용을 두세 번 보면 알게 되거나 이해되는 경우가 많다.

암기를 했으면 그다음엔 문제집을 풀어본다. 내신 대비용 문제집은 주요 과목의 경우 2권 이상을 풀어보도록 한다. 중학교의 경우 학교 근처 서점에서 파는 전과목 내신 대비용 문제집을 활용하면 좋다. 고등학교의 경우 평가문제집과 출판사별로 나오는 내신 대비용 문제집을 한 권 더 풀어보길 권한다. 학교별 기출문제를 모아놓은 유료 사이트에서 우리 학교의 기출 문제나 다른 학교의 문제를 출력해 풀어보는 것도 도움이 된다.

채점은 부모가 해주면 좋다. 고등학교 때는 부모가 해주기 어렵지만 초, 중학교 때까지는 부모가 해줄 수 있다. 스스로 채점을 하다 보면 틀린 문제의 답을 자연스럽게 보게 되기 때문이다. 채점을 한 후에는 답안지를 보지 않고 틀린 문제를 다시 풀어봐야 한다. 어떤 학생은 틀린 문제를 다시 풀지 않고 답만 고쳐 쓰고 넘어간다. 그래서 채점은 학생 본인이 아닌 다른 사람이 해주는 것이 좋다. 틀린 문제는 답을 모르는 상태에서 다시 풀어보는 것이 중요하다.

틀린 문제는 교과서를 다시 보면서 왜 틀렸는지를 반드시 확인해야 한다. 그 문제와 관련된 부분을 아예 외우지 않았는지, 외웠는데 잊어버린 건지, 문제를 잘못 읽은 건지, 답을 잘못 체크했는지 등 원인을 파악해서 고쳐나가야 한다. 또한 답을 쓰고 채점만 하는 것이 아니라 선지 분석까지 해야 한다. ①~⑤번 선지에서 틀린 내용은 맞게 고쳐서 써봐야 한다. 이렇게 문제 분석까지 해야 문제집을 다 풀었다고 말할 수 있다.

시험을 보고 난 후에는 전체적인 시험 준비 사항과 과목별로 틀린 문제에 대한 원인 분석을 해야 한다. 시험 대비 계획은 무리가 없었는지, 시험 준비 기간은 넉넉했는지, 계획은 잘 실행했는지, 그렇지 못했다면 이유가 무엇인지, 시험공부 하는 데 방해 요소가 있었는지를 확인해본다. 시험지를 보며 틀린 이유를 알아보는 과정이 시험을 준비하고 치르는 시간보다 더 중요하다. 교과서를 꼼꼼히 읽지 않아서 틀린 건지, 암기를 안 했는지, 암기는 했는데 잊어버린 건지, 수업 시간에 잘 듣지 않았는지, 계산 과정에서 숫자를 잘못 썼는지, 개념 이해가 되지 않았는지 등 이유를 찾아야 한다. 이때 그렇게 쉬운 걸 왜 틀렸냐고 혼내거나 소리치면 안 된다. 그러면 다시는 부모와 복기하는 시간을 갖지 않을 것이다. 어차피 결과는 바꿀 수 없다. 그러니 공부하는 방법을 배우는 시간이라고 생각하고, 다음 시험을 위해 무엇을 어떻게 대비해야 하는지 알아보자.

내신시험 대비로 경호와 중학교 음악 시험공부를 하며 문제를 낸 적이 있다. 그때 교과서 각주에 있는 내용을 물어보았더니 그건 외우지 않았다며 "설마 그 구석에 있는 게 시험에 나오겠어요?"라고 했다. 음악가의 이름과 작품 제목이었는데, 내 생각에는 외우는 게 좋을 것 같았지만 아이 뜻대로 그냥 두었다. 그런데 그 각주에 있던 음악가와 작품 제목이 시험문제에 나왔다. 시험이 끝나고 틀린 문제를 확인하면서 "교과서에 나오는 모든 것을 꼼꼼히 보아야 100점을 맞을 수 있다. 그래서 한 개 틀리는 사람은 많아도 다 맞는 사람은 적은 것이다."라고 말해주었다. 그랬더니 그다음 시험부터는 그림, 도표, 지도, 각주 등 교과서에 있는 모든 것을 꼼꼼히 공부했다.

시험을 준비할 때, 시험을 볼 때, 보고 난 후의 마음가짐이나 자세도 중요하다. 경호에게 영어를 가르쳤던 과외 선생님은 "수험생은 답안지로 말한다."라고 말했다. 시험 결과에는 어떠한 이유도 용납되지 않는다는 뜻이다. 경호가 시험을 보고 난 후 틀린 문제에 대해 실수였다고 말했을 때 나는 "실수는 없다. 그 점수가 너의 점수다. 실수를 했다고 해서 점수를 올려주거나 합격시켜 주지 않는다. 실수를 하지 않는 것이 실력이다."라고 말해주었다. 그 후론 실수였다는 핑계 대신 왜 틀렸는지를 철저히 분석했다. 실수는 연습 부족이 원인이다. 시험 전에 긴장을 하는 건 준비가 안 되었기 때문이며, 시험에 투자한 시간과 노력이 부족한 것을 본인 스스로가 알기 때문에 실수를 하는 것이다.

시험을 보고 난 후 부모가 해야 할 일은 아이를 혼내고 한숨을 쉬는 것이 아니다. 그런 결과가 나오게 된 원인을 알아보고 대책을 세우는 것이다. 수업 태도에 문제가 있는지, 공부할 이유를 못 찾고 있는지, 공부에 집중하지 못하는 이유나 고민이 있는지, 학원이 아이와 안 맞았는지, 학원 스케줄이 벅차서 혼자 공부할 시간이 없었는지 등에 대해 살펴보고 아이와 함께 대책을 마련해야 한다.

수행평가는
철저하게

수행평가란 학생이 가지고 있는 지식, 기능, 태도 등의 능력을 직접 수행해 보이는 방식의 평가를 의미한다. 즉 지식 및 기능에 대한 습득 여부를 학생이 만든 산출물이나 실제 수행을 통해 평가하는 것으로, 교수·학습의 결과뿐만 아니라 과정을 중시한다.

수행평가는 논술, 구술, 토의·토론, 프로젝트, 실험·실습, 포트폴리오, 관찰, 자기평가, 동료평가 등으로 이뤄진다. 때로는 이 중에서 몇 가지 요소를 결합해 평가하기도 하는데, 이런 활동을 할 때 적극적으로 참여하고 평소에도 이런 방식으로 공부를 한다면 수행평가에 도움이 된다.

학교 알리미 사이트(https://www.schoolinfo.go.kr)에는 각 학교마다 수행평가 기준과 과목별 반영 비율이 나와 있다. 학년 초에 하는 학부모 총회 때 주는 안내 책자에 나와 있기도 하다. 또한 학기 초에 과목별로 수행평가 기준안을 학생들에게 공지하니, 달력에 과목별 수행평가 실시 기간을 적어두는 것도 좋다. 수행평가는 기안 내에 제출하는 것이 필수이다.

선생님이 주는 수행평가 학습지는 잘 보관했다가 제출해야 한다. 어떤 선생님은 등사로 나눠준 누런 종이가 아닌 하얀 복사용지에 써서 제출하면 감점을 한다. 학교에서 준 학습지를 잃어버렸다고 판단해 준비성 부족으로 감점을 하는 것이다. 만약 수행평가에서 요구하는 제출 형식이나 조건이 있다면 반드시 지켜야 한다. 그러려면 수업 시간에 알려주는 수행평가 내용과 유의점 등을 수첩에 적고 주의점에 맞게 작성해야 한다.

학교에 따라 비율은 다르지만 수행평가가 30~40% 반영되기 때문에 비중이 높고 중요하다. 내신이 중간시험, 기말시험 40%씩, 수행평가가 20% 적용될 경우, 지필시험 점수 100점은 40점으로, 90점은 36점으로 환산되어 실제로는 4점밖에 차이가 나지 않는다. 만일 A학생이 중간, 기말에서 모두 100점을 받으면 지필 점수가 80점인데 수행평가에서 15점을 받으면 최종 기말 점수는 95점이 된다. 그런데 B학생이 중간, 기말 두 번을 다 95점을 받았을 경우 38점으로 환산되어 지필은 76점이 된다. 여기에 수행평가를 만점인 20점을 받으면 합계 96점으로 지필평가에서 100점 받은 A학생을 앞서게 된다. 그래서 학기 말에 수행평가까지 합산하면 전교 등수가 바뀌기도 한다.

수시전형에서 수행평가가 매우 중요한데다, 학생부의 교과 세부특기사항에는 수업 시간이나 수행평가에서 자세와 태도, 노력 정도, 결과 등이 기재되기 때문에 수행평가는 노력하는 태도가 결과만큼이나 무척 중요하다. 태도 점수를 따로 배정하는 선생님이 있는데, 어떤 아이는 태도 점수에서 감점을 당해 특목고 입시에서 실패하기도 했다. 따라서 예의 바르고 열심히 하는 모습을 보여야 한다. 수행평가가 중간고사나 기말고사 시험 기간과 겹치는 경우도 있으니 학기 초에 공지를 확인하고 미리 준비한다면 수행평가 결과도 잘 나오고 시험공부를 할 수 있는 시간도 확보할 수 있다.

엄마와 자녀가 함께 외우는
서울대 비책 노트 | 핵심 07 |

첫째도, 둘째도 내신이 기본이다!

고등학교 내신은 대학교 입학과 직결되므로 특히 중요하다. 대입에서 학생부종합전형의 비중이 높고 비교과 활동도 들어가니 내신 성적이 안 좋아도 된다고 생각하는데 무엇보다 중요한 것이 내신 성적이다. 고등학교 3학년 1학기 시험을 마치고 나서 전체 내신점수가 나오면 그 점수를 기준으로 대략 대학을 정하기 때문이다. 비교과 활동이 얼마나 좋은지에 따라 한두 단계 정도 학교 레벨이 올라갈 수는 있지만 결국 내신점수가 대학 결정의 기준이 된다. 내신시험과 수행평가를 열심히 준비하는 습관은 중학교 때 만들어진다.

서울대 비책	실천 노트
내신시험을 관리하라.	- 중학교 내신은 특목고, 자사고 입시에 중요하다. - 고등학교 내신은 대학 입시에 중요하다. - 학생부종합전형도 내신이 기준이다.
수업 시간이 가장 중요하다.	- 예습은 간단히 하기 - 학교 수업에 집중하기 - 시험 보기 일주일 전이 가장 중요하다. - 발표, 질문 등 적극적으로 참여하기
공책 정리를 잘해야 한다.	- 단원 제목과 중요 개념 쓰기 - 색깔 볼펜 2~3가지, 형광펜 1~2가지 사용하기 - 자신에게 맞는 공책 정리법 사용하기

이해를 바탕으로 암기한다.	- 교과서, 자습서, 다양한 매체로 이해하기 - 교과서, 공책, 자습서, 인쇄물을 단권화 작업하기 - 이해와 본질 탐구를 통한 문제해결력 기르기 - 인과관계 이해하기 - 부호화 기술, 첫 글자를 이용하여 외우기
묻고 답하고 설명하며 암기한다.	- 질문하고 대답하며 암기 내용 확인하기 - 안다는 것은 남에게 설명할 수 있다는 뜻이다. - 빈 종이에 공부한 내용을 쓰는 백지법으로 암기한 것 확인하기
시험 계획부터 결과 분석까지 한다.	- 내신시험 대비 계획 세우기 - 이해 ➡ 암기 ➡ 문제 풀이 ➡ 시험 ➡ 원인 분석 - 수험생은 답안지로 말한다! - 실수를 하지 않는 것이 실력이다.
수행평가가 내신을 좌우한다.	- 수행평가 기준, 반영 비율, 시기, 과제 체크하기 - 노력하는 태도, 예의 바르게, 열심히!

08
선행에 정답은 없다

내 아이의 그릇 판단하기

경호가 6학년이 되었을 때 집 근처 수학학원에 보낸 적이 있다. 주 1회 4명이 모여 수학 교구로 수업을 하는 학원이었는데, 상담을 갔더니 선행반 수업도 들으라고 권유했다. 같은 학교에 다니는 친구가 선행반을 다니는데 고1 수학을 배우고 있다고 했다. 실제로 그 아이를 따라 다른 아이들도 많이 다니고 있었다.

'언제부터 수학을 시작했기에 벌써 고1 수학을 하지? 아직 초등학생인데, 고등수학을 이해하고 푼다고?'

솔직히 부러웠다. 그러나 경호는 아직 그 정도로 진도를 나간 게 아니었기에 그 반에 들어가도 못 따라갈 것 같았다. 그래서 교구 수학만 신청했다. 그런데 선행 진도가 빨랐던 그 친구를 같은 고등학교에서 만나게 되었다. 나는 '왜 영재학교나 과학고에 안 가고 여기 왔지?'라는 생각이 들었다. 초등 6학년 때 고1 과정을 했으니 지금은 고3 과정까지 끝내고 몇 번을 다시 봤겠다는 생각이 들면서 살짝 긴장도 되고 불안했다. 그런데 3월 모의고사부터 중간고사까지 그 친구의 성적이 그다지 좋지 않았다. 고3까지도 상위권이 아니었다. 무엇이 문제였을까?

중학교 때까지는 선행을 안 해도 좋은 성적과 높은 등수를 받을 수 있다. 시험 범위만 공부하면 되기 때문이다. 수업 시간에 잘 듣고, 수행평가 잘하고, 2~3주 동안 열심히 준비하면 시험을 잘 볼 수 있다. 그래서 중학교 때까지는 아이도 엄마도 선행의 필요성을 잘 느끼지 못한다.

중학교 때까지 공부를 잘하다가 고등학교에 가서 성적이 떨어진 아이들의 엄마들을 만나면 아이가 잘해서 안심했다고 말한다. 엄마가 잘 몰라서 아이가 고생하는 것 같다고 후회하는 일이 다반사다. 한 아이가 고등학교 때 아무리 열심히 공부해도 성적이 안 나오자, "엄마, 나 중학교 때 수학 선행 좀 할 길 그랬어."라고 말했다. 아이의 엄마는 그 말을 듣고 자기 탓인 것 같아 미안했다고 한다.

중학교 때까지 두각을 나타내지 않다가 고등학교에 가서 최상위권으로 치고 올라가는 아이들이 있다. 중학교 때는 전 과목을 다 합산해 결과를 내기 때문에 국영수가 최상위라도 암기 과목이 떨어지면 1등을 할 수 없다. 그런데 고등학교에서 국어, 영어, 수학 점수만으로 등수를 매겨 전교 최상위권으로 올라가는 경우이다.

두 아이의 차이는 무엇일까? 중학교 시절 단순히 교과서를 암기해서 점수를 올렸는가, 아니면, 국어, 영어, 수학의 기본 실력을 길렀는가의 차이이다. 선행은 결국 국어, 영어, 수학의 기본 학습이다. 책이나 잡지를 읽어 상식과 어휘력을 다지고, 문학 작품을 많이 읽으며 시대별, 작가별로 정리하고, 국어 문법을 공부하고, 다양한 지문을 읽으며 요약하는 것이다. 영어 단어를 외우고, 문법을 공부하고, 매일 영어 듣기를 하고, 다양한 지문을 독해하는 것, 자신의 페이스에 맞게 수학 진도를 나가는 것이다. 이런 학습이 '선행'이다. 선행은 좋은 것도 나쁜 것도 아니다.

운동이나 예체능을 할 경우 습득해야 할 단계별 기술이 있다. 나이나 학년에 상관없이 아이가 그 기술을 습득하고 나면 다음 단계의 기술을 위해 진도를 나간다. 진도가 빠르게 나간 아이일수록 재능이나 실력이 있다고 인정을 받는다. 다음 기술을 배울 수 있는 능력이 있는데 나이가 어리다는 이유로 배제하지 않는다. 그러나 아직 계이름을 배우는 아이에게 연주곡을 가르칠 수는 없다. 기초부터 한 단계씩 가르쳐야 한다.

공부도 마찬가지다. 아이의 능력이 된다면 선행이라는 이름으로 색안경을 쓰고 볼 것이 아니라 운동이나 예체능처럼 진도를 나가야 한다. 선행을 해야 하는지, 현재 배우는 과정을 공부해야 하는지 내 아이의 그릇을 부모와 전문가가 파악하여 판단해야 한다.

독이 될 수도,
약이 될 수도 있다

    선행은 아이에 따라 독이 될 수도, 약이 될 수도 있다. 아이에게 학습 능력이 있어서 중학교 때 국어, 영어, 수학, 과학의 교과 지식과 개념을 미리 공부하면 분명 도움이 된다. 반대로, 현재 배우는 내용도 다 이해를 못 했는데 무작정 선행을 하면 지독한 독이 된다. 선행할 시간에 차라리 현재 배우는 내용을 완벽하게 공부하는 게 훨씬 더 도움이 된다. 선행이 내 아이에게 독이 될지 약이 될지는 아이와 부모의 판단으로 결정해야 한다. 아이의 학습 상태를 객관적으로 점검해서 선행 여부와 속도를 조절해야 한다.

    선행을 했는데도 성적이 좋지 않았다며 선행은 필요 없다고 말하는 부모들이 있다. 중학교 때 선행을 안 하면 고등학교에 가서 고생한다고 말하는 부모도 있다. 누구 말이 맞는 걸까? 정답은 없다. 아이에 따라 다르다. 따라서 어느 한쪽 말만 믿고 그대로 따라 하면 안 된다. 선행이 효과가 있었든 없었든 그건 그 집 아이의 그릇이다. 우리 집 아이는 다르다.

    어린 나이부터, 또는 아이의 수준에 맞지 않게 선행을 시키는 건 일종의 학대이다. 중학교 과정을 이해하는 정도의 아이를 대학교 교실에 앉혀놓고 공부하라고 하면 아이가 내용을 제대로 이해할까? 그건 정서적 학대다. 이런 경우 아이는 공부에 질려서 공부라는 말만 들어도 거부감을 일으킬 것이다. 그러니 주변 아이들의 선행 진도를 보지 말고 내 아이의 능력만 보아야 한다. 지금 배우고 있는 내용을 시험 봤을 때 90점이 안 되면 선행을 하지 않는 게 낫다.

경호는 초등학교 6학년 여름에 중학교 과학 선행을 시작하였다. 그 당시 과학고 영재에 합격하기 위해서는 과학 선행이 필수라는 말을 들었다. 선행을 했는데도 불구하고 과학고 영재에 떨어진 걸 보면 선행했다고 다 합격하는 건 아니다. 그렇게 중학교 과학 선행을 마치고 중학교에 갔을 때 경호가 "초등학교 땐 과학시간에 실험을 하며 새로운 사실을 알게 되어 재미있었는데, 지금은 이미 아는 내용을 배워서 새롭지도 않고 재미도 없어."라는 말을 듣고 선행한 것을 후회하였다. 반면 수학의 경우, 중학교 때 고등 과정을 70% 정도 선행을 하고 고등학교에 갔는데도 고등 수학을 끝까지 못한 것이 아쉽다고 하였다.

대치동에서 수학을 가르치는 한 강사는 아무리 훌륭한 교육 철학을 가진 부모라도 선행을 고민할 수밖에 없는 이유는 그 공부의 끝이 입시로 귀결되기 때문이라고 했다. 학생들의 성과는 결국 성적으로 기록되어서 그 다음 학교로 가기 위한 자료로 활용된다. 부모의 뜻은 훌륭하지만 그 자녀들은 결국 중학교, 고등학교, 대학교를 가지 않을 수 없기 때문에 과정은 다른 사람과 달랐다 하더라도 그 결과물은 비슷해지는 경향이 있다고 하였다.[32]

예를 들어 수학, 과학을 아주 좋아하고 재능이 뛰어난 학생이 있다고 하자. 어릴 때 학원에 다니지 않고 선행을 하지 않았다. 대신에 수학, 과학 관련 책을 읽고, 실험을 하고 보고서를 쓰고, 한 문제를 몇 시간 동안 생각하여 푸는 방법으로 공부를 했다. 하지만 영재학교, 과학고에 간다면 다른 학생들이 하는 영

---

[32] 유튜브 대치동캐슬, 가치관이 훌륭한 부모님도 선행을 피하기 어려운 진짜 이유(2020.3.21.)

재학교, 과학고 로드맵을 따라가지 않을 수 없다. 이것이 현실이다.

친한 후배의 초등학교 저학년인 아이가 수학에 재능이 있어 보였다. 그래서 본격적으로 수학 공부를 시켜보라고 했더니 자기 학년 내용만 잘 배우면 되지 않느냐며 아직 어려서 학원에 보내고 싶지 않다고 했다. 그래서 꼭 학원에 다니지 않아도 되니 아이와 집에서 같이 해보라고, 문제집을 몇 권 추천해주었다. 그리고 아이가 할 수 있는 만큼 진도를 쭉 나가라고 했다. 아이는 수학 문제 푸는 것이 너무 재미있다며 몇 시간씩 공부하면서 명문대 공대를 나온 아빠에게 매일 질문하여 자연스럽게 공부를 시작했다. 초등학교 6학년이 되어 중등 과정을 거의 끝내고 수학학원에 가서 테스트를 봤더니 진도도 빠르고 심화까지 잘 되어 있다며 영재학교 대비반에 들어오라고 했다. 후배 아이는 영재학교에 가겠다는 꿈을 갖고 열심히 공부하고 있다. 이렇게 수학에 재능이 있는 아이에게 선행을 시키지 않았더라면 영재학교 준비는 시작도 못했을 것이다. 아무리 수학에 재능이 있더라도 선행을 하지 않으면 영재학교, 과학고에 가기 어렵다. 설령 간다고 하더라도 그곳 아이들과 경쟁해 좋은 내신을 받기 어려운 것이 현실이다.

지인이 중학생이 된 자녀에게 공부를 시켜보겠다는 생각에, 수학, 영어학원에 갔다. 그런데 진도가 너무 늦어서 들어갈 반이 없다는 말에 충격을 받고 나에게 연락을 해왔다. 자신은 지금부터 학원을 다니면 될 줄 알았다고, 다른 아이들이 그렇게 진도를 빨리 나간 줄 몰랐다고 했다. 왜 미리 안 시켰냐고 물었더니 선행은 안 해도 된다, 해도 효과 없다, 혼자 공부하는 자기주도학습이 중요하다는 선배 엄마들 말만 믿고 집에서 공부를 시켰다고 한다.

'선행을 하면 아이가 힘들어할 것이다, 지칠 것이다, 나중에 공부를 포기할 것이다.'라고 생각하지만 능력이 되는 아이들은 그것을 받아들이고 흡수한다. 자신의 꿈을 이루기 위해 해야 하는 필수과제라고 생각하기 때문에 끝까지 힘을 낸다.

아이는 능력이 되는데 선행은 무조건 안 좋다는 부모의 인식 때문에 선행을 부정적으로 보지 말자. 아이가 먹을 수 있는 그릇의 양이 있는데 밥을 억지로 먹이면 배탈이 날 것이다. 하지만 아이는 더 먹을 수 있는데 부모가 그만큼 먹으면 됐다고 밥을 더 안 주면 결핍이 생겨 성장이 멈추고 만다. 부모는 내 아이가 먹을 수 있는 양을 수시로 확인하면서, 탈이 날 정도로 많이 먹고 있으면 적게 주고, 더 먹을 수 있으면 좀 더 채워주는 역할을 해야 한다.

중학교 내신은 거품 실력?

중학교 1학년은 자유학년제라 시험이 없다. 2학년이 되어서야 비로소 시험을 보고 자신의 등수를 알게 된다. 중학교는 몇 주 동안 교과서 위주로 암기하고 어느 정도 공부를 하면 평균 점수도 높고 등수도 잘 나온다. 그래서 엄마와 아이 모두 공부를 잘한다고 생각한다. 그러나 중학교 등수는 아무 의미가 없다.

물론 중학교 때 공부 잘하는 아이가 고등학교에 가서도 공부를 잘하는 것은 사실이다. 그러나 중학교 내신 점수나 등수만으로 아이가 공부를 잘한다고 자만하거나 안일하면 안 된다. 진정한 실력은 고등학교에 가야 알 수 있다. 중학교 내신시험은 범위도 많지 않고 교과서를 달달 외우면 되기 때문에 높은 점수를 받기가 비교적 쉽다. 그러나 고등학교 내신은 교과서 외의 지문이나 심화 문제도 많이 나오기 때문에 교과서만 공부한다고 점수가 잘 나오지 않는다. 그래서 진짜 실력이 나오는 것은 고등학교 때이다.

중학교 때 전교 최상위권인 아이들 대부분은 고등학교에 가서도 잘할 거라고 생각한다. 내신 성적도 좋으니 특목고, 자사고에 지원해 입학한다. 중학생 아이와 엄마는 특목고, 자사고에 대한 환상이 있다. 거기만 가면 무조건 대학을 잘 간다고 생각한다. 잘하는 아이들이 많이 오겠지만 우리 아이도 그에 못지않게 잘한다고 생각한다. 그런데 시험을 보고 나면 울면서 후회한다.

특목고, 자사고에 입학하는 아이들 대부분은 전 과목 선행을 완벽하게 마친 아이들이다. 중학교 때 전교 1등을 하고 특목고를 간 아이가 있었다. 그런데 고등학교에 올라가서 성적이 잘 나오지 않았다. 특목고의 특성상 수행평가도 전부 프로젝트 과제라 발표 준비 시간도 오래 걸리고, 대회에 나가 입상하기도 쉽지 않아 따로 시간을 내서 준비해야 했다. 거기다 시험공부도 해야 했다. 그런데 그 학교에서 전교 1등을 하는 친구는 그런 활동을 다 하면서도 전 과목 만점을 받았다. 아무리 공부를 해도 전교 1등을 이길 수가 없어 그 친구에게 "너는 어떻게 그렇게 만점을 받냐?"라고 물어보았다고 한다. 그 친구는 "난 중학교 때 전 과목을 다 끝냈어."라고 말했다. 그 대답을 듣고 아이와 엄마는 중학교 때 선행을 하지 않은 것을 후회했지만 돌이킬 수 없었고 끝까지 따라가지 못했다.

학습 태도와 능력이 준비되어 있는 아이들에게는 중학교 때 왜 미리 공부를 해야 하는지 대화를 통해 이해시킨 다음에 국어, 영어, 수학을, 이과에 갈 경우 과학까지 기본 개념을 미리 공부해야 한다. 고등학교에 가면 해야 할 것이 너무 많다. 우선 학교 시험에 심화 문제도 나오기 때문에 각 교과목 심화 단계까지 공부해야 한다. 학생부종합전형으로 갈 경우 독서, 봉사, 동아리, 학생회 활동까지 해야 한다. 수능 최저학력기준을 맞추거나 수시에 안 될 경우, 정시로 가야 하기 때문에 수능 공부도 해야 한다. 따라서 선행으로 미리 공부해놓으면 시간을 벌 수 있다.

최상위권의 선행

중학교 때는 한 학기에 수학을 한 과목만 배운다. 시험 범위도 적다. 그러나 고등학교 때는 한 학기에 수학을 두 과목씩 배우는 학교도 있다. 고3 1학기 때는 수능 특강으로 수업을 해서 2학년 2학기까지 수능에 나오는 수학 진도를 모두 마쳐야 하기 때문이다. 심화까지 공부해야 간신히 1등급을 받는데 한 학기에 두 과목 심화까지 하는 게 선행 없이 가능할까? 다른 과목들도 해야 하는데? 수학 선행을 꼼꼼히 해놓으면 다른 과목을 공부할 시간이 생겨 내신 대비에도 유리하다.

중학교는 3년 동안 배워야 할 내용을 3학년 2학기까지 진도에 맞춰 배우지만 고등학교는 다르다. 고등학교는 6개 학기에 배워야 할 내용을 2학년 말 또는 3학년 1학기에 끝내고 바로 수능 문제 풀이를 시작한다. 특목고의 경우는 더 빨리 끝난다. 중학교 때 학교 진도에 맞춰 공부하며 내신 성적이 좋았던 아이들이 고등학교에 가서 성적이 안 나오는 이유가 여기에 있다. 이런 사실을 모르고 선행을 안 하다가 고등학교에 가서 열심히 공부해보지만, 이미 늦어 최상위권에 들기 힘들다. 이런 교육과정의 차이를 알고 중학교 때 아이의 능력에 맞게 진도를 나가면 고등학교에 가서 수월하게 공부할 수 있다.

〈공부가 머니?〉라는 프로그램에 나왔던 진동섭 전 서울대학교 입학사정관은 이렇게 말했다.

"굳이 선행을 하려거든 6개월 이상 하지 마라. 다음 학기 예습하는 정도. 학습 결손은 밑 빠진 독에 물붓기와 같다. 입시는 학습에 구멍이 나지 않게 하는 게 중요한데, 이게 생각보다 어렵다. 진도 빼는 건 어렵지 않다. 그런데 성적은 아이마다 천차만별이다. 학습에 구멍이 나지 않게 하려면 많은 시간이 필요하다. 입시에 성공하려면 선행할 시간이 많으면 안 된다. 완전학습이 필요하다. 서울대학교는 완전학습을 오래 하는 학생들이 들어간다."

학습에 구멍이 나지 않게 공부해야 한다는 말에는 공감한다. 다만, 아이의 능력이 되면 2년 선행도 괜찮다. 특목고, 자사고, 일반고 최상위권 아이들의 경우를 보면 대체로 2년 이상의 선행을 하고 있다.

중학교 성적은 절대평가라 90점이 넘으면 A를 받는다. 중학교는 학생들을 특목고나 자사고에 많이 보내야 하기 때문에 평균이 80점 정도 되도록 낸다. A를 받는 학생이 많아야 특목고와 자사고에 진학할 확률이 높아지기 때문이다.

그러나 고등학교는 상대평가이다. 학생들을 한 줄로 세워야 한다. 전체 학생 수의 4%에게 1등급을 주어야 한다. 문제가 너무 쉬우면 1등급이 아예 없을 수 있고, 대학이 문제의 난이도를 알 수 있기 때문에 100점을 받아도 학생 실력을 인정받지 못한다. 따라서 난이도가 있는 시험문제를 출제하고 심화 문제를 낼 수밖에 없다. 중학교와 고등학교는 성적을 내는 산출 방법이 다르기 때문에 시험문제의 난이도가 다를 수밖에 없다. 아이들은 고등학교에 가서 시험을 보고 교과서에 없는 지문과 심화 문제의 난이도에 놀란다. 이때부터의 점수가 자신의 과목별 실력이다. 이런 중학교와 고등학교 시험 범위의 양과 난이도, 성적 산출 방식의 차이를 알고 나면, 최상위권 아이에게 선행은 꼭 필요한 것인지도 모른다.

엄마와 자녀가 함께 외우는
서울대 비책 노트 | 핵심 08 |

선행의 정답은 아이의 그릇을 파악하는 것이다

선행은 아이에 따라 독이 될 수도, 약이 될 수도 있다. 학습 능력이 있어서 중학교 때 국어, 영어, 수학, 과학의 교과 지식과 개념을 미리 공부하면 분명 도움이 된다. 반대로, 아이는 현재 배우는 내용도 다 이해를 못하는데 무작정 선행을 하면 지독한 독이 된다. 선행이 내 아이에게 독이 될지 약이 될지는 아이와 부모의 판단으로 결정해야 한다. 항상 아이의 학습 상태를 점검해서 선행 여부와 선행 속도를 조절해야 한다.

서울대 비책	실천 노트
공부 그릇을 알아야 한다.	- 국어, 영어, 수학, 과학 기본 실력 기르기 - 능력에 맞게 선행 여부 결정하기 - 내 아이의 공부 그릇 알기
선행은 약이거나 독이 될 수 있다.	- 현재 배우는 내용을 완전히 알지 못할 때 선행하지 말기 - 선행 진도를 무리 없이 따라갈 수 있을 때 선행하기 - 선행 효과는 아이마다 다르다.

서울대 비책	실천 노트
중학교 실력 믿지 않는다.	– 중학교 내신은 암기를 하면 성적이 잘 나온다. – 진정한 실력은 고등학교 성적이다. – 고등학교 때는 공부뿐만 아니라 해야 할 것이 많다.
중학교와 고등학교는 다르다.	– 중·고등학교는 과목 수, 범위, 난이도, 성적 산출 방식이 다르다. – 고등학교는 진도를 빨리 끝낸다. – 선행보다 완전학습이 중요하다. – 중학교 때 제대로 된 선행을 하면 고등학교 때 시간을 벌 수 있다.

09 사교육, 이용당하지 말고 이용하라

엄마는 안목, 아이는 의지

엄마들은 사교육에 대해 어떻게 생각하고 있을까?

"사교육에 물든 아이들은 자기주도학습이 안 된다."

"학원에 다닌 애들은 고등학교에 가서 공부에 질려 한다."

"어릴 때부터 사교육을 받으면 스스로 공부할 힘이 없어진다."

"중학교 때까지는 학원발이 먹히지만 고등학교에 가서는 안 먹혀서 공부를 관둔다."

실제로 이런 얘기를 듣고 아이를 학원에 보내지 않는 엄마들도 있다. 그런데 우리나라에서 특목고, 자사고, 일반고 상위권 학생들 중에 학원, 과외, 인강 등 사교육을 받지 않은 아이들이 과연 있을까? 거의 없다고 보는 게 맞다.

학원에 다니는 것을 나쁘게만 보아도 안 되지만, 학원만 보내면 다 된다고 믿어서도 안 된다. 그러면 어떻게 하라는 말인가? 가장 중요한 것은 학원이나 과외를 하면 도움이 되지만, 학원에 이용당하여 아이가 피해를 볼 수 있다는 것도 알고 있어야 한다. 제대로 된 학원이나 과외를 잘 선택해서 필요에 따라 이용해야 한다. 그러기 위해서 엄마가 학원이나 과외를 고르는 안목을 기르고, 내 아이에게 필요한 것이 무엇인지를 파악하고 있어야 한다. 학원에 다니거나 과외를 할 때 왜 하는지에 대한 명확한 이유를 갖고 있어야 한다는 뜻이다. 먼저 학원에 왜 다닐까 생각해보자.

"안 다니면 불안하니까."

"다른 아이들이 다니니까."

"안 다니는 것보다 나을 것 같아서."

이런 무의미한 대답을 하고 있다면 현재 학원에 다니는 효과를 보지 못하고 있을 가능성이 크다. 학원에서 얻는 것 없이 그냥 왔다갔다 다니는 애들을 일컬어 "학원 전기세 내주러 다닌다."라고 말한다고 하니, 이 얼마나 억울한 일인가.

학원은 아이가 필요성을 느껴서 부모에게 학원을 보내 달라고 할 때 다니는 게 가장 좋다. 그런데 보통은 아이의 의사와 상관없이 부모의 불안감과 주변 분위기 때문에 습관처럼 다니게 된다. 부모가 정한 학원을 억지로 다니면 나중에 진짜 학원이나 과외가 필요할 때 무조건 안 다니겠다고 거부할 수 있다. 어떤 아이는 집에 있으면 공부하라는 엄마의 잔소리를 계속 듣는다며 엄마를 피하기 위해 학원에 다닌다고 말했다. 더 충격적인 것은 이런 아이들이 많다는 사실이다.

따라서 학원에 보내기 전에는 아이와 학원에 가야 하는 이유를 이야기해보아야 한다. 아이가 학원에 다녀야 하는 필요성을 느껴야 학원이나 과외를 하는 효과가 있기 때문이다. 그다음에 아이의 성향, 진도 등에 맞는 학원이나 과외선생님을 찾아 함께 상담을 간다. 선택권은 아이에게 준다. 아무리 유명하고 유능한 강사라고 해도 마음에 맞지 않는 사람과 공부할 수는 없다.

나는 학원을 보내기 전에 우리 집의 수입과 학원비 지출 비율에 대해 솔직하게 이야기해주었다. 우리 가정의 경제 상황을 솔직히 말하고 학원비와 과외비가 큰 비중을 차지하고 있음을 말했다. 부모가 힘들게 번 돈이니 고맙게 생각하고 빠지지 않고 열심히 다녀야 함을 인지시켰다. 그리고 학원 숙제를 안 하면 그만둔다는 약속을 받고 나서야 학원을 보냈다. 그렇게 다짐을 받고 학원을 보내는 것과 그냥 보내는 것은 큰 차이가 있다. 아이에게 학원을 다니는 것이 공짜가 아님을, 열심히 다녀야 함을 분명하게 알려주어야 한다.

학원을 통해 도움을 받는 학생과 학원에 무작정 의존하는 학생의 차이는 세 가지 기준이 있다고 한다. 첫째, 학원을 선택하는 주체가 학생인가? 둘째, 학원을 가는 목적과 필요가 분명한가? 셋째, 학원 수업시간의 1.5~2배만큼 복습을 하는가?[33] 이 세 가지 기준에 부합한다면 학원을 잘 활용하고 있는 것이다.

---

33) 조승우, 『압축 공부』, 포레스트북스

혼자만의 힘으로
가능할까?

고1 학생들은 중학교와는 다른 난이도의 첫 중간고사를 치르고 나서 멘붕(?)에 빠진다. 우선 고등학교에 올라가면 수준이 전체적으로 올라가기 때문에 중학교 때보다 열심히 공부해도 성적이 오르지 않는다. 이렇게 어려운 문제들이 즐비한 시험을 대비하는 것이 혼자만의 힘으로 가능할까? 사교육 없이 공부를 잘한다는 아이들을 보면 부모 중 하나가 아이가 모르는 문제를 대답해줄 수 있는 전문적인 지식을 가진 경우다. 집에서 아이를 가르칠 수 있는 능력이 있기 때문에 굳이 사교육을 시키지 않는 것이다. 나도 초등학교 과정까지는 사교육 없이 내가 가르쳤다. 그러나 중학교 과정으로 넘어가면서 나의 능력으로 개념을 설명해줄 수도, 아이의 질문에 대답할 수도 없었다. 그럴 때는 사교육의 도움을 받을 수밖에 없다.

경호가 내신 받기 어렵기로 유명한 학교에서 전교 1등을 유지하자, 엄마들이 중학교 때 무엇을 했냐고 물어보았다. 나는 솔직하게 학원 다녔다, 과외했다고 대답하였다. 그러면 엄마들은 "그건 우리 애들도 다 했어요."라고 말했다. 교육열 높은 가정의 아이들이 많이 다니는 고등학교인데 중학교 때 학원 안 다닌 아이가 있겠는가. 같은 시간 학원을 다녀도 어디에서 누구에게 어떻게 배웠는지, 학원 수업을 완벽하게 소화했는지, 학원 수업도 복습을 했는지, 학원 숙제를 성실히 했는지가 중요하다. 진도만 나갔는지, 숙제 검사는 제대로 했는지, 학원 다녀온 후 혼자 공부하는 시간은 있었는지 등에 따라 똑같이 학원을 다녀도 아이들의 실력은 천차만별이 된다.

경호는 중2 여름까지 영재학교, 과학고 진학을 목표로 했기 때문에 초등학교 6학년 겨울방학부터 전문 대비 학원에 다녔다. 영재학교나 과학고를 가려면 수학, 과학 선행뿐만 아니라, 심화까지 해야 하는데 내가 도와줄 수 없었기 때문이다. 학부모가 전문학원의 노하우와 정보력을 따라 가기는 어렵다. 집에 있으면 나태해지고 그냥 흘려보내는 시간이 많은데 학원에서는 같은 목적을 가진 친구들을 보며 경쟁심과 긴장감이 생겨 공부를 하게 된다. 보통 영재학교, 과학고 대비 학원은 방학 때 텐텐(오전 10시부터 오후 10시까지 공부하는 것)을 하는데 혼자서는 하기가 쉽지 않다.

공부는 엉덩이 힘으로 한다. 그렇게 공부한 경험은 나중에 혼자 공부하게 되었을 때 오랜 시간 의자에 앉을 수 있는 엉덩이 힘을 기를 수 있다. 다만, 아이가 영재학교나 과학고에 가고 싶은 꿈이 없거나 갈 능력이 안 되는데 엄마의 욕심과 자존심 때문에 억지로 보내면 부작용이 생긴다. 따라서 영재학교, 과학고 진학을 위해 학원에 보내는 것은 아이와 충분히 이야기하여 결정해야 한다.

경호는 중2 때 영재학교나 과학고에 가지 않고 일반고에 가겠다고 했고, 우리는 미련 없이 학원을 나왔다. 들어가고 싶어도 못 들어가는 학원의 영재학교 반을 왜 나왔냐, 고등학교는 특목고를 가야 한다는 말을 많이 들었지만 아이의 선택을 따랐다. 그리고 나서 내가 한 일은 일반고 라인으로 학원을 짜는 것이었다. 그렇게 진로에 따라 사교육을 다르게 활용했다.

영화 〈불한당〉에 '사람을 믿지 말고 상황을 믿어라.'라는 대사가 나온다. 아이가 집에서 의지를 갖고 공부하기를 바라지 말고 공부할 수밖에 없는 상황을 만들어주어야 한다.

학원은 친구 따라 가면 안 된다

경호가 서울대 의대에 합격한 뒤에 경호가 다녔던 학원에 많은 학생들이 몰렸다는 이야기를 들었다. 중고등부 전문 학원이었는데 초등학생들까지 와서 초등부도 신설되었다고 한다. 경호에게 도움을 주신 선생님들이 실력이 있고 좋은 분들이라 그 학원이 잘되는 것은 기쁜 소식이다. 그러나 전교 1등이 다닌다고, 서울대 의대를 보낸 학원이라고 무조건 보내는 것은 염려되는 일이다. 둘째는 경호가 다녔던 학원에 다니지 않았다. 아이의 성격과 선행 진도, 공부에 대한 관심도, 집중력, 좋아하는 선생님의 취향이 경호와 달랐기 때문이다. 그래서 지금도 나는 그 아이에게 맞는 선생님을 알아보기 위해 분주히 알아보고 상담을 다니고 있다.

내 아이가 최상위권이라면 그런 아이들을 가르친 선생님에게 아이를 맡겨야 한다. 최상위권 아이들을 가르쳤다는 것은 실력이 검증되었다는 뜻이다. 최상위권 아이들은 수업을 한 번만 들어도 선생님의 실력을 바로 안다. 대형 학원 최상위반에서 선생님의 실력을 검증하기 위해 첫 시간에 학생들이 일부러 고난이도 문제를 질문해서 대답하지 못하면 학원 선생님을 교체하기도 한다. 나도 학원이나 과외 선생님을 선택할 때 우선적으로 어떤 학생을 가르쳤는지 알아보았다.

내 아이의 성향과 진도, 필요한 부분에 맞는 학원과 과외를 골라야 한다. 질문하기를 부끄러워하는 성격은 과외를 하는 것이 좋다. 학생 수가 많은 학원에 가면 궁금한 것을 물어보지 못하고 올 것이 뻔하기 때문이다. 하지만 과외는 선생님의 성향에 따라 아이가 숙제를 안 해도 넘어가서 진도가 늦어지는 단점이 있다. 또 혼자 공부하다 보면 공부에 대한 자극이 없어진다. 어떤 과외 선생님은 자신이 가르칠 능력이 안 되면 그 단계는 건너뛰고 가르치지 않는다. 한 엄마가 심화 문제를 풀어주지 않는 선생님에게 그 이유를 물었더니, "이 아이 실력에 무슨 심화를 푸느냐."며 화를 냈다고 한다. 그 얘기를 듣고 다른 학원에 가서 테스트를 해보라고 권유하여 과외선생님을 바꾸었는데, 심화 문제도 거뜬히 풀어 내신 등급이 올랐다. 이처럼 과외선생님의 실력은 검증하기가 어렵다. 따라서 과외를 하더라도 6개월에 한 번씩은 다른 학원에 가서 테스트를 받아 아이의 현재 상태가 어느 정도인지 알아보는 것이 좋다.

대형학원은 체계적인 커리큘럼과 오랜 경험, 내신 기출 정보, 지속적인 관리 등이 장점이 있다. 하지만 한 반에 학생이 너무 많을 경우 몇몇 학생만을 중심으로 수업을 진행한다. 학생들을 다 챙기며 진도를 나갈 수가 없어 모르는 부분도 그냥 지나간다. 그럼 어떤 아이들이 대형학원에 다니면 좋을까? 반에서 상위권에 속하거나 경쟁심이 강해 다른 학생들과 같이 공부해야 자극을 받는 학생, 적극적인 성격으로 모르는 문제도 척척 질문할 수 있다면 대형학원에 다니는 것이 좋다.

　10명 이내의 소그룹으로 수업하는 소수정예 학원도 있다. 대형학원의 경우 실력으로 반을 나누어 수업을 하지만 소그룹의 경우 등록한 학생들을 모두 한 반에 모아서 수업하기도 한다. 이때 단점은 실력이 우수한 학생은 진도가 늦어지고, 실력이 부족한 학생은 이해를 못한 채 넘어가는 것이다. 따라서 비슷한 실력의 학생들과 반 구성이 되었는지 확인해보아야 한다. 경호는 중학교 2학년 여름방학까지 영재학교를 준비했을 때는 대형학원을 다녔고, 일반고로 결정했을 때는 과외와 소수정예 학원으로 바꾸었다. 수학도 선행, 내신대비, 수능 킬러대비, 개념정리 등 목적에 따라 학원을 바꿔서 다녔다. 이처럼 학원은 목적에 따라 전략적으로 선택해야 한다.

학원의 실체를 파악해라

　학원에 가서 테스트용 시험을 보고 결과가 좋았다는 이야기가 드문 이유는 무엇일까? 학원에서 보는 테스트용 시험은 심화 수준의 문제를 내기 때문에 좋은 점수를 받기가 어렵다. 그래야 부모가 심리적으로 불안해하고 '우리 아이 큰일났네.'라는 생각에 당장 학원에 등록하기 때문이다. 그렇다고 모든 학원이 그런 것은 아니다. 어떤 학원에서는 적정한 수준의 문제로 테스트를 하고 학원에 다니지 않아도 되니 '이렇게 공부해라.', '어떤 점을 보완하라.'고 조언해주기도 하였다.

하지만 대부분은 불안감을 조성하여 학원에 다니게 한다. 또한 이 학원에 다니는 학생이 학교에서 몇 등이다, 어느 대학에 갔다고 홍보만 한다. 그 학원에 다니면 마치 내 아이도 그 등수에, 그 대학에 갈 수 있을 것 같은 착각을 하게 만든다. 최상위 학생을 모집하기 위해 무료로 다니게 하거나 학원비를 할인해 주기도 한다. 학생들을 많이 모으기 위한 방법이다. 이런 식의 마케팅에 넘어가지 말아야 한다. 학원 마케팅인지, 정말 아이를 생각하는 말인지 구분하지 못하면 학원에 끌려다니게 된다.

사교육의 실체와 마케팅 사례, 피해 학생들의 고통 등을 보여주는 다큐멘터리나 책들을 보며 사교육의 실체와 단점, 피해 사례, 실패한 케이스 등을 알아두는 것은 필수이다. 그런 사실을 알아야 사교육에 당하지 않고 아이의 시간과 엄마의 돈을 지킬 수 있기 때문이다. 〈EBS 굿바이 사교육 다큐멘터리〉(6부작) 등의 방송이나 『아깝다 학원비』, 『엄마 매니저』, 『굿바이 사교육』, 『사교육의 함정』, 『대한민국 교육의 진실』, 『이범의 교육특강』 등의 책을 통해 사교육의 단점과 실태를 정확하게 알고 있어야 한다. 학원에서 어떻게 아이와 학부모를 설득하는지, 학원의 프로그램과 체계가 어떻게 되는지, 학원은 어떤 시스템으로 운영되는지, 어떤 방법으로 아이의 성적을 올리는지, 학원 강사와 원장님의 마인드가 어떤지, 과목별로 제대로 된 방법으로 공부시키는지, 학생을 돈 내는 도구로 보는지, 진심으로 학생의 성장과 성적을 위해 애쓰시는 분인지 구별하는 눈을 키우자.

학원은 돈을 내고 이용하는 곳이다. 그런데 간혹 학원 원장님이나 선생님과 친해져 학원을 끊지 못한다. 특히 아이가 공부를 잘하면 엄마에게 아이에 대해 칭찬을 많이 하여 기분을 좋게 만든다. 그렇게 해서 공부 잘하는 아이를 잡아두려고 한다. 나도 학원이나 과외 선생님을 쉽게 바꾸는 스타일은 아니다. 여기저기 학원을 계속 바꾼다는 이미지가 있으면 선생님도 눈앞에 있는 시험에만 신경을 쓴다. 내 아이를 위해 장기적인 계획을 세우는 선생님을 찾으려면 학원을 자주 옮기면 안 된다.

하지만 학원을 바꿔야 한다는 생각이 들면 주저하지 말아야 한다. 나는 그럴 때 선생님께 그만 둔다고 미리 말하지 않았다. 그러면 수업 시간에 아이에게 정으로 호소하기 때문이다. 나는 아이가 수업이 끝나기를 기다렸다가 수업을 그만 두는 이유를 정중히 말씀드렸다. 인정 없다고 생각할지 모르지만 학원은 내 아이를 위해 이용하는 곳이지 정 때문에 끌려다녀야 하는 곳이 아니다. 오로지 내 아이에게 필요한 수업인가 아닌가만 생각하며 결정해야 한다.

운동이나 예체능은 전문 코치에게 배우는 것을 사교육이라고 하지 않는다. 공부보다 훨씬 더 비싼 수업료를 지불하지만 당연하게 생각한다. 유독 공부만 사교육 문제를 뉴스거리로 만든다. 그리고 사교육을 시키는 부모를 마치 대한민국 교육을 망치는 개념 없는 사람으로 몰아세운다. 물론 사교육의 단점과 폐해가 있는 것이 사실이다. 또 공부에 관심이 없는 아이를 사교육 시장에 막무가내로 던져놓는 것은 개념 없는 행동이다. 하지만 공부를 하고자 하는 아이를 위해 사교육을 지원해주는 부모를 무조건 나쁘게 말하는 것도 문제가 있다.

모든 학원과 과외선생님이 상술적이고, 학부모와 아이를 돈벌이 수단으로만 보는 것은 아니다. 다행히 승현이와 경호는 좋은 선생님들을 만나 제대로 공부하여 성적뿐만 아니라 멘탈 관리까지 받아 좋은 결과를 얻을 수 있었다. 승현이 형인 승기는 중3 국제고를 준비하다 과학학원 선생님의 권유로 과학고로 바꾸어 진학하였다. 이렇게 부모가 못해 주는 부분을 학원, 과외 선생님들이 채워주기도 한다.

속지 말고
제대로 이용해라

사교육의 단점 때문에 무조건 사교육을 하면 안 된다고 생각하면 오산이다. 사교육으로 실패한 아이들도 있지만 사교육을 이용하여 성공한 아이들도 많다. 주위에서 사교육 없이 공부 잘하는 아이들을 보면 집에서 부모가 가르치거나, 학원만 안 다닐 뿐 개념서나 문제집으로 꾸준히 공부한다. 영재학교에 진학한 어떤 아이가 초등학교 때부터 집에서 공부했다고 하여 깜짝 놀랐다. 그 어려운 영재학교를 어떻게 학원을 안 다니고 혼자 했을까? 이야기를 들어보니 역시나였다. 엄마는 아이가 어렸을 때부터 항상 같이 공부했고, 하교 시간에 맞춰 항상 아이를 맞아 주었다고 했다. 아이가 학원을 안 다니니 저녁 외출은 한 번도 못했고, 아이가 학교에 간 동안에 아이에게 필요한 교재, 인강

등 정보를 찾고 문제를 출력해놓았다고 한다. 학원에만 다니지 않았을 뿐 학원에 다니는 것과 똑같은 과정으로 공부를 했다.

　가정에서 이렇게까지 노력하는지 모르고 '학원 안 다녀도 영재학교 갈 수 있다.', '학원 다니면 아이를 망친다.'고 생각하여 중학교 때까지 학원에 보내지 않는 부모들이 있다. 아이는 집에 있는 시간이 많으니 그 시간에 게임을 하며 논다. 고등학교에 가서 말도 안 되는 성적을 보고 나서야 학원에 보내지만, 아이는 학원에 앉아 있는 것조차 힘들어할 것이다. 그리고 중학교 내내 게임을 했기 때문에 고등학교에 가서도 게임을 끊지 못한다. 아이가 공부에 아예 관심이 없는 것이 아니라면 차라리 중학교 때 학원을 보내서 게임할 시간에 숙제를 하게 하는 것이 나을 수도 있다.

　실제로 사교육을 받지 않고 서울대에 갔다는 사례도 있다. 그러나 학원만 가지 않았을 뿐 EBS부터 사립 업체 인강까지 활용하지 않는 것은 아니다. 그렇게 보면 학교 외 교육을 받지 않고 서울대에 간 학생이 과연 얼마나 될까? 인강조차 한 번도 안 듣고 서울대에 갈 수 있을까?

　학원에 이용당하는 경우 중에 가장 많은 케이스가 영재학교, 과학고를 준비하는 특목고 대비 학원이다. 아이가 중학교 성적이 어느 정도 나오면 엄마는 한번쯤 영재학교나 과학고를 생각해본다. 학원에 테스트를 하러 가면 거의 대부분 합격할 수 있다고 부추긴다. 물론 중학교 성적이 좋은 아이는 가능성이 높다. 그러나 중학교 내신 성적이 좋다고 그곳에 갈 수 있는 능력이 있다는 뜻은 아니다. 영재학교, 과학고는 수학, 과학 선행과 심화가 필요하기 때문에 늦어도 초등학교 고학년 때부터 대부분 준비한다. 특목고 대비반은 진도를 빨리 나가기 때문에 아이가 소화하지도 못한 채 학원 진도에 끌려다닐 수 있다.

학원에서는 아이와 부모에게 잘하고 있다, 합격할 수 있다고 계속 부추기고 아이의 적성과 재능, 능력, 진로에는 크게 관심이 없다. 그러다 고교 입시에 떨어지고 나면 그 결과를 온전히 아이의 탓으로 돌린다. 영재학교, 과학고 대비 학원은 수업료도 비싸고, 공부의 양과 시간이 만만치 않다. 수학과 과학에 시간을 많이 투자해야 해서 다른 과목을 공부할 시간이 줄어들기 때문에 신중하게 고민한 후 다녀야 한다. 영재학교, 과학고 대비 학원을 다니다 떨어지면 그동안 국어, 영어 공부를 못했기 때문에 일반고에 가서 성적이 잘 나오지 않는 경우도 있다.

고3 수능이 다가오면 아이도, 학부모도 불안해진다. 고3 기말고사가 끝나고 본격적으로 수능 공부를 하게 되는데 이러한 불안한 심리를 이용하여 학부모의 돈을 노리는 사교육 시장이 왕성해진다. 이른바 족집게 과외로 한 등급을 올릴 수 있다고 하여 한 과목에 백만 원 이상의 수업료를 받기도 한다. 7월부터 10월까지 단기간이기 때문에 학부모 '몇 달만 돈을 투자해서 성적을 올려 대학에 합격할 수만 있다면'이라는 절박하고 간절한 심정으로 결국 지갑을 연다.

정시를 준비하는 학생에게 갑자기 논술에 재능이 있다면서 논술시험을 권유한 학원이 있었다. 그 엄마가 지금부터 논술 준비를 해도 되느냐, 정시 준비에 올인하는 게 낫지 않느냐고 해도 아이가 ○○대 논술 방향과 잘 맞는다며 정시보다 더 높은 레벨의 대학에 갈 수 있다고 했다. 엄마는 고등학교 내내 다녔던 학원인데 설마 원장님이 잘못된 길을 알려줄까 하는 마음에 믿고 논술 수업에 많은 수업료를 냈다. 그러나 결국 논술은 다 떨어지고 정시로 대학을 갔다. 논술전형은 내신이 부족한 특목고, 자사고 학생들이 준비하는 전형으로, 뽑는 인원이 적어 경쟁률이 높고 대개 2학년 겨울부터 준비를 한다. 아이를 고등학교 내내 봐왔던 학원이었는데 정말 논술에 재능이 있었으면 진즉에 추천했어야 한다. 아이의 엄마는 학원 원장님께 배신감을 느낀다며 돈 아깝다고 후회를 하였는데, 실제로 이런 사례들은 정말 많다. 지피지기면 백전백승이다. 사교육에 대해 부모가 알고 있어야 속지 않고 이용당하지 않는다.

시험 때는 혼자! 시험 끝나고 학원에?

"아이가 정말 열심히 공부하는데 성적이 안 나와요. 이유가 뭘까요?"

학부모 상담을 하다 보면 흔히 듣는 말이다. 특히 여학생의 경우 이런 상담이 많은데 수업시간에도 열심히 하고 인강도 듣고 문제집도 몇 권씩 푸는데 공부한 만큼 성적이 안 나온다는 것이다. 이유가 무엇일까?

중학교 내신은 시간 싸움이 아니다. 공부할 양도 적고 내용이 깊지 않아서 원리를 이해하고 문제를 풀면 좋은 점수를 받을 수 있다. 그러나 고등학교 내신은 '시간 싸움'이다. 과목도 많고, 시험 범위도 많아서 깊이 있게 공부해야 한다. 한정된 시간에 그 많은 걸 혼자 하기는 어렵다. 중학교 최상위권의 경우,

시간적인 여유가 있어 모든 과목, 모든 단원을 깊게 파고들며 공부하고 성적도 잘 나온다. 그런데 고등학교 때도 그렇게 공부하는 건 무리가 있다. 제한된 시간에 전과목, 전단원을 심도 있게, 완벽하게 공부하기 어렵다.

학원은 각 학교의 내신 문제 경향과 난이도에 대한 정보를 갖고 있다. 따라서 내신시험의 유형과 깊이를 알고 대비를 시켜준다. 단원에 따라 변형문제까지 풀어야 하는지, 안 해도 되는지 선별해서 공부를 시킨다. 이해가 필요한 부분과 암기가 필요한 부분, 암기 없이 문제 풀이를 해야 하는 부분 등을 구별해서 알려준다.

하지만 혼자 공부하는 학생은 어느 정도까지 공부해야 하는지 잘 모른다. 공부의 강약을 모르는 것이다. 시험에 나오지 않거나 중요하지 않은 부분도 심화까지 공부하느라 공부 시간이 오래 걸린다. 전과목, 전단원을 그렇게 공부할 수 없기 때문에 매일 시간이 부족하다는 말을 입에 달고 살며, 완벽하게 공부하지 못해서 불안해한다. 시간 대비 효율성이 떨어지는 것이다. 이런 경우에는 같은 학교 학생들이 많이 다니는 내신 대비 학원에 다니면서 공부의 강약을 조절하고 정보를 얻는 것도 도움이 된다.

혼자 전과목, 모든 시험 범위를 깊게, 완벽하게 공부하는 아이를 제외하고 대부분의 아이들은 내신 기간에 학원을 다니지 않는 것이 좋다. 내신시험을 대비하기 위한 자료를 받고 요약 설명을 듣고 난 후에는 혼자 공부하는 시간을 확보해야 한다. 많은 아이들이 시험 때만 학원을 다니고 시험이 끝나면 안 다니는데 오히려 반대로 해야 한다. 평상시에는 학원에서 공부하며 기본 실력을 올리고, 내신 기간엔 혼자 공부하는 시간을 확보하는 게 좋다. 경호 친구는 2학년 2학기부터 학원을 끊고 인터넷 강의를 들으며 혼자 공부했는데, 내신 올리기 어려운 학교에서 성적을 올리는 성과를 거두었다. 학원에 다니느라 혼자 공부할 시간이 부족했는데 그 시간에 혼자 공부를 하여 효과를 본 것이다. 수학학원 하나만 다니며 스스로 공부하여 3년간 전교 1등을 놓치지 않고, 높은 내신 점수와 비교과로 2020학년도 서울대 의대에 합격한 학생도 있다.

학원에서는 기간 안에 한 코스를 끝내는 경우가 있다. 이렇게 학원의 진도를 한번 따라가 보는 게 좋다. 내용이 많고 어려울수록 여러 번 반복하는 것이 중요하기 때문에 학원에서 한 번 보고, 또 다시 보는 것이 좋다. 혼자 집에서 공부하면 정해진 기간 안에 끝내기 어려워 진도가 자꾸 늘어진다. 학원을 고를 때 책을 읽어주는 수준의 학원은 다니면 안 된다. 그럴 바엔 차라리 인강을 듣는 게 낫다. 인강은 중요 개념을 확실하게 잡아준다.

방학 때 학원과 인강을 같이 들으면 좋은데 학원에서 공부한 내용 중에 잘 이해가 안 되는 부분을 인강으로 들으며 보충한다. 인강은 꼭 처음부터 끝까지 다 봐야 한다고 생각하는데 완강을 하면 좋지만 쉽지 않다. 경호가 물리I을 인강으로 들을 때마다 나도 같이 앉아 있었는데, 계획대로 듣지 않게 되어 진도가 늦어졌다. 또 컴퓨터가 켜 있으니 인터넷을 보게 되고, 내용을 몰라도 물어볼 사람이 없어 답답해하여 결국 다시 학원으로 갔다. 그래도 과학 인강을 고3까지 계속 결재하여 학교 수업 내용, 학원 수업에서 부족한 부분을 보충하였다.

중학교 때 전교권이었던 아이가 고등학교 1학기 수학 내신이 4등급이 나와 엄마와 아이가 모두 멘붕에 빠져 있었다. 여름방학 동안 국어, 영어학원을 끊고 수학에 올인하라고 한 뒤, 방학 동안 수업을 매일 해주는 학원을 소개해주었다. 아이는 매일 학원에서 수업을 듣고, 숙제와 자습까지 학원에서 하였다. 학원에서 공부해야 모르는 문제가 나왔을 때 선생님께 바로 물어볼 수 있었기 때문이다. 그렇게 한 달을 보내고 나서 2학기엔 2등급으로 성적이 올랐다. 학원의 도움이 없으면 불가능했을 것이다. 반대로, 수학 내신 1등급이었던 아이 2명이 유명세를 탄 수학학원으로 옮긴 후에 둘 다 내신이 2등급, 4등급으로 떨어진 일도 있었다. 한 명도 아니고 두 명이, 그것도 1등급을 받았던 아이들의 성적이 하락한 것은 학원에 문제가 있었던 건 아닌지 의심이 되는 게 사실이다.

엄마와 자녀가 함께 외우는
서울대 비책 노트 |핵심 09|

사교육을 고르는 엄마의 안목이 중요하다

학원에 다니는 것을 나쁘게만 보아도 안 되지만, 학원만 보내면 다 된다고 믿어서도 안 된다. 그러면 어떻게 하라는 말인가. 가장 중요한 것은 학원이나 과외를 하면 도움이 되지만 학원에 이용당하여 아이가 피해를 볼 수 있다는 사실을 알고 있어야 한다는 점이다. 제대로 된 학원이나 과외를 잘 선택해서 필요에 따라 이용해야 한다. 그러기 위해서 엄마가 학원이나 과외를 고르는 안목을 기르고, 내 아이에게 필요한 것이 무엇인지 잘 파악해야 한다.

서울대 비책	실천 노트
학원을 다니는 이유를 스스로 찾는다.	- 학원 선택의 주체는 부모가 아닌 자녀이다. - 학원에 다녀야 하는 이유를 스스로 찾아라. - 학원 숙제는 꼭 한다고 다짐하기
고등학교 때 혼자서는 힘들다.	- 중학교는 절대평가, 고등학교는 상대평가다. - 고등학교는 시험 문제를 쉽게 낼 수 없다. - 아이의 진로에 따라 사교육의 도움이 필요할 수 있다.

친구 따라 학원 가면 안 된다.	- 사교육은 성격, 진도, 목적에 맞게 선택하기 - 대형학원, 과외, 소수정예 학원 등의 장·단점 알기 - 목적에 따른 사교육 활용하기
학원을 고르는 안목을 기른다.	- 학부모의 불안한 심리를 이용하는 학원 알아채기 - 사교육의 실체, 피해 사례 알아보기 - 학원은 정으로 다니는 곳이 아닌 이용하는 곳이다.
사교육에 속지 말고 제대로 이용한다.	- 사교육으로 실패도 하고 성공도 한다. - 내 아이에게 필요한 사교육을 찾는다. - 사교육의 실체에 대해 알아야 속지 않는다.
사교육이 필요한 시기를 선택한다.	- 학원을 통해 학교 내신의 유형, 난이도 알기 - 평상시에 학원 공부로 기본 실력 다지기 - 내신은 혼자 공부하는 시간 확보하기

서울대 맘의 공부법 핵심 5

학교생활과 인성이 먼저다

승현이와 경호는 초등학교 때부터 학교생활을 최우선으로 생활했다. 아이가 공부를 잘하기 위해 부모가 해야 할 첫 번째는 수업시간에 바르게 앉아 수업을 잘 들어야 한다는 것을 아이에게 인지시키는 일이다.

수업 시간에는 잘 듣는 것뿐만 아니라 적극적으로 참여도 해야 한다. 가만히 앉아서 듣기만 하면 머릿속에 딴 생각이 생기고 점점 지루해진다. 대입 수시전형의 경우 생활기록부의 과목별 세부특기사항은 아이를 가르치는 교과 선생님께서 써주는 내용이므로 아주 중요하다. 수업 시간에 매일 자거나 딴

짓을 하는 학생에 대해 좋게 써주기는 어렵지 않을까?

학교 숙제와 수행평가는 다른 어떤 것보다 먼저 해야 한다. 기일 내에 제출하는 것은 물론이고, 최선을 다해 열심히 잘해야 한다. 특히 선생님이 준 학습지나 프린트는 잘 챙겨야 한다. 남자아이들은 그런 자료들을 가방에 쑤셔 넣고 잊어버리기 일쑤다. 그럴 때는 A4 파일을 가방에 넣어주고 모든 학습지와 안내장, 프린트물은 받자마자 파일에 바로 넣으라고 당부하자. 중학교나 고등학교에 가면 선생님이 주는 프린트에서 시험문제가 자주 나온다.

각종 대회, 동아리, 축제나 체육대회 등의 행사, 임원 활동 등에도 적극적으로 참여하자. 이러한 활동은 생활기록부 기입 측면에서 필요하지만, 준비하고 참여하는 과정 자체가 공부에 도움이 된다. 공부만 하는 지루한 학교생활이 아닌 여러 가지 활동도 같이 함으로써 생활을 활기차게 할 수 있기 때문이다. 자신에게 도움이 안 된다는 이유로 공부 외의 활동을 기피하면 선생님들이나 친구들에게 이기적인 학생으로 보일 수 있다. 학교 활동을 하면 공부할 시간이 줄어드는 것은 사실이다. 그래서 안 하는 것이 나은가 하는 생각이 들겠지만, 대입에서 수시는 공부뿐만 아니라 3년의 고등학교 생활을 전체적으로 보기 때문에 학교 활동은 플러스 요인이다.

나는 선생님이나 친구들과의 원만한 관계를 위해 웬만한 일은 그냥 참고 넘어가라고 아이에게 당부했다. 학생부종합전형에서 학생종합의견은 담임선생님이 아이에 대해 전체적인 총평을 써주는 란이다. 학생부나 추천서를 위해, 선생님에게 잘 보이기 위해 착한 척하라는 말이 아니다. 사람이 원만히 살아가는 데는 인성이 가장 중요하다. 한두 번은 착한 척할 수 있지만 학교생활을 하다 보면 본래 모습이 드러나고, 선생님과 친구들까지 그 아이의 진짜 모습을 보게 된다. 인성이 좋지 않은데 공부만 잘하면 시기, 질투의 대상이 된다. 친구들과의 문제로 학교폭력에 연루되어 심한 경우 수시전형 원서를 못 쓰게 될 수도 있다. 당연한 말이지만 공부보다 인성이 먼저다. 인성은 어느 날 갑자기 만들어지는 것이 아니다. 아이의 인성은 부모로서 끝까지 놓치지 말아야 할 부분이다.

최근 많은 의대가 수시와 정시에서 MMI 면접을 선호하고 있다. 인성과 적성을 검증하는 MMI 도입은 의사소통 능력과 래포(rapport, 의사와 환자의 심리적 신뢰) 형성 능력이 있는 지원자를 선발하고, 공부만 잘하는 지원자를 걸러내기 위한 시도라고 한다. 강대희 전 서울대의대 학장은 "의사가 전문적 의학 지식과 의료 기술을 갖는 것도 중요하지만, 기본적으로 의사로서의 인성이 올바른지도 중요하다."고 말했다.

의대 면접은 평소 인성과 의사에 대한 직업관, 다양한 방면의 지식과 상식, 예의바른 태도 등이 중요하다. 이러한 품성은 갑자기 만들어지는 것이 아니기 때문에 성적보다 인성을 가정교육의 중심에 두어야 한다.

공부를 최우선으로 생각하라

아이가 본격적으로 공부를 할 때가 되면 가정에서도 그 점을 최우선으로 생각해야 한다. 가정의 모든 일정을 아이의 공부에 맞춰 정해야 한다. 갑자기 외식을 하거나 여행을 가는 상황은 만들지 않는 것이 좋다. 아이가 나름대로 학습 일정을 짜서 실천하고 있다면 더더욱 갑작스런 일로 흐름을 깨지 말아야 한다. 또한 평소에 규칙적인 생활 패턴을 유지해야 한다. 가족 행사가 있을 때는 아이에게 며칠 전에 알려서 숙제를 미리 하거나 학습 양을 조절할 수 있도록 배려해야 한다.

중학교 때까지는 하루의 학습량을 끝내기만 하면 노는 것을 전혀 제재하지 않았다. 처음엔 밤늦게 졸린 눈을 비비며 숙제를 하던 아이들이 점차 숙제를 빨리 끝내고 노는 것으로 습관이 바뀌었다. 주말에도 마음껏 본인이 원하는 일을 할 수 있도록 했다. 시간대별로 계획을 세워 아이들에게 부담을 지우는 것보단 적당히 스스로 움직일 수 있는 틈을 주는 것이 중학교까지의 학습 포인트이다.

고등학교 때는 공부에 더 중심을 둘 수밖에 없다. 며칠만 공부를 안 해도 흐름이 깨지고, 하루의 양을 끝마치지 못하면 전체적으로 진도에 차질이 생기기 때문이다. 고등학교 공부는 시간 싸움이다. 내 아이가 놀며 쉬는 동안 다른 아이들은 공부를 하고 있다. 고등학교 3년 동안에는 휴가도 미루는 게 낫다. 며칠의 휴가일 뿐이라고 생각할 수 있으나, 휴가를 가기 전, 휴가 중, 휴가를 갔다 온 후의 날짜까지 합치면 그 여파가 길게 2주일까지 간다. 다시 마음을 잡고 공부 모드로 돌아오는 데 시간이 너무 많이 걸린다.

비교 금지! 오직 내 아이의 페이스대로

공부할 때 가장 중요한 것은 자신만의 공부 페이스를 끝까지 유지하는 것이다. 운동선수들이 매일 연습을 하듯 공부도 매일 꾸준히 해야 한다. 아이들의 입시도 수능을 보는 그날까지 도중에 일어나는 일들에 일희일비하지 않고, 다른 학생들의 페이스에 신경 쓰지 말아야 한다. 결승선을 통과하는 그날까지 몸과 마음을 관리하면서 자신에게 맞는 공부의 양, 진도를 매일 꾸준히 실천하는 것이 중요하다.

엄마들과 모임을 하다 보면 "특목고 대비 학원에 왜 안 보내느냐", "왜 특목고, 자사고를 안 가냐", "너무 많이 하는 거 아니냐", "그 정도만 해서 애가 뒤떨어지면 어떡하려고 하느냐" 등의 말을 듣게 된다. 그런 말을 듣고 나면 다른 아이들이 하는 것이 더 좋아 보여 내 아이가 잘하던 방식을 바꾸기도 한다. 그러나 주변 사람들의 말은 참고는 하되, 확신하면 안 된다.

엄마가 주변의 말에 휘둘리지 말고 가장 먼저 해야 할 일은 내 아이의 페이스를 알고 조절하는 것이다. 내 아이의 능력에 맞게 공부하고 활동을 하면 된다. 내가 아이에게 극성을 부리는지 지극 정성으로 대하는지는 주변 사람들의 말로 판단할 것이 아니라, 내 아이에게 물어보아야 한다. 아이가 힘들다고 하면 당장 조절해주어야 한다. 아이가 힘들어하는데도 엄마 욕심에 억지로 끌고 나가면 오히려 아이 발목을 잡는 꼴이 된다. '내 아이는 내가 가장 잘 안다.'는 마음으로 아이의 재능과 능력을 기준으로 삼아 어디를 보낼지, 무엇을 할지 정해야 한다.

어떤 부모는 아이가 학습 능력이 있고 공부를 해야 할 시기인데도 안쓰러워서 못 시키고, 그렇게 시간을 흐지부지 보낸다. 아이가 마냥 좋아할 것 같지만 '우리 엄마는 공부 안 시켜서 좋다.'고 하는 건 중학교 때까지이다. 아이가 공부에 관심이 없다면 고등학교에 가서도 계속 그런 부모를 좋아하겠지만, 고등학교에 가서 '왜 다른 부모들처럼 공부시키지 않았느냐, 그래서 내가 가고 싶은 대학이나 학과를 못 간다.'며 원망한다. 초등 고학년·중학생 때 진도가 늦어 영재학교 대비 학원에 들어가지 못했다며 엄마를 원망하는 아이도 있었다. 아이의 능력보다 강도가 센 훈련을 시키는 것도, 너무 쉬운 훈련을 시키는 것도 아이에겐 도움이 되지 않는다. 부모는 아이 옆에서 능력에 맞게, 또는 약간 높게 목표를 제시해서 성취할 수 있도록 도와주어야 한다.

내 아이를 객관적으로 파악하라

우리 사회에는 남들의 눈을 의식하는 분위기가 팽배해 있다. 평가로 결정되는 아이들의 학업 결과도 예외가 아니다. 그러나 남이 평가하는 내 아이의 '무엇'보다는 아이의 목표와 꿈을 긍정적으로 바라보고 아이가 행복해지는 것을 함께 고민해야 한다. 그런 부모를 보며 아이는 자신이 원하는 것을 스스로 이뤄내려는 주관적 지향점을 갖게 된다. 아이들을 가르치면서 만나는 부모 중에 가장 안타까운 예가 아이에게 매 순간 속력을 강조하는 부모들이다. 특히 너무 많은 입시 정보와 잘못된 교육 정보에 대한 확신으로 아이를 내몰거나, 남들과 똑같은 방법으로 내 아이도 성공시킬 수 있다고 생각하는 부모들을 만나면 입시 조언을 하기도 힘들다.

아이가 좋아하고 잘하는 과목, 선행 진도와 심화 학습 여부, 성격과 공부 습관 등에 따라 아이와 맞는 고등학교가 따로 있다. 영재학교, 과학고는 다 아는 것처럼 수학, 과학을 좋아하고 잘하며 선행이 되어 있어야 갈 수 있다. 스스로 공부하는 습관이 되어 있고, 자립성이 있으며 심도 있는 수행평가와 대회 준비를 할 수 있는 아이라면 자사고, 국제고, 외고 등에 가서도 잘한다. 반면 전 교과에 관심이 있고, 선행은 많이 안 되어 있으나 성실한 아이는 일반고에 가는 게 더 유리하다.

회복탄력성이 낮은 아이는 특목고, 자사고 가서 자존감이 하락하여 공부할 의욕을 잃어버리기도 한다. 어떤 주제에 대해 조사하고 보고서 작성하고 발표하기를 좋아하는 아이는 일반고에 가면 학교생활이 재미없을 것이다. 또 반대로 그런 활동을 어려워하는 아이가 특목고나 자사고에 가면 힘들어할 것이다.

영재학교, 과학고, 국제고, 외고, 자사고, 일반고의 교육과정과 활동, 시험 문제 유형과 난이도, 수행평가 유형과 횟수 등을 알아보고 내 아이와 맞는지 객관적으로 판단해서 선택해야 한다. 많은 부모들이 내 아이와 맞는지 알아보지 않고 학원의 권유와 선배 엄마들의 조언에 따라 무조건 보낸다. 그러나 고입부터 신중하게 결정해야 한다. 고입의 선택이 대입으로 가는 관문이기 때문이다.

부모는 아이의 강점과 장점을 발견해주고 그 길을 갈 수 있도록 안내해야 한다. '공부'라는 한 가지 프레임으로 아이를 보지 말고 아이가 좋아하는 것, 관심 있는 것, 잘하는 것이 무엇인지 항상 안테나를 켜고 지켜봐야 한다. 부모는 아이에게 우리 삶에 다양한 길이 있음을 알려주고 자신의 길로 갈 수 있도록 도와주는 안내자 역할을 해야 한다.

몰입과 공부

심리학자 미하이 칙센트미하이는 몰입하면 재미를 느낄 뿐 아니라 돈, 권력, 명예 등의 외적인 조건을 잊고 온전히 '행복한 것', '스스로 만족스러운 작품을 만드는 것'과 같은 내적인 목적과 가치에 집중하게 된다고 말했다.[42] 아이들 역시 자신이 무엇을 잘하는지 알게 되었을 때 비로소 각성하며 잘하는 것에 몰입하며 무엇을 하든 자신감을 갖고 집중하게 된다. 그러니 아이가 잘하는 것을 찾기 위해 관찰하고 칭찬하고 도전을 격려해야 한다.

아이가 관심을 갖고 있는 분야가 있다면 그것과 관련된 대회를 나가는 것도 좋다. 대회 관련 책이나 자료를 찾아가며 보고서를 작성하면 관련 분야에 대한 해박한 지식이 쌓인다.

시대회 이상의 입상 실적은 학교장 추천으로 나가면 생활기록부에는 기록이 안 되지만, 자기소개서에는 쓸 수 있기 때문에 고등학교 때도 나가면 좋다. 고등학교 때 나가서 입상하기 위해 중학교 때 대회 경험을 미리 해보는 것도 도움이 된다. 보고서 작성법도 배우고, 심사관 앞에서 자기 것을 설명하면서 대입 면접을 체험할 수 있기 때문이다. 실제로 대입 면접에서 너무 떨리고 긴장이 되어 한 마디도 못하고 울며 나오는 경우도 있다고 한다. 그러니 어릴 때부터 여러 사람 앞에서 발표하는 경험을 쌓는다면 중요한 면접에 도움이 될 것이다.

---

42) 미하이 칙센트미하이, 『몰입의 재발견』, 이우열 역, 한국경제신문

학원을 빠지고 PC방에서 사는 아이에게 그 엄마가 그렇게 좋아하는 게임을 만들어보라며 모든 학원을 끊고 컴퓨터학원에 보냈다. 아이는 고등학교 시절 대학에서 실시하는 컴퓨터대회에서 입상하여 수도권 내 대학에 특기자전형으로 입학했다고 한다. 중학교 때는 지방대라도 4년제 대학만 가면 좋겠다고 생각했는데 교과 공부 대신 프로그래밍에 몰입한 결과, 교과 성적으로는 지원조차 할 수 없는 대학에 합격한 것이다. 아이가 관심 있어 하고 좋아하는 분야는 부모가 말려도 몰입해서 한다. 학생부종합전형 중에는 그렇게 하나의 분야에 몰입한 학생을 뽑는 전형이 있어 뜻밖의 좋은 기회를 얻을 수도 있다.

자신이 좋아하고 관심 있는 분야에 몰입해본 아이들은 몰입했을 때의 행복감, 몰입한 결과물에 대한 성취감, 노력한 만큼 보상을 받는다는 만족감 등을 경험한 기억으로 공부에 집중해야 할 시기가 되었을 때 공부에 몰입할 수 있다.

엄마와 자녀가 함께 외우는
서울대 비책 노트 |핵심10|

서울대 공부법 5가지를 기억하라!

아이가 본격적으로 공부를 할 때가 되면 가정에서도 공부를 최우선으로 생각해야 한다. 가정의 모든 일정을 아이의 학습 일정에 맞춰 정해야 한다. 갑자기 외식을 하거나 여행을 가는 상황은 만들지 않는 것이 좋다. 아이가 나름대로 학습 일정을 짜서 실천하고 있다면 더더욱 갑작스런 일로 흐름을 깨지 말아야 한다. 또한 평소에 규칙적인 생활 패턴을 유지해야 한다. 가족 행사가 있을 때에는 아이에게 며칠 전에 알려서 숙제를 미리 하거나 학습 양을 조절할 수 있도록 배려해야 한다.

서울대 비책	실천 노트
학교생활과 인성이 먼저다.	- 수업에 집중하고 적극적으로 참여하기 - 학교 숙제와 수행평가 먼저 하기 - 학교 활동 참여하기 - 의대 면접에서도 인성이 중요하다.
공부를 최우선으로 생각한다.	- 규칙적인 생활 패턴과 학습 루틴 유지하기 - 해야 할 과제부터 먼저하기 - 부모의 교육관을 일관되게 유지하기

아이를 남과 비교하지 않는다.	- 입시는 마라톤이다. - 공부 페이스 끝까지 유지하기 - 내 아이는 내가 가장 잘 안다.
내 아이를 객관적으로 파악한다.	- 아이의 목표와 꿈을 응원한다. - 있는 그대로 아이를 관찰하고 인정하기 - 아이의 재능을 발견할 수 있는 다양한 경험을 제공하기
몰입하는 즐거움을 느끼게 한다.	- 몰입은 특정 활동에 완전히 빠진 상태이다. - 아이가 잘하는 것 찾아주기 - 공부에 몰입하는 즐거움 경험하기

서울대 우리아이

2부

교육 정보 읽는 엄마

막연히 열심히 하라는 말은 아이들을 쉽게 지치게 한다.
"100미터만 뛰면 된다."와 "일단 열심히 뛰고 있어봐."는
듣는 사람 입장에서 하늘과 땅 차이이다.
아이들에게는 명확하게 가늠할 수 있고 손에 쥘 수 있을 것 같은
목표를 제시해야 효과가 좋다.

대한민국 입시,
전문가도 어렵다

**입시의 블랙홀,
의대로 의대로**

"대한민국에서 대학 입시는 어떤 의미일까?"

이 질문의 답은 매년 우리 사회가 아이들의 입시 교육을 위해 엄청난 시간과 비용을 소모하고, 교육제도의 사소한 변화에도 구성원 전체가 유불리를 계산하며 충돌하는 걸 보는 것으로 충분하다. 얼마 전에도 교육부의 새로운 교육과정에 따른 입시 변화가 발표됐을 때 유수 언론은 물론 인터넷 커뮤니티가 뜨겁게 달아올랐다. 대한민국에서 입시 뉴스는 단순히 수험생들만의 이슈가 아님을 확인시켜주었다.

몇 년 전, 큰아이에 이어 작은아이의 입시를 위해 상담했던 한 엄마는 첫 아이 입시 후 우울감을 견디지 못해 한동안 집 밖을 나오지 못했다고 했다. 학교 1등으로 당연히 명문대에 진학하리라 믿어 의심치 않았던 첫째가 중상위 대학에 진학한 것에 대한 상실감과 패배감을 견디기 어려웠다. 그 엄마의 말을 들으며 충분히 공감했던 것은 나 역시 두 아이의 입시를 치러낸 대한민국의 엄마이기 때문이다. 대한민국에서 수험생이 된다는 것과 그 부모가 된다는 것은 정상적인 생활에서 벗어나는 것을 의미한다. 또 수험생 가정은 일반적인 틀을 벗어나도 적당히 양해될 수 있다는 것을 의미한다. 그만큼 이 사회는 '수험생'이라는 타이틀이 갖는 무게와 스트레스를 당연하게 인정하고 함께 공감한다.

　대입의 결과가 아이의 인생을 결정한다고 믿는 사회 분위기는 입시 과정에서 과도한 경쟁을 유발하고, 경쟁에서 우위를 점하고 싶은 부모의 의욕은 아이들이 경쟁에 뛰어드는 나이를 자꾸 앞당기고 있다. 중1에서 초5로, 다시 초4로 당겨지더니 지금은 초3이 시작점으로 인식되어 아이들의 초등 입학과 동시에 엄마들의 학원 쇼핑이 시작된다.

　얼마 전 초등학교 4학년 엄마가 아이를 의대에 보내기 위한 방대한 장기 계획을 이야기했다. 만약 내 아이가 지금 초등학교 4학년이었다면 나는 아이가 서울대학교 의대에 합격하는 것을 보지 못했을 수 있었겠다는 생각이 들 지경이었다. 과연 더 빨리 시작하고 더 많은 정보가 입력된 아이로 기르는 것이 입시의 정답일까? 나 역시 사교육 업계에 종사하고 있지만, 사교육의 장이 엄마들의 불안 심리를 이용해 이득을 취하는 경우들을 보면 씁쓸하고 안타까울 뿐이다. 그러나 엄마들에게 "빠르고 과도한 사교육이 단순히 심리적 위로에 그치는 것일 뿐, 실제 입시에 큰 영향을 미치는 것이 아니다."라고 강변하기 어려운 것은 실제 사교육이 대학 입시에 미치는 영향을 연구한 결과들에서 그 둘의 상관관계가 드러나기 때문이다.

  사교육비와 대학 진학 사이의 관계를 연구한 중앙대학교 마강래 교수는 〈저출산 문제와 교육 실태: 진단과 대응 방안 연구〉에서 월 평균 사교육비가 높아짐에 따라, 서울 소재 4년제 대학에 진학하는 비율과 주요 10개 대학에 진학하는 비율이 높아지고 있다고 말했다.

출처: 마강래(2016)

구 분	월 평균 사교육비(천원)	서울 소재 4년제 대학(%)	주요 10개 대학(%)
사교육비 1분위	45	23.3	11.6
사교육비 2분위	103	21.4	6.0
사교육비 3분위	166	24.1	4.3
사교육비 4분위	249	34.3	13.0
사교육비 5분위	611	50.0	26.0
전 체	230	31.1	12.2

사교육비와 대학 진학의 상관관계

교육비 5분위인 학생의 경우 1분위인 학생에 비해 서울 소재 4년제 진학 비율이 2배 정도 높고, 주요 10개 대학 진학 비율도 2.2배 이상 높다.

  사실 이 결과만 보면 사교육비를 많이 쓰면 그 결과도 좋은 것처럼 생각되지만, 단순히 교육비가 높은 것이 좋은 결과를 낸다고 결론 내리기는 곤란하다. 그렇다면 2, 3분위 학생이 1분위 학생보다 주요 10개 대학 진학률이 떨어지는 것을 어찌 설명할 것인가.

이 조사에서 우리가 알 수 있는 것은 사교육이 나름의 효과가 있을 수 있다는 점과 투자만으로 원하는 모든 결과를 얻는 것은 아니라는 상반된 정보다. 더 많은 사교육비 지출이 있었음에도 결과가 기대치와 다른 것은 단순 사교육만으로 입시 결과가 결정되는 것이 아니기 때문이다. 입시에는 다른 요소의 개입이 있다는 것을 보여주는 것이다. 사실 사교육의 진정한 효과는 그것을 충분히 활용하고 집중력 있게 소화해낼 학생의 역량에 달려 있다.

당연한 이야기를 왜 할까라는 의문이 들 수도 있지만, 현재 입시를 대하는 부모들의 자세는 내 아이가 이 전쟁과도 같은 입시 현장에서 얼마의 점수로 몇 등을 할까에 집중할 뿐, 그 전쟁을 치를 아이의 역량을 준비하는 데에는 소홀하다. 승현이는 고등학교에 입학한 후, 정신적·육체적으로 한계점이 올 때마다 자신이 도달하려는 꿈의 높이를 되짚으며 힘을 내곤 했다. 나는 그 모습을 보며 "아들이지만 엄마는 네가 존경스럽다."라고 말한 적이 있다. '아이에게 어떡하면 더 많은 내용을 알게 할까?'라는 고민보다 '어떻게 하면 쉽게 포기하지 않고 인내하는 단단한 아이로 성장하게 할까?'를 먼저 고민해야 한다. 그게 순서다.

컨설팅을 하다 보면 아이의 끈기 없음과 집중력 부족, 박약한 의지에 대해 한바탕 쏟아놓으며 아이에게 "제발 정신 차리고 이제라도 열심히 하라."고 말하는 부모를 만날 때가 있다. 상담의 목적은 잊은 채 아이에 대한 자신의 불만과 바람을 이야기하는 부모를 만나면 아이가 당연히 그럴 수밖에 없겠다는 생각이 든다. 학업을 대하는 아이의 태도는 어제오늘 짧은 시간 동안 형성된 것이 아니다. 거슬러 올라가보면 중학교 저학년 때, 초등학교 고학년 때, 그도 아니면 취학 직후 그 어느 때부터 시작된 습관이자 가치관인 것이다. 이미 중고등학생이 되었는데 어떻게 하느냐고 되묻는 이가 있을 것이다. 하지만 아무리 늦었다 생각해도 일단 문제가 인식된 그때가 아이에게 가장 빠른 시기다. 아이의 마음을 움직여서 하고 싶은 일에 대한 의지를 갖게 하는 것, 그게 최고의 선생님을 소개해주는 것보다 훨씬 중요하고 선행되어야 하는 입시의 시작점이다. 당장 눈앞의 점수에 급급해 아이를 누르려 하거나 적당히 타협하려 하면 아이는 얼마 안 가 제자리로 돌아와 있을 것이다. 입시라는 경쟁의 레이스는 길고 어렵다. 그것에 더해 정신적·육체적으로도 너무 힘들다. 물론 이 레이스는 아이만 힘든 것은 아니다. 주변 모두가 힘들다.

고3 여름이었다. 3년 동안 열심히 잘 달려오던 아이가 6월 모의평가를 코앞에 두고 왠지 나태해 보이고 나사 풀린 녀석처럼 느껴져 며칠을 지켜보다 기어코 한마디 했더랬다.

"너 어째 요즘 좀 흐릿하다."

그때 소파에 누워 가만히 듣고 있던 아이가 갑자기 팔을 자기 눈 위에 올리며 떨리는 목소리로 했던 한마디를 아직도 잊지 못한다.

"엄마, 그냥 나 잘하고 있다고, 너 참 잘하고 있는 거라고 그렇게 말해주면 안 될까? 나 힘들어."

순간 너무 미안하고 안쓰러워 아이에게 사과하고 가만히 안아주었다. 아무 일 없이 잘 달려가던 아이들도 휘청대고 넘어지게 만드는 것이 입시다. 뒤늦게 무언가 해보려는 아이들에겐 더 버겁고 힘든 일이라는 점을 한 발짝만 물러서서 생각해줘야 한다. 그런 어른들의 모습을 본 아이들이 기대 이상으로 새롭게 달라지는 모습을 나는 많이 보았다. 긴 여정을 이겨내고 원하는 것을 이루려면 무엇보다도 레이스를 뛰는 아이 자신의 의지와 목표의식이 확실해야 하고, 그 아이에게 적절한 시기에 필요한 것을 알려줄 조언자가 있어야 한다. 1,000℃ 이상의 고온을 견뎌야 아름답고 단단한 그릇이 만들어지듯, 학문을 담는 그릇이 될 아이들의 기본 역량을 키우는 일을 등한시하지 말아야 무엇을 담더라도 태가 나고 탈이 나지 않는다.

초등학생 때부터 수험생이 되는 아이들

입시 현장에서 자주 접하는 스토리가 하나 있다. 중학교 저학년까지 엄마의 계획대로 잘 따르던 아이가 어느 순간 엄마와 갈등을 일으켜서 최소 4~5년, 길게는 7~8년 이상 공들였던 시간이 무너지는 일이다. 그런 아이들에겐 공통점이 있다. 입시를 설계하는 시기에 아이의 의견이 전혀 반영되지 않은 채 모든 것이 부모의 계획에서 시작되고 진행됐다는 점이다. 최근 입시의 두드러진 현상 중 하나인 '의대 쏠림'은 바로 이런 문제점을 그대로 보여주는 대표적인 표본이다. 과거 교대 집중 현상으로 입시 데이터가 왜곡되던 시절도 있었지만, 지금의 의대 집중은 단순히 어떤 입시의 현상이라고 하기엔 거의 광풍에 가깝다. 초등학교와 중학교 상위권 아이들의 80~90%가 의대에 가기를 원하고, 그다음은 약대와 치대다. 최상위 성적임에도 불구하고 공대나 자연과학 쪽으로 가기를 원하는 아이들을 만나면 반갑고 기특해 보일 정도로 우리 사회의 의·치·약대 쏠림 현상을 현장에서 매일 실감하고 있다.

입시원서 라인을 잡기 위해 방문한 한 부모는 아이가 의대에 가기는 불가능한 상황이니 화학과에 진학해 약학 전문대학으로 진로를 계획하면 어떻겠느냐고 문의했다. 아이도 그걸 원하는지 물었다. 아이는 화학공학으로 진학하길 바라는데 만약 약학 전문대가 가능하다고 하면 아이를 설득할 생각이라고 했다. 2020년 수험생(수험생을 지칭할 때의 기준은 그 아이가 대학에 입학하는 해를 기준으로 이야기한다. 예를 들어 2019년 고3인 아이들은 2020년에 대학 입학 예정이므로 '2020년 수험생'이라고 부른다.)인 아이들이 약학 전문대를 목표로 화학과나 화학과 관련된 학과로 진학하면 안 되는 이유를 간략하게 설명하고, 아이가 원하는 화학공학과의 전망과 장점에 대해 이야기하며 상담을 마무리했다.

아이나 부모가 의사나 약사로 진로를 꿈꾸는 것이 문제라는 말이 아니다. 다만 아이들 스스로 다양한 경험과 진지한 고민 속에 결정한 진로가 아니라, 부모들이 설계한 진로에 아이의 꿈을 맞춰나가는 것이니 문제가 되는 것이다. 게다가 아이의 의대 진로를 설계하는 부모는 경쟁력을 갖추기 위해 더 빠르고 더 많은 선행을 계획하고 아이에게 그 과정을 강요한다.

승현이는 초등학교 때부터 중2 때까지 파일럿이 꿈이었다. 나는 아이가 원하는 진로에 대한 정보를 얻기 위해 서울은 물론 대구, 창원까지 다녔다. 그랬던 아이가 중학교 3학년이 되면서 공학자로 꿈을 바꾸었고, 나는 다시 공학자가 되기 위한 정보 수집에 힘을 쏟았다. 그런데 고1에 의대로 진학하겠다 했을 때는 그 꿈을 응원했을 뿐, 진로에 대한 강요나 설계는 전혀 없었다. 오히려 의대로의 진학 계획이 너무 즉흥적인 결정은 아닌가 해서 좀 더 신중하게 결정하라고 조언을 했다. 그 외 아이 진로를 위해 개입한 부분이 있다면 아이가 의대의 허상을 쫓지 않길 바라는 마음으로 현직 의대 교수님과의 면담과 의대생들과의 미팅을 주선하고, 의사 생활에 대해 다양한 시각으로 쓰인 책을 권한 것이다. 선택은 아이의 몫으로 남겨뒀다.

입시는 부모의 의욕이나 아이의 역량이 뛰어나다고 해서 경쟁의 우위에 있다고 장담할 수 없다. 강한 경쟁력에 대한 정답도 없다. 그럼에도 불구하고 많은 사람들이 주위에서 들은 정보에 내 아이를 끼워 맞추려고 한다.

나는 입시 상담을 하면서 종종 신화 속 프로쿠르스테스(포세이돈의 아들)가 연상되는 사람들을 만날 때가 있다. 프로쿠르스테스는 사람들을 자신의 침대에 눕힌 후 그 사람의 몸이 침대보다 크면 잘라내고, 작으면 침대에 맞춰 늘인 로마 신화 속 괴물이다. 아이마다 속도와 리듬이 다름을 무시하고 선배들이 경험한 정형화된 틀에 아이를 넣으려고 하는 부모들을 보면 모든 것을 자신의 기준에 맞추려 했던 프로쿠르스테스가 떠오른다. 다름을 인정하고 모든 템포를 내 아이에 맞추는 것, 그것의 중요성을 깨닫지 못한다면 가슴 아픈 후회를 하게 될 수도 있다.

변화하는 입시, 변하지 않는 것을 준비하자

상담을 신청하는 분들이 가장 많이 하는 질문이 "아이를 어떻게 공부시켰어요?"다. '아이가 어떻게 공부했나요?'가 아닌 '아이를 어떻게 공부시키고 준비시켰는지'를 묻는 것은 잘못 꿰어진 첫 단추다. 그 질문에 나는 이렇게 대답한다.

"저는 아이를 의대에 보내기 위해 초등학교와 중학교 때부터 계획하지 않았습니다."

상대방은 이 말을 믿지 않는다. 오히려 내가 노하우를 말하기 싫어서 둘러댄다고 생각한다. 그러면 나는 "변하는 입시에서 변하지 않는 것을 준비하는 것이 가장 중요하다."고 부연설명을 해준다. 입시가 정시 위주든 수시 위주든 교과든 종합이든 내 아이가 그 어떤 상황에서든 통할 수 있는 아이가 되는 것이 중요하지, 어느 전형에만 적합한 아이를 길러내는 것은 중요하지 않다. 입시 전문가로서 매년 많은 아이들의 입시를 현장에서 겪으며 느끼는 것은 입시는 정말 어렵고 정해진 답이 없다는 것, 그리고 100명의 아이가 있다면 진학하는 방법도 100가지일 수 있다는 점이다.

우리는 입시를 곧잘 '전쟁'에, 그 전쟁에서 이기는 방법인 입시 준비는 '무기'에 비유한다. 입시에서 성공하기 위해 변하지 않는 것을 준비하는 첫 번째가 바로 '무기의 다양화'다. 그 무기의 기본이 학업 역량이며, 학업 역량의 시작은 수학적 역량이다. 물론 많은 부모가 그 점을 알기에 가장 먼저 영어와 수학 선행학습에 힘을 쏟고, 특히 수학에 지대한 공을 들인다. "대학은 수학으로 가고, 취업은 영어로 한다."는 말처럼 입시의 가장 중요한 열쇠는 수학이 쥐고 있다고 해도 과언이 아니다. 이것은 다른 어떤 것으로도 대체할 수 없을 만큼 강력하다.

이 책을 읽는 독자들이 "의대를 보내기 위해 무엇을 하면 될까요?"라고 묻는다면 두 가지를 이야기하고 싶다. 첫 번째는 아이 자신이 의대를 가고 싶어야 한다는 것이고, 두 번째는 의대를 보내기 위해 무엇을 하지 말고 수학을 잘하기 위해 무엇을 해야 한다는 것이다. 아이 스스로 의대를 꼭 가겠다는 의지가 있어야만 어렵고 힘든 과정을 이겨낼 힘을 낼 수 있다. 그 곁에서 엄마는 앞으로 만나게 될 상황들을 충분히 알리고 매 과정마다 어떻게 하면 좋을지를 반드시 아이와 의논해야 한다. 또 아이가 하고자 하는 의지 이상으로 중요한 것이 학습 능력이다. 현 입시에서 수학이 단단한 아이는 의대가 아니어도 원하는 어떤 진로든 선택할 기회의 폭이 넓어지므로 수학에 대한 준비를 게을리 하면 안 된다.

수학 능력은 사고력과 논리력을 기반으로 하기 때문에 수학을 잘하는 아이는 어떤 과목이든 평균 이상으로 잘해낼 기본 역량을 갖고 있다고 볼 수 있다. 그래서 대학들도 각 학과의 전공 적합성과는 별개로 모든 계열에서 수학을 잘하는 아이들을 선호해 선발하는 것이다. 다만, 이런 역량은 사고력이 아닌 기억력을 바탕으로 하는 문제 풀이식 교육으로는 길러지지 않는다. 아이에게 수학 선행을 시키는 부모가 꼭 기억해야 할 핵심이다.

성균관대 심리학과 이정모 교수는 "학습에서 가장 중요한 것은 사고력이고, 그 사고력은 축적된 많은 지식을 서로 연관시켜 문제의 쉽고 어려움에 따라 다른 전략을 구사하며 가능한 여러 단서를 탐색하고 활용해 문제를 해결하는 능력이다. 그러므로 이런 사고력 증진이 입시에서 가장 필요한 기본 준비가 되는 것"이라고 말했다. 당장에 수학 문제를 얼마나 더 풀고 진도를 얼마나 더 나가야 할까에 집착하지 말고, 아이에게 생각하는 근육을 길러주려 노력해야 한다는 뜻이다.

그러나 사고력을 길러주겠다는 것이 또 하나의 학습 목표가 되어 아이의 어깨에 독서 학원, 사고력 학원 등을 더 얹어주는 일은 제발 없길 바란다. 삶에서 부딪히는 여러 상황 속에서 끊임없이 생각하는 연습을 하는 것, 그것이 가장 좋은 사고력 학습법이며, 그 학습법의 지도자는 부모다. 아이의 생각을 묻고 아이와 많은 대화를 하고, 왜 그런지에 대해 곰곰이 생각할 시간을 주는 것에 익숙해지면 어느 순간 아이는 생각할 줄 아는 능력을 갖게 될 것이다. 생각할 줄 아는 아이가 결국 학습의 필요성을 스스로 깨닫고 자신이 원하는 길을 가기 위해 능동적으로 미래를 설계한다.

"아이 키우는 거, 그거 내 맘대로 안돼요."라고 말하지만, 이 점만큼은 이 책을 읽는 부모들이 염두에 두었으면 한다. 내 맘대로 되지 않는 아이에게 내 맘을 강요하는 순간부터 입시의 비극이 시작된다는 점을 항상 기억하기 바란다.

엄마와 자녀가 함께 외우는
서울대 비책 노트 |핵심01|

대한민국 입시는 전문가들도 어렵다

우리는 입시를 곧잘 '전쟁'에, 그 전쟁에서 이기는 방법인 입시 준비는 '무기'에 비유한다. 입시에서 성공하기 위해 변하지 않는 것을 준비하는 첫 번째가 바로 '무기의 다양화'다. 그 무기의 기본이 학업 역량이며, 학업 역량의 시작은 수학적 역량이다. 이 책을 읽는 독자들이 "의대를 보내기 위해 무엇을 하면 될까요?"라고 묻는다면 두 가지를 이야기하고 싶다. 첫 번째는 아이 자신이 의대를 가고 싶어야 한다는 것이고, 두 번째는 의대를 보내기 위해 무엇을 하지 말고 수학을 잘하기 위해 무엇을 해야 한다는 것이다.

서울대 비책	실천 노트
입시는 블랙홀이다.	- 입시에서 의대는 모든 상위권 아이들을 끌어당기는 블랙홀이다. - 부모의 의욕으로 경쟁에 뛰어드는 아이들의 나이가 점점 앞당겨지고 있다.
사교육비를 많이 쓴다고 결과가 좋은 것은 아니다.	- 사교육비 지출 결과가 기내지와 다른 것은 입시에 다른 요소가 개입된다는 것을 의미한다. - 사교육의 과정은 이 교육의 진정한 효과가 결국 학생의 역량에 달려 있다는 것을 확인하는 과정일 뿐이다.

서울대 비책	실천 노트
입시의 시작점을 정확히 안다.	– 마음을 움직여 하고 싶은 일에 대한 의지를 갖게 하라. – 원하는 것을 이루려면 무엇보다도 레이스를 뛰는 자신의 의지와 목표 의식이 확실해야 성공한다.
입시의 경쟁력을 파악한다.	– 부모의 의욕이나 아이의 역량이 뛰어나다고 해서 경쟁의 우위를 장담할 수 없다. – 입시 과정에서 부모는 자녀의 다름을 인정하고 모든 템포를 내 아이에게 맞춰야 한다.
아이가 진짜 서울대 의대를 원하는지 확인한다.	– 아이가 진짜 의대에 가고 싶은가 생각하라. – 의대를 가기 위해 무엇을 하지 말고 수학을 잘하기 위해 무엇을 해야 하는지 알아야 한다. – 입시의 시작은 수학이다.

02

중심 잃은 엄마, 넘어지는 아이들

**엄마의 과잉 학습과
잘못된 확신**

　상담을 하면서 가장 힘든 경우는 아이러니하게도 엄마가 너무 많은 것을 알고 있을 때이다. 아니, 정확히 말하면 엄마 스스로가 너무 많이 안다고 착각하는 경우다. 아이를 키우던 시간들을 더듬어보면, 엄마는 아이가 어린이집, 유치원에 다니고 학교에 입학하는 단계를 겪으면서 많은 사람과 얽히고 모임도 만든다. 그 모임의 힘은 상상 이상이다. 사소하게는 그 안에서 아이에게 먹일 것과 입힐 것이 결정되고, 가장 중요한 학습의 방향도 정해진다. 나는 큰아이가 과학고에 입학할 때까지 개인적으로 엄마 모임에 참여하지 않았다. 직장 때문에 바쁘기도 했지만 한편으론 그 시간들이 무의미하게 느껴졌기 때문이다. 근 20년 아이들을 가르치며 심리 상담을 많이 했는데 그때 쌓인 사례가 아이를 기르는 가이드가 되었다. 중학교 때까지 무척 뛰어난 듯 보이다가 고등학교에 진학해 무너지는 아이, 초등학교 때는 성실하다 중학교 들어 심하게 사춘기를 겪는 아이, 중학교 때까지 조금 부족해 보였지만 고등학교에 진학해 놀라운 성장을 하는 아이 등 매년 수백 명의 아이들을 만나며 많은 데이터가 쌓이니 굳이 누구의 이야기를 들을 필요성을 느끼지 못했다.

하지만 큰아이가 과학고에 진학한 뒤에는 상황이 달라졌다. 특목고를 보낸 부모들은 공감하겠지만, 사실 특목고는 상당히 폐쇄되어 있어 그 안의 일을 밖에서 상세하게 알기가 힘들기 때문에 선배들의 이야기가 굉장히 중요한 정보가 된다. 그래서 나도 아이의 선배나 동기생 엄마들 중에서 큰아이를 기른 경험이 있는 이들에게 많은 도움을 받았다. 결정하고 선택해야 하는 수많은 상황 속에서 그들의 조언은 중요한 팁이 되었다. 하지만 누군가의 경험담을 듣는 것이 장점만 있는 것은 당연히 아니다. 정확하지 않은 편집된 정보나 자신의 생각을 정답처럼 주입하는 이들을 만나면 오히려 그 정보는 독이 된다. 실제 과학고 안에서도 그런 독이 되는 정보를 거르지 못해 후회를 하는 사례가 적지 않다.

나는 '그때 그 말을 듣고 그대로 따라했으면 어떻게 되었을까?' 하며 가슴을 쓸어내린 경우가 몇 번 있었다. 3학기 성적으로 대입을 치러야 하는 과학고는 한 학기가 거의 1년의 위력을 갖고 있고, 비슷한 역량의 아이들이 모여 있기 때문에 주어진 시간 내에 효과적으로 학습하지 않으면 순식간에 성적이 하락한다. 그런 이유로 엄마들은 더 나은 학원과 더 좋은 선생님, 그리고 체력적으로 힘든 생활을 극복할 노하우나 공부법을 선배들에게 얻기 위해 촉각을 곤두세운다. 2년의 과학고 생활을 마치고 아이가 대학에 진학하면서 얻은 교훈은 정보보다 '정보를 취합해 사용할 수 있는 힘'이 중요하다는 것이었다. 중요한 것은 정보가 아니다. '그것을 받아들일 엄마와 아이의 현명하고 정확한 판단'이다.

앞에서 언급한, 스스로 많이 안다고 생각하는 엄마들의 상담이 힘든 이유는 자신이 알고 있는 정보를 수정할 생각이 전혀 없는 준전문가가 되어 오기 때문이다. 그들은 상담을 온 것임에도 나의 말에 귀를 기울이지 않는다. 기존 지식을 조합해 새로운 정보를 만드는 힘인 사고의 유연성이 아이들 교육에 필수인데, 많은 부모들이 딱딱한 사고에 갇혀 더 이상의 정보를 알려하지 않거나 자신이 알고 있는 것에 대한 확신이 지나쳐 그것과 배치되는 정보를 거부한다. 스스로 많이 안다고 생각할수록 그 증상은 더 심해진다. 자신이 만든 정보의 틀에 갇혀버리는 것이다.

한번은 예비고3 아이와 그 엄마가 2학년 마무리와 3학년에 채워야 할 것들에 대해 알고 싶다며 찾아왔다. 아이의 생활기록부를 분석해 장단점을 이야기 해주고 3학년의 방향을 잡아주었다. 그 아이를 다시 만난 것은 8월이다. 원서를 결정하기 위한 컨설팅을 신청했는데 3학년 1학기가 마무리된 서류를 보며 의아했다. 지난 겨울에 조언한 내용들이 생활기록부에 전혀 들어 있지 않았다. 성적이야 어쩔 수 없다 해도 방향이 헝클어져버린 아이의 기록을 보면서 그 이유를 물었더니 돌아온 답은 "엄마가 그렇게 하라고 해서"였다.

컨설팅을 다시 신청한 이유가 무엇인지 묻자, "그게 아닌 것 같아서요."라고 말했다. 엄마 말씀인즉, 겨울에 컨설팅을 받고 조언한 대로 하려 했으나 주위에서 그렇게 할 필요가 없다며 말렸다고 한다. 당신 생각에도 그동안 이리저리 들은 이야기를 종합했을 때 더 좋은 방법이 있어 보였다는 것이다. 그런데 막상 생활기록부를 마감하고 나니 자기가 보기에도 생기부에 방향성이 없고 아이의 장점이 보이지 않는 어수선한 모양이 된 것 같아 다시 찾아오게 되었다고 했다. 엄마의 과잉 학습과 잘못된 확신의 결과였다. 이 아이는 원서를 쓰면서도 제대로 채워지지 않은 부분 때문에 아쉬움이 많이 남았다.

그 반대의 경우도 있다. 수학이 상당히 어렵다고 소문난 학교에서 1점대 초반의 수학 등급을 받은 고2 아이였다. 그런데 거기까지였다. 생활기록부에 활동이나 수상, 독서 등이 정말 깨끗했다. 이유를 물어보니, 그런 것을 해야 하는지 몰랐다는 것이었다. 엄마에게 생활기록부를 채워야 한다는 걸 모르셨냐고 물었더니, 아이가 공부를 잘해서 아무 걱정 안 했다고, 직장생활 때문에 설명회나 모임은 거의 참석을 못 했다고 했다. 다행히 2월 생활기록부 마감 전에 만났기에 최대한 변화를 줄 수 있는 것 중심으로 조언하고, 동아리의 특색도 입히고 특징을 드러낼 수 있는 활동을 추천했다. 조언한 대로 잘 마무리되면 꼭 다시 찾아오라는 말과 함께. 그 아이는 서울대학교 공대에 진학했다. 물론 그 아이가 서울대학교에 합격한 것이 컨설팅 덕분이라는 말은 절대 아니다.

나는 그 아이의 뛰어난 수학 실력을 돋보이게 하면서 서울대학교가 좋아하는 요소들을 채우려 조언했을 뿐이었다. 그 조언에 따라 아이가 최선을 다해 한 학기를 마무리하고 일반고 아이들이 힘들어하는 서울대학교 수학 심층면접을 본인의 힘으로 이뤄낸 것이니 당연히 그 아이의 공이었다. 컨설팅은 마술이 아니다. 합격할 수 없는 아이를 합격시키는 것이 아니라, 가능한 아이를 좀 더 확실하고 선명하게 보여줌으로써 불확실성을 최대한 줄여주는 역할을 할 뿐이다.

두 아이와 같은 경우를 매년 거의 비슷한 비율로 만난다. 오히려 최근에는 전자의 경우가 더 많다. 그만큼 입시에 대한 정보가 보편화되어 있고, 그것을 접할 수 있는 기회가 많아졌으며, 엄마들 간의 정보 교류도 활발하기 때문이다. 하지만 앞에서도 말한 바와 같이 정보의 양이 중요한 것은 아니다. 어떤 정보를 정확히 어디에 적용시켜야 하고 진짜 입시의 무기가 되는 포인트를 모르는 상태에서 주변인의 추측성 조언과 자신의 의견을 더한 사람의 단단한 사고는 아무도 깰 수 없다. 이것을 심리학 용어로 '확증 편향'이라 한다. 확증 편향은 습득한 정보를 공정하고 객관적으로 평가하는 것이 아니라 자신이 이미 '참'이라고 믿는 것만 확증하는 것이다. 의사를 결정할 때뿐만 아니라, 자료 수집 단계부터 일어나는 이런 인지적 편향은 본인이 옳다고 생각하는 방향의 자료만 수집하기 때문에 아무리 다양한 정보에 노출되어도 그 정보들을 제대로 조합하지 못한다. 즉 듣고 싶은 말만 듣는다. 그러다 보면 당연히 객관성을 잃을 수밖에 없다.

초등 6학년 아이를 영재학교에 보내고 싶어하는 부모를 만난 적이 있다. 특히 아빠가 굉장히 열성적이었다. 지인 중에 영재학교를 보낸 사람이 있어 건너 들은 이야기가 많다고 했다. 초등 6학년까진 무엇을 해야 하고 중학교 1~2년까진 무엇을 해야 한다는 것도 다 꿰고 있었다. 그런데 영재학교를 보내려

| 의대 진학 비율 ||||||||||
구분	서울과고	대전과고	경기과고	광주과고	인천영재	대구과고	세종영재	한국영재	계
2019	23.8%	6.9%	8.3%	5.4%	5.3%	2.1%	3.4%	0.0%	7.5%
2018	19.7%	5.3%	5.6%	6.4%	–	3.2%	1.1%	0.0%	6.4%
2017	20.0%	14.6%	7.9%	5.4%	–	4.1%	–	0.0%	8.4%
2016	18.6%	–	12.6%	–	–	5.4%	–	0.0%	9.0%
2015	19.4%	–	9.6%	–	–	10.1%	–	0.0%	9.4%
2014	14.8%	–	8.4%	–	–	7.4%	–	0.6%	7.4%
2013	22.5%	–	5.7%	–	–	–	–	1.3%	9.2%
2012	21.4%	–	–	–	–	–	–	0.7%	9.3%
2011	–	–	–	–	–	–	–	1.4%	1.4%
2010	–	–	–	–	–	–	–	0.0%	0.0%
계	20.0%	8.9%	8.3%	5.7%	5.3%	5.4%	2.3%	0.4%	7.6%

| 의대 진학 인원 ||||||||||
구분	서울과고	대전과고	경기과고	광주과고	인천영재	대구과고	세종영재	한국영재	계
2019	31	6	10	5	4	2	3	0	61
2018	26	5	7	6		3	1	0	48
2017	25	13	10	5		4		0	57
2016	24		16			5		0	45
2015	25		12			10		0	47
2014	18		11			7		1	37
2013	27		7					2	36
2012	21	–	–	–	–	–	–	1	22
2011	–	–	–	–	–	–	–	2	2
2010	–	–	–	–	–	–	–	0	0
계	197	24	73	16	4	31	4	6	355

영재학교 의대 진학 비율과 진학 인원

영재학교 중에 의대와 연관이 있는 학교는 서울과학고와 경기과학고 정도이다. 경기과학고도 전체 학생 수에 비해서 진학률이 높은 것은 아니다. 게다가 서울과학고는 2020년 입학생부터 의대를 지원하게 되면 3년간 지원받은 교육비 1,500만 원을 환수하기로 결정된 상태이다.

는 목적에 대해 물으니 "의대 가기가 쉬워서요."라는 엉뚱한 답을 내놓았다.

지인 말에 의하면, 의대에서 영재학교를 좋아하니 거기를 가면 의대에 진학할 확률이 높다고 했다는 것이다. 그렇지 않다고 말했지만 그분의 확신을 바꾸기는 쉽지 않았다. 객관적 데이터를 본 후에야 비로소 수긍했지만, 그마저도 고개를 갸우뚱하며 "아닌 것 같은데."라는 불신의 씨앗은 남겨두었다. 이렇게 한번 확증된 편향적 인식을 바꾸는 것은 정말 힘든 일이다. 거기에 아이의 아빠가 전혀 생각하지 못한 부분이 하나 있었다. 영재학교에 진학해 의대를 갈 정도의 성적을 낸 아이라면 그 아이는 어느 학교에 진학해도 잘했을 우수한 아이라는 점이다. 결국 의대는 학교가 '보내는 것'이 아니라 역량 있는 아이가 '해내는 것'이다.

가장 중요하지만
가장 경계해야 하는 사람

사례에서 언급한 것처럼 입시에서 중요하지만 가장 경계해야 하는 사람이 '입시를 이미 경험한 엄마들'이다. 이들 중엔 입시를 치르면서 본인이 겪은 일을 전부라고 생각해 그 방법만이 최고라고 생각하는 사람들이 제법 많다. 더구나 아이의 입시 사례에 자신의 개인적인 생각까지 더해 우리 아이의 입시 성공 또는 실패가 이런저런 이유 때문이라 단정 짓고 그것을 입시의 교본인

양 주위에 전한다.

　몇 년 전 한 고등학교 진로 담당 선생님이 찾아온 일이 있었다. 자녀의 입시 컨설팅을 신청한 분이라서 처음엔 그의 직업을 몰랐는데, 이야기를 나누다 "사실 제가 ○○고등학교 진로부장이에요."라고 해서 너무 놀랐다. 많은 아이들의 입시를 담당하지만 막상 자녀가 입시생이 되고 보니 확신이 안 서고 혼란한 부분이 있어 객관적 평가를 받아보고 싶다고 했다.

　만약 그 학교의 학부모들이 이 사실을 안다면 선생님한테 실망하거나 화가 날지도 모르겠다. 하지만 나는 그 선생님과의 만남이 상당히 인상적이었다. 전문가여도 자신할 수 없고 확신할 수 없는 것이 입시다. 하물며 자신의 아이를 객관적으로 바라본다는 것은 그 누구라도 힘든 일이다. 이 만남 이후 나 역시 작은아이의 입시를 치르는 시기에 주변 전문가의 조언을 굉장히 귀담아 들었다. 입시 전문가 모임에서 만난 대치동의 유명한 소장님도 자녀 컨설팅은 외부에 맡겼다는 말을 들었다. 그 말을 들었을 땐 그저 우스갯소리라 생각했는데, 실제 내 아이의 입시를 치러보니 그 마음이 충분히 이해됐다. 소위 입시 전문가들도 이렇게 조심스럽게 접근하는 것이 입시다. 그러니 자기의 경험이 전부인 듯 말하는 입시 선배들의 정보와 의견은 독을 제거하지 않은 복어 요리처럼 위험한 것이다.

　그렇다면 그 많은 정보 중에서 내 아이에게 도움이 되는 정보를 어떻게 걸러낼 수 있을까? 일단 정보를 얻고 분석하기에 앞서 내 아이를 아는 것이 중요하다. 남의 아이에 대한 정보와 스펙은 완벽하게 숙지하고 있지만, 정작 내 아이의 역량이나 장단점은 잘 모르는 부모들이 많다. 그렇다 보니 성공담을 따라 했건만 그 비슷한 결과가 나오지 않는다며 억울해한다. 그러나 내 아이를 모르고 쓴 약은 아무런 효과가 없다. 내 아이가 가진 그릇의 성향을 모르면 그 그릇에 담긴 내용물은 상하고 그릇은 깨지기 마련이다. 그러니 부모는 내 아이의 그릇을 정확히 측정하고 쓰임새를 파악해야 한다. 만약 아이가 아직 취학 전이거나 초등학교 저학년이라면 더 크고 깊은 그릇을 만들기 위해 애를 쓰면 된다. 중학생이거나 고등학교에 재학 중이라면 그릇의 올바른 쓰임새를 찾고 최대한 효율적으로 쓰일 수 있는 방법을 강구해야 한다.

아이를 가장 잘 아는 사람은 부모, 그중에서도 엄마다. 그런데 엄마들은 내 아이의 한계를 인정하고 싶지 않아 한다. 그저 아이의 능력이 아직 발현되지 않았다고 믿고 싶어한다. 내 아이에 대해 보고 싶은 것만 보는 엄마일수록 아이에 대해 아는 게 없다. 그런 엄마들과 상담을 하면 상담이 길고 힘들어진다. 한번은 자리에 앉자마자 "좋은 분이라고 들었어요."라고 말문을 열더니 이전에 만난 다른 전문가들에 대한 험담을 늘어놓는 엄마를 만난 적이 있다. 다른 입시 연구소들을 험담하며 나에게 '좋은 분'이라고 미리 운을 띄운 이유는 명백하다. '선생님이 하고 싶은 말이 아닌 내가 듣고 싶은 답을 말해달라는 것'이다. 이런 엄마는 흔하지는 않지만 종종 만난다. 이런 성향의 부모는 여러 입시 컨설팅 연구소들을 방문해 본인이 듣고 싶은 답을 듣고 나야 비로소 입시 컨설팅 쇼핑을 끝낸다. 이전의 입시 컨설턴트들이 마음에 들지 않았던 이유는 자신이 원하는 답을 주지 않았기 때문이었다.

이 엄마의 자녀는 내신이 약하고 입시에 필요한 여러 요소들도 많이 부족했다. 장점이라면 봉사 내용이 상당히 우수하다는 것과 학생회 활동한 것 정도였다. 아이를 객관적으로 평가하자면 서울 내 대학 입학은 불가능하고, 수도권 대학조차 장담할 수 없는 상황이었다. 이런 분석 내용을 그 엄마와 아이에게 납득시키는 것은 쉽지 않았다.

그 엄마는 분석 내용을 듣더니 이렇게 좋은 활동을 가지고 왜 학교 레벨이 그 정도밖에 될 수 없는지에 대해 끊임없이 불만을 표했다. 그리고 이것보다 더 나쁜 내신과 스펙으로도 서울에 있는 대학에 간 아이가 있다며, 자신의 생각을 인정해달라고 압박을 가했다. 하지만 안 되는 건 정말 안 되는 거였다. 결국 아이는 6장의 원서 중에 4장은 엄마와 아이가 원하는 학교를 썼고, 다시 도전할 생각이 없다면 꼭 써야 한다고 추천한 학교에 나머지 2장을 썼다. 결과는 굳이 말하지 않아도 될 듯하다.

입시를 치르는 일은 나에게도 모든 에너지를 쏟아야 하는 일이다. 그 과정에서 만나는 아이들은 매년 만나는 아이들 중에 하나지만, 그 아이들에게는 인생의 방향이 바뀔 수도 있는 중요한 결정이기에 누구 하나도 허투루 지나치지 못한다. 한 아이의 대입 원서를 놓고 고민하면서 아이의 생활기록부를 미리 읽다 보면 얼굴 한 번 못 본 아이지만 그 아이의 3년 세월이 고스란히 느껴진다. '참 열심히 살았구나.'라는 생각이 들면 아직 만나지 않은 그 아이가 절로 기특해진다. 그것을 본 입사관도 같은 생각을 가질 테니, 그 아이는 세상에서 가장 좋은 입시 무기를 가진 셈이다. 이렇게 아이의 기록을 보는 것만으로도 아이의 역량과 성향이 짐작되는데, 20년 가까이 지켜본 엄마가 자기 아이를 모른다는 것은 말이 안 된다. 진짜 모른다면 그건 엄마가 직무유기를 한 것이다. 엄마들은 자녀를 잘 안다. 다만 앞서 말한 것처럼 아이가 이뤄놓은 것이 엄마의 기준에 미치지 않으면 인정이 안 될 뿐이다.

그럼 엄마는 내 아이의 무엇을 알아야 하는 것일까?

입시에서 엄마는 무엇을 해야 할까?

가장 중요한 것은 아이의 기질과 역량을 파악하는 것이다. 기질, 즉 아이의 타고난 특성과 역량을 정확히 알아야 그에 알맞은 환경과 프로그램을 권하고 실행시킬 수 있다. 일반적인 입시 성공 후기가 내 아이에게 작동되지 않는 이유가 바로 여기에 있다. 아무리 최고의 명품이라 한들 어린 아이에게 아빠의 양복을 입힐 수 없고 남자아이에게 치마를 입힐 수 없는 일이다. 학업 성취도 역시 다르지 않다. 승부욕이 있고 경쟁을 좋아하는 아이에게 정적인 과외 수업은 시너지를 내지 못한다. 그런 아이는 테스트를 자주 보면서 적당한 인원 수의 친구들이 있는 곳에서 공부를 해야 성취감을 높일 수 있다. 반대 성향의 아이라면 당연히 다른 선택을 해야 한다.

지인 중에 자녀를 초등학교 3학년부터 전 과목을 가르치는 공부방에 보내는 이가 있었다. 내가 몇 번 조언했지만 일하는 엄마였던 지인은 아이들을 돌봐주면서 모든 과목을 가르쳐주는 공부방의 유혹에서 끝내 벗어나지 못했다. 지인이 한탄하며 후회한 것은 그로부터도 한참 뒤 아이가 중3이 되었을 때다.

초등학교 시기는 아이의 역량을 키우는 시작점이다. 모든 과목을 배워 시험 점수를 높이는 것이 당장은 달콤한 열매처럼 보이지만, 학교 시험을 위해 단편적인 지식만 반복한 아이들은 자신의 역량을 제대로 키우지 못한 채 가장 중요한 시기를 놓치게 된다.

엄마의 지속적 관심이 아이의 기질과 역량을 파악하는 데 중요하다는 것을 모르는 사람은 없다. 많은 부모들을 만났을 때 항상 아쉬웠던 점이 하나 있다. 주변 아이들이 어려서부터 어떤 과정으로 어떻게 공부했다더라 하는 정보에는 예민하게 촉각을 세우면서, 그 아이가 그런 습관을 갖기까지 그 엄마가 어떤 역할을 하고 노력했는지에 대해서는 관심을 갖지 않는 것이다. '저 아이는 이러이러했다던데 너는 왜 그러지 못하느냐.'라는 책망과 원망은 있어도 '엄마(아빠)가 그때 그렇게 했어야 했는데.' 하는 반성은 거의 하지 않는다.

나는 출산 후에도 계속 일을 했기 때문에 아이들과 여유롭게 놀아주지 못했다. 그게 너무 마음에 걸려서 조금이라도 아이들과 더 시간을 보낼 수 있는, 출퇴근이 비교적 자유롭고 파트 근무가 가능한 집 근처로 직장을 옮겼다. 덕분에 쉬는 날엔 아이들을 데리고 미술관이나 공연 관람, 서점 등을 다닐 수 있었다. 서점은 일부러 규모가 크고 집과 거리가 먼 곳으로 다녔다. 아이들은 서점을 오가는 상황 자체를 엄마와의 외출이라 생각해 좋아했고, 주말에는 아빠와 함께 야구, 축구, 농구 등 몸을 움직일 수 있는 활동을 했다. 아이들이 전자 기기에 덜 노출되고 스마트폰 없이 고등학교를 졸업할 수 있었던 것은 틈나는 대로 꾸준히 바깥 활동을 한 것이 결정적이었다.

직장을 다니는 엄마 아빠가 아이들과 함께 많은 시간을 공유하는 것은 쉬운 일이 아니다. 하지만 그런 부모의 노력과 작은 정성이 애착 깊은 가족관계를 만들고 정서적으로 안정된 아이로 자라게 한다. 이렇게 정서적 안정감을 가진 아이는 자신이 가진 기량을 펼치는 데 주저함이 없다. 큰아이가 과학고에 다닐 때 엄마들끼리 이야기를 나누다가 느낀 점이 있다. 그 아이들이 하나같이 아빠하고 친하다는 점이었다.

유아기부터 아빠와 유대감이 좋은 아이가 역량이 뛰어난 아이로 성장한다는 것은 학계에서 증명된 사실이다. 캘리포니아 대학교의 심리학자인 로스 D. 파크는 아빠효과(father effect) 이론을 발표했다. 아빠효과란 '아이에게 엄마가 줄 수 없는 무언가를 아빠는 줄 수 있다.'는 것인데, 아빠효과는 크게 세 가지로 정리된다.

첫째, 말 잘하고 똑똑한 아이가 된다. 아빠가 사용하는 언어는 엄마의 감성언어와 달리 아이의 좌뇌를 자극해서 언어 발달과 문제 해결 능력을 높이며, 아빠와 접촉이 많은 아이들이 그렇지 않은 아이들보다 학업 성적이 더 높다는 연구 결과도 있다.

둘째, 아이의 사회성이 발달한다. 아빠와 신체놀이를 하는 등 접촉이 많은 아이들은 사회성과 독립성이 발달한다. 실제 성장 후에도 인간관계가 좋은 아이로 자라게 된다.

셋째, 행복한 사람으로 자란다. 아이와 아빠의 유대감이 깊을수록 아이가 자라서 우울증에 빠질 위험이 줄어든다. 특히 사춘기에 비행이나 약물남용과 같은 유혹에도 잘 빠지지 않고, 인생을 긍정적으로 보게 되어 또래에 비해 삶의 만족도가 높은 것으로 조사되었다.

뜬금없이 아빠의 역할에 대해 이야기하는 이유는 아이의 학습 역량을 키우는 데 아빠의 역할이 그만큼 중요하기 때문이다. 그러니 더 이상 아이에게만 짐을 지우지 말고 엄마 아빠가 함께 노력해야 한다.

내가 일부러 싫은 소리를 하는 부모들이 있다. 아이가 공부할 때 아이를 외롭게 하는 부모들이다. 아이에게 방에 들어가 문 닫고 공부하라고 하고 부모들은 텔레비전을 본다. 게임을 하는 아빠도 있다. 그런 모습으로 아이에게 많은 것을 바라는 것은 지나친 욕심이다. 상담을 하면서 만나는 가장 답답한 경우 중 하나가 아이가 스스로 하지 않는다고 화를 내는 부모를 만났을 때다. 초등학생 때부터 아이가 무엇이든 알아서 할 것을 기대하는 부모도 있다. 어른인 우리도 무언가 결심을 한 후 수도 없이 작심삼일이 되기 일쑤인데, 아직 어른이 되지 않은 아이들에게 '결심을 했으면 실천하라.'고 강요하는 것은 무리다.

아이들을 가르칠 때도 그랬지만 입시 전문가가 된 지금도 나는 아이들을 믿지 않는다. 정확히 말하면, 아이들의 나이를 믿지 않는다. 아이들이 선생이나 부모 앞에서 "앞으로 꼭 그렇게 할 거예요."라고 말하는 것은 절대 빈말이 아니다. 그 아이는 진짜 그렇게 하고 싶어 스스로 결심한 것이고 나름 최선을 다해 노력할 의지를 다지는 것이다. 다만 그 의지가 지속되지 못할 뿐이다. 그래서 나는 평소 아이들의 생활을 눈여겨보고 변화가 느껴지면 담당 선생님에게 아이의 학습 태도나 과제의 완성도를 묻고 아이와 면담을 한다. 이 루틴이 분기별로 반복되는 아이가 있고, 한 학기를 지속하는 아이가 있는가 하면, 한 달에 한 번은 만나야 하는 아이도 있다. 중심을 잃은 채 수없이 흔들리고 넘어지는 것이 아이다움이다. 한 학교에 한두 명 있을까 말까 한 아이와 비교하며 "왜 너는 저 아이와 같지 않느냐."라고 몰아세우는 것은 아이들을 향한 어른의 폭력이다.

부모와 함께 상담 온 아이들에게 빼놓지 않고 하는 말이 있다.

"엄마에게 벽을 쌓지 말고 엄마랑 사이좋게 지내야 해. 세상에서 너를 응원하며 너의 희로애락을 진심으로 공감할 유일한 아군이니까."

그리고 한마디를 덧붙인다.

"너 자신을 믿지 마. 자신을 믿지 말고 엄마에게 도움을 청해. 날 좀 감시하고 계속 지켜봐달라고."

입시는 긴 여정이다. 혼자서 흔들림 없이 완주하는 것은 불가능한 일이다. 그래서 함께 가야 한다.

엄마와 자녀가 함께 외우는
서울대 비책 노트 |핵심 02|

엄마가 만든 정보의 틀에 아이를 가두지 마라

준전문가가 된 엄마는 머릿속에 자리 잡은 정보를 수정할 생각이 전혀 없다. 그래서 다른 사람의 말에 귀 기울이지 않는다. 기존 지식을 조합해 새로운 정보를 만드는 힘인 사고의 유연성이 아이들 교육에 있어서 필수인데, 많은 부모가 딱딱한 사고에 갇혀 더 이상의 정보를 알려하지 않거나 자신이 알고 있는 것에 대한 확신이 지나쳐 그것과 배치되는 정보를 거부하곤 한다. 스스로 많이 안다고 생각할수록 그 증상이 더 심해진다. 엄마가 만든 정보의 틀에 갇혀 버리는 것이다.

서울대 비책	실천 노트
독이 되는 정보를 골라낸다.	- 결정하고 선택하는 수많은 상황들 속에서 선배들의 조언은 중요한 팁이 되어 준다. - 편집된 정보나 자신의 생각을 정답처럼 주입하는 선배를 만나면 오히려 그 정보는 독이 된다.

정보, 그 이상을 얻는다.	- 정보보다 중요한 것은 그 정보를 취합해 사용할 수 있는 힘이다. - 정보를 받아들일 엄마와 아이에게는 현명하고 정확한 판단력과 유연한 사고가 필요하다. - 외부 정보를 수용하지 못하는 정보의 틀에 갇히지 않도록 조심한다.
입시 컨설팅은 마술이 아니다.	- 컨설팅은 합격할 수 없는 아이를 합격시키는 것이 아니라, 가능성 있는 아이의 불확실성을 지워주는 역할을 한다. - 부모는 듣고 싶은 것만 듣는 인지적 편향을 유의해야 한다.
아이의 기질과 역량을 정확히 파악한다.	- 기질과 역량을 파악하는 것이 가장 중요하다. - 어떤 과정으로 어떻게 공부했다는 정보보다 제대로 된 공부 습관을 위해 어떤 노력을 했는지 관심을 가져야 한다.

03

엄마가 알아야 할
딱 이만큼의 정보

후회하고
아쉬워하는 부모들

아쉬움 없는 입시를 치르는 아이들이 얼마나 될까? 의대를 꿈꾼다면 서울대학교 의대, 공대를 꿈꿨다면 서울대학교 공대나 카이스트쯤 되면 만족할까? 의대는 잘 모르겠지만 공대는 소위 메이저 공대인 '전, 화, 기(전자공학, 화학공학, 기계공학과)'가 아니라면 입시 결과를 아쉬워하는 아이들이 많이 있다. 메이저 공대에서도 매년 반수생이 있는 것을 보면 수십만 명이 치르는 입시에서 자신의 결과에 충분히 만족하는 아이들이 있을지 가늠하기가 힘들다. 물론 서울 내 대학이나 수도권 대학 또는 지방의 어느 대학이라도 만족하며 즐겁게 생활하는 아이들도 있으니, 단순히 학교의 레벨로 입시의 성공과 실패를 나눌 수는 없을 것이다.

내가 생각하는 입시의 실패와 성공은 잣대가 조금 다르다. 자신의 잠재성을 충분히 발휘해 최고의 진학 결과를 얻었는지가 가장 중요하다고 생각한다. 본인의 노력이 부족했든, 노력은 했는데 준비해야 할 정보가 부족했든, 원인이 무엇이든 가진 것을 충분히 활용하지 못한 채 입시를 맞는 경우가 가장 아쉬움이 크다. 특히 부족한 노력은 본인이 책임져야 할 부분이니 아무도 원망할 수 없다. 하지만 단순히 정보가 부족해 진학 시에 불이익을 감수해야 하는 경우에는 안타까움이 이루 말할 수가 없다.

한 아이가 상담실을 찾아왔다. 아이의 보호자는 이모였고, 아이는 삼수생이었다. 재수도 아닌 삼수를 하는 아이가 찾아오는 경우는 거의 없다. 재수까지는 수시 원서를 쓰지만, 삼수가 되면 수시는 6장 모두 논술을 쓰고 정시에 목표를 두기 때문이다. 아이를 만나고 나서 놀란 것은 '이렇게 준수한 내신을 가지고 왜 삼수를?'이었다. 의대를 목표로 재수를 하는 경우는 종종 있지만, 단순히 공대를, 그것도 메이저 공대도 아닌 준메이저급 공대나 이과 대학을 목표로 한 아이가 재수에서조차 합격하지 못한 이유가 납득되지 않았다. 그래서 현역과 재수 때 원서 상황을 물었고, 아이의 대답을 들은 후엔 한숨이 절로 나며 주변 어른들에게 화가 많이 났다. 머릿속이 복잡했다. 주변 어른들은 도대체 뭘 한 거지?

아이의 성적은 전교 4등이었다. 부모나 이모가 관심을 가질 수 없는 상황이었다면, 학교 선생님이라도 관심을 가졌어야 하는 우수한 성적이었다. 물론 공부 잘하는 아이들은 당연히 학교에서 관심을 가져야 한다는 말은 아니다. 다만 입시에서 수시전형으로 원서를 쓰는 아이가 한 반에 많지 않고, 거기에 그 성적이라면 반에서 1등이었을 것이다. 우리나라의 현재 입시 상황에서라면 담임선생님이 관심을 안 가질 수 없는 성적이었다.

이 아이의 입시 실패는 총체적 난국이었다. 일단 현역 때는 원서 영역 자체가 아예 방향을 잘못 잡았다. 아이가 가진 꿈과 생활기록부가 보여주는 장점의 내용이 달랐는데, 원서는 모두 종합전형으로 아이가 원하는 학과를 썼다. 만약 원서 하나라도 교과전형으로 썼다면 현역 때 합격했을 것이다. 재수 때 원서는 더 어이없었다. 수시는 모두 논술을 쓰고 정시에 집중하려 했다는데, 형편상 학원은 다니지 못했다고 하니 논술을 제대로 준비했을까 싶었다. 재수와 삼수하는 내내 인터넷 강의로 혼자 공부했다는 아이를 보니 마음이 답답했다.

아이는 2019년 일반전형으로 고려대학교에 진학했다. 현역 때 원서를 제대로 썼다면 2년 전에 충분히 진학했을 것이다. 입시에서 100% 장담은 없지만, 아이의 내신과 당시 수능 성적으론 충분히 합격하고도 남았다. 아이의 잃어버린 2년을 누가 보상할까?

그래도 이 아이의 경우는 결과가 나름 해피엔딩이니 그나마 괜찮다. 가끔 상담에서 부모의 눈물을 마주하는 경우가 있는데, 당신의 잘못된 확신으로 시기를 놓쳤다거나, 반대로 주변의 조언에 귀를 닫고 있다가 뒤늦게 상황을 파악하고 후회하는 경우가 그렇다.

부모들이 상담에서 가장 많이 하는 말이 있다.

"좀 일찍 알아야 했는데."

특히 고3의 경우에는 그 후회가 훨씬 뼈아프다. 고3의 8월은 더 이상 아무것도 변화시켜볼 여지가 없어서 조언을 해주는 입장에서도 답답하고 불편하다. 두 번째로 많이 듣는 말이 있다.

"첫째라 잘 몰랐어요."

엄마들이 큰아이에게 들이는 정성은 남다르다. 어릴 때부터 엄마의 모든 교육과 생활의 시계는 주로 큰아이에게 맞춰져 있다. 이렇게 큰아이를 위해 열심히 달려온 엄마들은 뭔가 잘못됐음을 깨달으면 곧바로 작은아이의 학습 궤도를 수정하기 시작한다. 하지만 큰아이를 교육시켜본 경험이 있다고 해서 작은아이의 교육에서 반드시 성공하는 것은 아니다. 큰아이의 어떤 부분이 잘못됐는지에 따라 단순히 교육 궤도를 수정하면 되는지, 가족의 생활방식까지 바꿔야 하는지를 판단해야 한다. 또 그 원인을 정확하게 알았다고 해도 한 해가 다르게 바뀌는 입시의 흐름을 따라잡는 것은 녹록치 않다. 나도 비슷한 경험이 있다. 과학고에 합격할 거라고 믿었던 승현이가 떨어진 일이 그렇다.

큰아이가 과학고에 다닌 2년간은 분주함의 연속이었다. 국제고를 목표로 공부하게 되면서 중학교 1학년까지 수학을 중심으로 짜여 있던 계획이 중2부터 영어를 중심으로 진행되었고, 모든 활동도 국제고에 맞춰 이뤄졌다. 그러던 중 덜컥 3학년 여름에 아이가 과학고로 진로를 바꾸겠다고 선언했다. 당황스러웠지만 아이의 선택을 존중했다. 당시 국제고 추천서를 일찌감치 써놓았던 영어 선생님은 마지막까지 만류하셨지만 아이의 고집을 꺾지 못해 결국 과학고에 지원했고 합격했다. 사실 아이의 합격에 많이 의아했다. 국제고가 목표였던 아이의 생활기록부에서 과학고에서 반길 만한 것은 성적뿐이었다. 그때 알게 된 것은 과학고도 역시 성적이 중요하다는 점이었다.

큰아이의 희망 학교가 자꾸 바뀌면서 승현이에게는 거의 신경을 쓰지 못했다. 그나마 다행인 건 승현이가 형을 보며 '나도 형처럼'으로 목표를 잡았고, 시간이 흐를수록 '형보다 더'라는 욕심으로 스스로 자기의 길을 찾은 것이다. 큰아이가 고등학교 2학년이었던 여름, 승현이도 과학고에 원서를 냈다. 두 아이는 같은 초등학교와 중학교를 나왔는데, 두 아이를 모두 가르쳤던 선생님들은 항상 승현이의 수학적 역량을 칭찬했다. 사실 나도 두 아이에게 직접 과학을 가르친 시기가 있었는데 수·과학적 자질은 승현이가 더 나았다. 그에 비해 큰아이는 어문에 소질이 있었다. 미국에 잠깐 있을 때 아이를 지도하던 미국인 선생님도 "언어 습득력이 놀랍다."고 첫날부터 칭찬을 많이 했다. 그런 큰아이가 과학고에 합격했으니, 형보다 성적으로나 자질로나 전혀 뒤지지 않는 승현이도 당연히 합격할 거라고 생각했다. 그러나 결과는 불합격이었다.

불합격 통지를 받았던 날, 과학고의 오류가 아니냐고 말하며 현관을 들어서던 승현이의 표정을 아직도 잊을 수가 없다. 그날 이후로 아이는 절치부심하며 고등학교 1년 내내 입시에 전혀 도움이 되지 않는 전국 수학경시대회나 과학 올림피아드에 빠지지 않고 출전했다. 과학고에 진학한 친구들보다 결코 뒤지지 않는다는 것을 보여주고 싶다는 오기였다. 결국 1년 동안 네 번의 대회에서 지역 1등과 전국 금상, 은상을 받고 난 후에야 비로소 "이제는 내 입시에 집중하겠다."며 더 이상 경시에 출전하지 않았.

나중에 과학고 교감선생님을 통해 우연히 알게 된 사실이 있다. 큰아이 입시 이후 과학고 선발 기준이 바뀌어서 성적보다는 전람회, 영재원, 과학 동아리 등 활동을 많이 한 아이를 선호했다고 한다. 승현이는 영재원에 합격해 활동하다 중학교 2학년 때 해외 교류 프로그램에 참여하면서 시간이 겹쳐 영재원을 나왔다. 그때 나는 두 프로그램 사이에서 고민하다 영재원 활동을 하지 않고도 과학고에 합격한 형의 경우를 생각해, 승현이가 영재원에서 나오는 것을 반대하지 않았다. 물론 영재원 활동을 안 했다고 해서 무조건 떨어지는 것은 아니다. 다만 두 아이가 다닌 중학교는 영어 시범학교로 선정되어 영어 프로그램이 지역에서 가장 우수했던 탓에 국제고나 외고를 원하는 아이들이 많이 지원했고, 그 영향으로 어느 학교에나 있는 과학 동아리가 없었다. 그런 상황이니 생활기록부에 활동이 있었을 리 만무했다. 거기에 큰아이 입학까지는 상대평가였던 평가 방식이 승현이가 입학할 시기에는 절대평가로 바뀌면서 과학고를 지원하는 아이들 중 올 A가 아닌 아이가 드문 상황이니 성적의 변별을 기대하기도 어려웠다.

 두 아이는 연년생이지만 큰아이가 학교를 일찍 입학한 탓에 두 학년 차이가 났다. 그 2년 동안 입시의 큰 줄기가 바뀐 것이다. 내가 입시에 본격적으로 뛰어든 것도 그때의 충격이 큰 몫을 했다. 제대로 알지 못하면 모르는 것만 못하다는 것을 깨달았다. 선배의 경험은 과거일 뿐이다. 우리 아이 입시는 현재이고 미래의 일이다. 과거의 방식이 반드시 정답은 아니다. 그래서 부모는 현재 알고 있는 정보를 믿지 말고 끊임없이 새롭게 업그레이드해야 한다.

정보는 어디에서 얻을까?

새로운 정보는 어디에서 어떤 것을 얻어야 할까?

엄마들의 가장 큰 정보 시장은 엄마 모임이다. 모임 안에서 누가 '어떻다고 하더라.', '뭘 해야 한다고 하더라.', '뭐가 중요하다고 하더라.' 하는 카더라 정보가 소비되고 유통된다. 모임마다 주도권을 잡고 있는 엄마가 있는데, 다음과 같은 특징이 있다.

> - 큰아이가 공부를 잘했다.
> - 아이가 현재 공부를 잘하고 있다.
> - 주변에 모범생 자녀를 둔 엄마와 잘 아는 사이이다.
> - 지역 맘 카페나 전국 단위의 입시 카페 등에 가입해 정보를 '눈팅'하며 입시에 대한 안목을 넓힌다.
> - 지역 곳곳의 설명회에 참석하고 정보를 수집한다.

아마 주변에서 흔히 볼 수 있는 유형의 엄마일 것이다. 나 역시 승현이가 공군사관학교 진학을 꿈꾸었을 때 거리를 상관하지 않고 설명회를 다녔다. 이렇게 동네에서 듣는 정보에 그치지 않고 새로운 정보, 특히 대치동과 같이 입시 1번지의 정보를 접하는 엄마는 순식간에 입시에 대한 신세계를 경험하며 모임의 주도권을 갖게 된다. 문제는 그다음부터다. 우선 의문을 한 가지 가져보자.

"입시의 메카인 대치동에서 왜 그렇게 자주 입시 설명회를 여는 걸까?"

전국의 엄마들을 교육시켜서 입시 전문가로 만들려는 걸까? 한창 컨설팅 교육을 받을 때 그 질문을 직접 한 적이 있다. 그분은 대치동에서 가장 유명한 입시 학원의 소장님으로, 엄마들의 팬클럽까지 있는 분이었다.

"대치동은 왜 그렇게 설명회를 자주 열어 엄마들과 정보를 공유하는 건가요?"

그분의 답은 명료했다.

"어설픈 입시 고수들을 만들기 위해서입니다."

처음에는 무슨 뜻인지 갸우뚱했다. 학원에서 설명회를 여는 이유는 크게 두 가지이다. 하나는 정시 수험생을 늘리기 위한 것이고, 다른 하나는 입시 정보를 어설프게 알게 하려는 것이었다.

입시 학원의 경우 구조적으로 수시 수험생이 많으면 수익이 나지 않는다. 여름 입시 한철이 지나면 곤궁해진다. 그래서 거의 모든 입시 연구소가 대형 학원과 협력 관계에 있거나 자체 연구소를 가지고 있으면서 이를 이용해 수능 강좌나 내신 프로그램을 홍보한다. 실제 설명회에 참석해본 사람들은 안다. 컨설턴트의 설명회 전에 선생님들이 두 시간 가까이 과목 설명을 하는 바람에 정작 입시 설명을 듣는 시간이 되면 진이 빠지고 실제 입시 정보는 적당히 던져주는 수준에 머문다는 것을. 학원의 이런 설명회를 경험한 학부모들은 일부러 늦게 가기도 하는데, 그러면 자료를 안 주거나 설명회 현장이 아닌 영상 방으로 보낸다.

입시 설명회에서 꼭 빠지지 않는 내용이, 내신이 어느 라인 안에 들지 않으면 정시를 준비하라는 말이다. 최상위권의 경우에도 의대·치대·한의대의 최저학력기준과 고려대학교 최저학력기준을 위해 정시는 놓치면 안 된다고 강조한다. 틀린 말은 아니다. 그런데 그 의도가 불순하고 아이들 각자의 상황이 고려되지 않은 일괄 처방인 것이 문제다. 어쨌든 정시에 대해서는 충분히 이해됐는데, 어설픈 입시 고수를 만든다는 것이 무슨 뜻인지 이해되지 않다가 소장님의 보충 설명을 듣고서야 무릎을 쳤다.

"학부모들이 입시를 전혀 모르면 오히려 학원을 찾지 않습니다. 뭘 알아야 하는지 모르기 때문입니다. 적당히 알아서 지식이 있어야 위기도 느끼고 전문가도 찾게 됩니다."

그러니 입시 설명회에서는 '진짜'를 내놓지 않는다. 그럴듯한 '모형'만 보여주고 호객을 한다. 생각해보면 나도 그런 입시 설명회에 휘둘려 불안에 떨던 초보 시기가 있었다. 이렇듯 나름 유익한 정보를 전해준다고 생각하는 설명회에도 허점이 있다. 상술이 짙은 설명회는 마음이 급하고 불안한 엄마들의 마음에 불을 지르기에 딱 맞는다.

입시에서
가장 위험한 것

　그렇다고 입시 설명회가 의미 없다는 말은 아니다. 소비를 할 때 똑똑한 소비를 하려고 노력하는 것처럼, 입시 설명회도 그같은 노력이 필요하다. 다만, 정보 없이 무작정 분위기에 휩쓸려 이곳저곳 설명회를 다니는 것은 도움이 안 된다고 스스로 느껴야 한다. 엄마들 중에는 주도적인 한두 사람에 이끌려서 자신이 왜 참석했는지도 모른 채 그저 끌려다니는 부류가 있다. 그래서 같은 설명회를 들어도 거기서 들은 정보를 활용해 입시에 대한 정보가 탄탄해지는 사람이 있는가 하면, 숱하게 설명회를 다녀도 실질적 소득 없이 시간만 낭비하는 이들도 있는 것이다.

　여러분은 둘 중 어느 부류에 속할까? 설명회를 다녀올 때마다 아이의 학원을 옮기거나, 아이의 스케줄에 학원 하나를 더 보태는 부모가 아니길 바란다.

　이제 막 고등학교에 입학한 자녀를 둔 부모가 컨설팅을 의뢰했다. '이제 막 입학한 아이인데 무슨 컨설팅?' 하고 의아했는데 그 부모가 원한 것은 R&E(학생들이 조사하고 연구하여 쓴 논문이나 보고서 활동)의 주제를 선정하고 실질적으로 진행해줄 프로그램과 연결해주는 것이었다. 사실 학기 초에 가장 많이 받는 전화나 상담 의뢰 중에 하나가 연구 주제와 그런 연구를 진행해주는 곳과 연결해줄 수 있느냐는 문의다. 실제 그런 프로그램을 진행하며 고액을 받는 기관들이 있고, 최근에는 입시 시장에서 가장 유명한 과제 대행 학원이 교육부의 집중 감사를 받음으로써 세간을 떠들썩하게 만들었다. 만약 그곳에서 도움을 받아 입시를 치렀다는 것이 확인되면 입학 취소가 될 수도 있다. 하지만 이제 막 입학해서 입시에 발을 내디딘 아이들에게 돈으로 스펙을 사는 행위를 알선하는 것은 불법이며, 아이의 미래에 전혀 도움이 되지 않는다.

가끔 주변 사람들이 나에게 좀 더 체계적으로 영리를 추구하라고 조언한다. 초등학교와 중학교 엄마들, 특히 초등학생 엄마들은 아이의 무한한 가능성에 대한 기대가 있어 교육에 거침없이 투자한다. 그래서 아직 입시에 대한 기초 지식이 없는 초등학생 엄마들을 대상으로 학습 컨설팅을 하면 훨씬 수월하고 금전적으로도 이득이 많을 것이란 말이다. 실제 아이들의 학습이나 활동을 전반적으로 관리해주는 시스템이 초등학생을 대상으로 한창 성행하고 있다. 나에게도 의뢰가 오는데, 각 시기에 맞는 적절한 학습과 프로그램을 같이 고민해주고 현재 아이에게 가장 필요한 것이 무엇인지까지만 말하고 돌려보낸다. 물론 아이의 목표에 따라 초등학생 때 컨설팅이 필요한 경우가 있다. 하지만 그것은 목표에 대한 길잡이 역할을 할 뿐이지, 엄마가 해야 할 몫을 대신하지는 못한다.

하지 않은 활동을 나열한 생활기록부가 얼마나 위험한지 알게 된 일이 있었다. 처음 그 아이의 서류를 받았을 때 깜짝 놀랐다. 일반고에서 그렇게 많은 활동을 다양하게 하는 것이 가능할까 하는 의문이 들었고, 같은 학교의 비슷한 내신을 가진 아이들과 생활기록부를 비교해보고 더 놀랐다. 열악한 학교 프로그램 속에서 아이의 기록은 그야말로 군계일학이었다. 그런데 아이와 이야기를 시작한 지 얼마 지나지 않아 이 활동들이 모두 만들어졌다는 사실을 알게 되었다.

거듭 이야기하지만, 컨설턴트들이 느끼는 것을 입사관이 모를 리 없다. 만들어진 활동임을 입사관이 모를 거라는 생각은 지나치게 순진하고 어리숙한 착각이다. 면접 10분 동안 입사관의 눈을 속이면 된다고 생각하겠지만, 입사관은 서류를 검토할 때 동일 고교 지원 현황을 살피고 학교 파일을 참고하기 때문에 유난히 튀는 스펙이 보이면 그 부분을 집중 질문해줄 것을 면접관들에게 의뢰한다. 면접관들은 두세 가지 질문을 던지는 것만으로도 진위를 가릴 수 있을 만큼 충분히 숙련된 사람들이다. 속일 생각으로 포장하고 연습해서 해결될 문제가 아니다. 어디서 만들었느냐는 물음에 아이 엄마는 그런 일이 없다고 극구 부인했지만, 결국 옆에서 듣고 있던 아이가 "왜 자꾸 아니래. 그냥 선생님께 말씀드려." 하면서 짜증을 냈다.

이렇게 어딘가의 힘을 빌려 아이의 입시를 치르려는 엄마들이 간과하는 것이 있다. 엄마들이 의뢰한 그 기관이 과연 우리 아이만 책임지는 곳일까? 그런 기관들은 아이들에게 비슷한 연구 프로그램과 봉사활동, 독서 목록을 제공한다. 그래서 비슷한 진로를 희망하는 아이들의 생기부가 비슷하다. 그들이 내 아이만을 위한 프로그램을 운영한다면 부모들은 상상 이상의 비용을 감당해야 할 것이다.

한번은 철 지난 학술 내용으로 연구를 진행한 아이의 기록을 보고 "이거 이미 오래 전에 입증돼서 지금은 자습서 같은 곳에 '읽을거리로' 실리는 연구인데 왜 이걸 했어?"라고 물었다. 당황하며 "의뢰해서 받은 보고서예요."라고 대답하는 아이를 보며 한숨이 절로 났다. 의뢰를 한 아이와 부모도 문제지만, 질 낮고 의미 없는 보고서를 건넨 그 기관은 또 뭐란 말인가. 아이에게 그 내용은 절대 자소서에 쓰지 말라고 당부하는 것밖에 딱히 할 말이 없었다. 입시에서는 남들보다 좀 더 쉽게, 좀 더 좋은 결과를 얻으려는 꼼수는 생각하지 말아야 한다.

둘러보면 상술보단 입시 도우미의 역할을 충실히 하는 연구소가 많이 있다. 교과목의 강의 홍보에 목적을 두기보단 내용을 충실히 알리고 입시의 흐름을 짚어주는 설명회들도 있다. 이때 옥석을 가려내는 방법은 많이 경험하는 것 말고는 없다. 열심히 발품을 팔아 다양한 정보를 듣되, 어떤 정보를 알게 되더라도 즉석에서 바로 결정하거나 행동으로 옮기지 말아야 한다. 많은 정보를 종합해 가장 적합한 것을 찾으려는 노력의 크기만큼 내 아이에게 잘 맞는 입시의 옷을 입힐 수 있다. 입시에서 가장 위험한 것은 엄마의 조바심이라는 사실을 잊지 말자.

엄마와 자녀가 함께 외우는
서울대 비책 노트 |핵심 03|

엄마가 꼭 알아야 할 정보의 양이 있다

입시의 실패와 성공의 잣대는 자신의 잠재성을 충분히 발휘해 최고의 진학 결과를 얻는 데에 있다. 본인의 노력이 부족했든, 노력은 했는데 준비해야 할 정보가 부족했든, 원인이 무엇이든 가진 것을 충분히 활용하지 못한 채 입시를 맞는 경우가 가장 아쉬움이 크다. 특히 노력의 부족은 본인이 책임져야 할 부분이니 아무도 원망할 수 없다. 하지만 단순히 정보가 부족해 진학 시에 불이익을 감수해야 하는 경우에는 안타까움이 이루 말할 수가 없다.

서울대 비책	실천 노트
진짜 정보를 아는 엄마는 쉽게 입을 열지 않는다.	- 시기를 놓치지 않도록 조금만 더 관심을 갖고 주위 정보에 귀 기울이기 - 선배의 경험은 과거이니 정답으로 생각하지 말기 - 정보를 끊임없이 업그레이드하기 - 입시를 도와주는 기관은 우리 아이만 책임지는 곳이 아니다. 중복 지도로 인한 위험에 노출될 수 있음을 기억하고 유의해야 한다. - 어떤 정보를 알게 되더라도 즉석에서 바로 결정하거나 행동으로 옮기지 않도록 신중하기 - 입시에서 가장 위험한 것은 엄마의 조바심이다.

04

특목고, 자사고, 일반고?
우리 아이는?

**특목고에
진학하는 아이들**

겨우 옹알이를 하던 아이가 말을 하고 글을 배우는 때가 되면 한 번쯤은 우리 아이가 특별한 게 아닐까 하는 행복한 착각을 하게 된다. 나도 크게 다르지 않았다. 따로 글자를 가르치지 않았는데도 자신의 이름을 또박또박 쓰거나 길을 지나다 간판을 읽는 아이를 보며 '혹시 우리 아이가 천재?' 하던 때가 있었다. 이처럼 부모의 행복 회로와 조부모의 과대 포장이 더해져 천재로 비쳐지던 아이가 초등학교를 지나 중학교에 진학하면서 부모도 현실을 인정하게 된다. 하지만 천재가 아니면 뭐 어떤가. 각자의 장점을 살려 아이들이 원하는 진로에 안착할 수 있으면 그것으로 충분하다. 문제는, 우리나라의 현 입시 제도에서 엄청난 잠재적 지원자 비율을 차지하는 특목고 준비 과정이 보통 초등학교 3학년에서 5학년 사이에 시작된다는 점이다. 내 아이의 정확한 역량을 알기 전에 도박과 같은 입시 준비를 시작하는 것은 그 과정을 겪어야 하는 아이에게도, 정신적·물질적 부담을 안아야 하는 부모에게도 부담스러운 일이다.

승현이가 초등 6학년 때 담임선생님이 전화를 했다. 영재원에 추천해줄 테니 자기소개서를 써오라는 것이었다. 아이가 크게 관심도 없고 나 또한 영재라고 생각한 적이 없다 보니 그냥 흘려들었다. 3주가 지난 어느 날 선생님이 문자를 남겼다. 아이에게 물었더니 자기소개서를 안 썼다기에 당신이 학교에서 쓰게 해 추천서와 함께 영재원에 지원서를 넣었다는 내용이었다. 선생님의 문자에 깜짝 놀라고 너무 감사했던 기억이 난다. 학교 선생님이 엄마도 몰랐던 아이의 역량을 가늠하고 적극적으로 도와주는 일은 흔하지 않다. 승현이는 대학에 합격했을 때 가장 먼저 6학년 담임선생님에게 연락을 했다. 그만큼 감사한 마음이 오래도록 마음에 자리잡고 있었나 보다. 나는 아이가 영재원에 입학한 뒤에야 우리나라 초등 학부모들이 영재학교에 엄청난 관심을 가지고 있고, 그 학교에 진학하기 위해 얼마나 애쓰는지 알게 되었다. 또 영재원이 영재학교 입시를 준비하는 아이들의 필수 과정이나 다름없고, 중학생 대상의 영재원뿐만 아니라 초등학생 대상의 영재원에 들어가는 것도 경쟁이 치열하다는 것을 알게 되었다.

특목고가 무엇이기에 이 사회는 이렇게 힘든 전쟁을 어린 아이들에게 권하는 것일까? 특목고만이 입시의 정답일까? 이 질문에 대한 답을 얻으려면 일단 각 학교별 특징과 정확한 목적을 이해해야 한다.

현재 전국에 있는 학교는 일반고, 특목고(특수목적고), 특성화고, 자율고로 나뉜다. 그 밖에도 특수학교, 대안학교, 외국인학교, 방송통신고와 학력인정 평생교육시설학교 등으로 나눌 수 있다. 운영 주체, 교육과정 등 어떤 기준으로 나누느냐에 따라 학교들의 조합이 달라지지만, 여기서 그 학교들을 굳이 다 나열할 필요는 없고 특목고(외고, 국제고, 과학고, 예술고, 체육고, 마이스터고), 자율고(자사고, 자공고, 과학중점고), 그리고 기타 학교로 분류되어 있는 과학영재학교와 일반고 정도만 보면 될 것 같다.

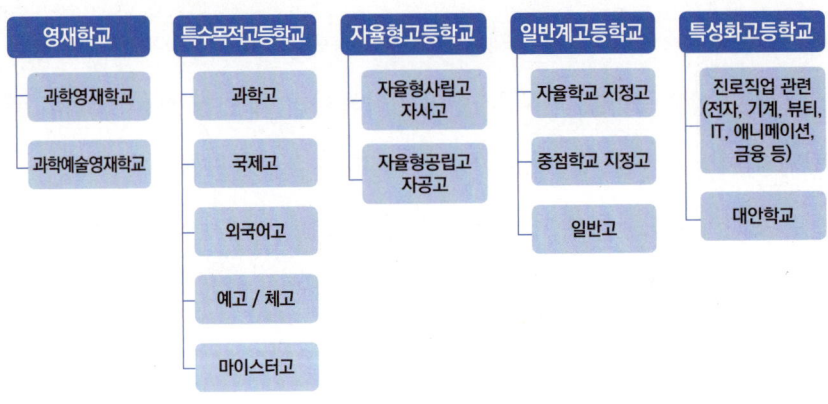

우리나라의 고등학교 유형

2019년 한국교육개발원 발표 기준 전국에 있는 고등학교 수는 2,356개다. 그중 가장 높은 비율을 차지하고 있는 일반고는 2019년 기준 1,554개 학교가 있으며, 전체의 65.98%를 차지한다. 일반고의 학생 비율은 매년 달라지고 있지만 전체 수험생의 약 72% 이상에 달한다. 특목고는 외고 30개, 자사고 42개(전국 모집 자사고 10개, 광역 모집 자사고 32개), 국제고 7개가 있다. 여기에 영재학교 8개, 과학고 20개를 더하면 총 112개로 전체 고등학교 학생수의 4.8%에 해당한다. '4.8%면 뭐 그리 대단한 비중도 아니네.'라고 생각할 수도 있겠지만 이 비율의 의미는 주요 대학의 모집 정원수와 비교하면 중요한 숫자임을 알 수 있다.

여기서 기억해야 할 것이 있다. 2019년 교육부에서는 학교 지형의 변화를 예고했다. 2025년까지 국제고, 자사고, 외고를 폐지하는 것이 그 방향이다. 2020년 현재 초등학교 6학년까지는 해당 사항이 없다. 하지만 초등학교 6학년 학생들도 특목고에 입학했는데 고등학교 졸업 전에 자신의 학교가 일반고로 전환된다면 입시에서 어떤 변화가 있을지 당연히 신경 쓰일 것이다. 결국 입학부터 졸업까지 특목고의 위치가 유지되는 현 중학교 1학년 이후에는 학교 선택에 대한 고민이 커질 수 있다. 사실 정부가 폐지안을 발표하긴 했으나 그 저항 또한 만만치 않아서 예정대로 폐지되기는 쉽지 않을 것이다.

2025년 3월 이전			2025년 3월 이후		
	일반고			일반고	
자율고	자사고				
	자공고				
특수목적고	외국어고				
	국제고				
	과학고		특수목적고	과학고	
	예고 / 체고			예고 / 체고	
	마이스터고			마이스터고	
특성화고			특성화고		
영재학교			영재학교		

고교유형 단순화(안)

어쨌든 현재까지의 입시에서는 특목고의 입시 영향력을 무시할 수 없다. 2021학년도 기준 서울 주요 7개 대학(서울대, 연세대, 고려대, 서강대, 성균관대, 한양대, 이화여대)의 모집 정원은 2만 4,569명으로, 전체 수험생의 약 5.3%에 해당한다. 아주 단순화해서 생각해보면 상위 주요 7개 대학의 모집 정원 정도는 특목고 학생으로 채울 수 있는 수치라는 뜻이다. 실제 이 4.8%의 학교에서 매년 SKY 정원의 약 40%를 합격시키고 있다. 이렇다 보니 고입 경쟁에서 특목고, 특히 영재학교에 진학하지 못하면 이미 대입에서 실패했다고 생각하는 부모와 아이들이 많다. 과거에는 대입 설명회가 주를 이루던 학원가에서 지금은 고입 설명회가 새로운 수익 창출의 모델로 떠올라 초중등 학부모들을 끝없이 유혹하고 있다.

그런데 아이러니하게도 이 특목고 열풍의 핵심인 영재학교를 향한 부모들과 아이들의 열망을 의대 열풍이 그나마 잠재우고 있다. 앞에서 이야기한 것처럼 의대를 목표로 한다면 특목고, 특히 영재학교나 과학고는 그다지 도움이 되지 않는다. 한국과학영재학교처럼 현역 의대 진학을 원천적으로 막음으로써 의대 진학률이 0%인 영재학교도 있다. 실제 서울과학고를 제외한 대부분의 영재학교가 의대 진학을 시키지 않기 위해 여러 방안을 강구하고 있기 때문이다. 그래서 영재학교에서 의대에 가기를 원하는 아이들은 일찍감치 정시를 준비하거나 재수를 선택하고 있다. 사실 영재학교는 우수 이공계 인재 발굴과 교육을 목표로 설립된 학교이기에 국민의 세금으로 장학금을 주고, 대학 수준의 인프라를 갖췄으며, 학생 선발권의 특혜를 받고 있다. 그럼에도 설립 취지에 벗어난 상황이 벌어지니 세간의 비판이 과한 것만은 아니다.

처음부터 의대를 원한 아이들은 자사고나 일반고로 진학을 하고, 영재학교나 과학고는 이공계를 꿈꾸는 아이들이 진학하는 게 자연스러운 일이다. 물론 의학도 과학이라는 논리로 항변하는 사람들도 있다. 그것보다 특목고의 선두주자인 영재학교에 대해 조금 더 들여다보면 부모들이 왜 그렇게 아이들을 영재학교에 보내려고 혈안이 되어 있는지 짐작해볼 수 있다. 다음 표는 2019년 각 대학의 고등학교별 합격생의 비율을 기록한 것이다.

학교	총 입학자	일반고 학생수	비율	영재학교 학생수	비율	과학고 학생수	비율	외고·국제고 학생수	비율	자율고 학생수	비율
연세대학교	3,970	1,919	48.3	76	1.9	95	2.4	496	12.5	689	17.4
서울대학교	3,438	1,698	49.4	294	8.6	144	4.2	317	9.2	664	19.3
서강대학교	1,872	981	52.4	9	0.5	47	2.5	196	10.5	415	22.2
한양대학교	3,518	1,879	53.4	50	1.4	52	1.5	250	7.1	541	15.4
성균관대학교	4,038	2,178	53.9	18	0.4	82	2	391	9.7	817	20.2
고려대학교	4,373	2,448	56.8	76	1.7	97	2.2	631	14.4	714	16.3
중앙대학교	3,962	2,298	58	9	0.2	41	1	371	9.4	592	14.9
한국외국어대학교	3,903	2,373	60.8	0	0	6	0.2	636	16.3	477	12.2
경희대학교	5,669	3,483	61.4	6	0.1	42	0.7	345	6.1	748	13.2
이화여자대학교	3,376	2,101	62.2	4	0.1	30	0.9	308	9.1	392	11.6
홍익대학교	2,856	1,868	65.4	0	0	1	0	72	2.5	397	13.9
건국대학교	3,488	2,401	68.8	3	0.1	56	1.6	112	3.2	514	14.7
동국대학교	3,165	2,178	68.8	0	0	5	0.2	146	4.6	379	12
숙명여자대학교	2,370	1,647	69.5	0	0	3	0.1	186	7.8	234	9.9
국민대학교	3,410	2,422	71	1	0	7	0.2	59	1.7	324	9.5
서울시립대학교	1,852	1,324	71.5	0	0	16	0.9	104	5.6	259	14
세종대학교	2,706	1,973	72.9	0	0	1	0	41	1.5	307	11.3
숭실대학교	3,158	2,322	73.5	0	0	3	0.1	52	1.6	365	11.6
서울교육대학교	389	301	77.4	0	0	1	0.3	16	4.1	61	15.7
성신여자대학교	2,214	1,725	77.9	0	0	1	0	95	4.3	142	6.4

2019년 각 대학의 고등학교별 합격생

앞 표에서 확인할 수 있는 것처럼 영재학교의 서울대학교 합격 비율은 8.6%이고, 합격한 학생 수는 294명이다. 2019 기준 전국 영재학교의 정원은 789명이다. 789명 중 294명이 합격했으니 영재학교 재학생 중 37%가 넘는 아이들이 서울대학교에 합격한 것이니 엄청난 비율이다. 또한 789명 중 의대로 진학한 인원이 61명이므로 서울대학교와 의대 진학을 합치면 353명(서울대학교 합격이 294명이고 의대 합격이 61명이므로 합하면 355명이지만, 서울대학교 의대에 합격한 인원 2명은 서울대학교와 의대에 중복으로 잡히는 인원이므로 합계는 353명)으로 전체 인원의 45% 정도다.

나머지 55%의 아이들 중에도 2019 기준 카이스트에 진학한 아이들이 159명이다. 이 말은 전체 영재학교 재학생 중에서 재적 인원의 65%에 해당하는 512명이 서울대학교와 카이스트, 그리고 의대에 진학했다는 뜻이다. 여기에 연세대학교, 고려대학교와 포스텍 진학까지 더해진다면 '영재학교 진학이 곧 명문대 합격'이라는 공식을 부인할 수 없다.

출처: 베리타스 알파

| 고교명 | 카포지디 진학률 | 카포디지 등록실적 | | | | | | | | | | | | 대입자원 | | |
| | | 합계 | | | KAIST | | | 포스텍 | GIST대학 | | | DGIST대학 | | | | | |
		계	수시	정시	계	수시	정시		계	수시	정시	계	수시	정시	계	재학	재수
한국영재	61.2%	71	71	0	63	63	–	5	3	3	–	1	1	–	116	116	0
경기과고	35.7%	45	45	0	32	32	–	–	10	10	–	3	3	–	126	121	5
광주과고	30.7%	31	31	0	15	15	–	6	8	8	–	2	2	–	101	93	8
인천영재	25.3%	19	19	0	9	9	–	7	2	2	–	1	1	–	75	75	–
세종영재	25.0%	23	23	0	13	13	–	6	4	4	–	–	–	–	92	89	3
대구과고	20.4%	21	21	0	7	7	–	7	5	5	–	2	2	–	103	96	7
대전과고	15.5%	15	15	0	8	8	–	5	1	1	–	–	–	–	97	89	8
서울과고	8.7%	13	12	1	13	12	1	–	5	5	–	–	–	–	149	130	19
계	27.7%	238	237	1	159	158	1	32	38	38	0	9	9	0	859	809	50

2019년 영재학교 카포지디 진학률 *카포디지: KAIST, 포스텍, GIST, DGIST

지금까지 내용을 보면서 "영재학교에 진학하기 위해 최선을 다하라는 것이냐?"라고 묻고 싶을 것이다. 물론 아니다. 영재학교의 서울대학교 진학 상황을 보면 카이스트 진학률이 높은 한국영재학교를 제외하면 학교에 따라 11~17% 정도이다. 여기서 하나 짚고 넘어가야 할 것이 있다. 단순히 서울대학교 진학 숫자만 본다면 영재학교가 충분히 매력적이지만, 아무리 영재학교라고 해도 서울대학교 합격권은 영재학교에서 가장 우수한 상위 그룹에만 해당된다는 점이다. 앞에서 거듭 이야기한 것처럼 영재학교에서 평균 15% 이내에 드는 아이는 어느 학교에서 공부하든지 상관없을 만큼 뛰어나다. 어느 학교에 진학하든지 잘할 수 있는 아이란 뜻이다.

출처: 베리타스 알파

순위	학교명	설립	공학	학생수	서울대 수시 등록 인원				
					계	2018	2017	2016	2015
1	서울과고	공립	공학	385	228	51	59	65	53
2	경기과고	공립	공학	374	210	50	54	52	54
3	대구과고	공립	공학	285	118	27	29	40	22
4	한국영재	국립	공학	386	99	22	19	33	25
5	대전과고	공립	공학	277	85	47	38	-	-
6	광주과고	공립	공학	287	33	22	11	-	-
7	세종영재	공립	공학	277	33	33	-	-	-
	계			2271	806	252	210	190	154

2015~2018년 영재학교 서울대학교 수시 등록 실적

영재학교는 중학교에서 손꼽히는 아이들이 모이는 곳이다. 그 안에서 15% 이내에 드는 것은 당연히 치열하고 어려운 일이다. 초등학교 때부터 지역을 떠들썩하게 할 만큼 유명했던 한 아이가 있었다. 서울과학고에 조기 입학했는데 기대에 못 미치는 성적으로 많이 힘들어했고, 결국 생각도 못했던 대학교에 진학했다. 영재학교에 진학한 한 아이가 있었다. 그 아이도 과학고에 진학하기 전까지 지역에서 몇 년 만에 나온 영재라는 소리를 들었다. 그런데 입학 후 1학년 성적이 하위권에 머물면서 결국 수시를 포기하고 재수를 선택해 정시로 진학했다. 그 아이는 방송에 출연해서 자신이 겪었던 좌절에 대해 진솔하게 이야기한 적이 있다. 특목고에 진학하는 것도 어려운 일이지만, 특목고에 진학을 했다고 해서 모든 것이 해결되는 것은 아니다.

승현이가 의대에 합격했을 때 어려서부터 함께 공부했던 친구들이 모여 축하 자리를 가졌다. 6명의 아이 중 일반고 출신은 1명이었고, 영재학교 출신이 2명, 과학고 출신이 3명이었다. 모임을 마치고 집에 온 아이는 친구들이 축하도 많이 해줬지만 부럽다는 말을 많이 했다고 한다. 고등 입시 당시에는 경기영재학교로 진학한 친구를 가장 부러워했는데 말이다.

특목고 선택의 기준

이것은 비단 영재학교만의 이야기가 아니다. 전국단위자사고로 진학했던 두 조카는 입학 후 얼마 지나지 않아서 한 아이는 일반고로 전학하고, 다른 한 아이는 현재 재도전 중이다. 난 그들의 전국단위자사고 진학을 반대했다. 이유는 간단했다. 아이들에겐 미안한 말이지만, 둘 모두 전국단위자사고에 진학해서 원하는 입시 결과를 얻을 수 없을 거라 판단했기 때문이다. 시간이 지난 후 모두 후회를 했지만, 고등학교 입시를 준비할 당시에는 대부분 아무것도 보이지 않고 아무 소리도 들리지 않는다.

고등 입시에서 위험한 선택을 하는 가장 큰 이유 중에 하나는 주위의 시선 때문이다. 특히 아이들은 자신보다 성적이 낮다고 생각한 친구가 특목고 원서를 준비하면 '저 친구도 하는데 나는 당연히'라는 유혹에 시달리며 이성적인 판단력이 흐려진다. 비극은, 그런 아이들을 잡아주어야 하는 부모가 아이와 같은 함정에 빠진다는 점이다. 게다가 초등학교 때부터 특목고 입시를 준비한 아이라면 '이건 아닌 것 같다.'는 생각이 들어도 멈추지 못한다.

영재학교, 과학고, 자사고까지 세 번 연속 실패해 학습 의욕을 완전히 상실한 아이를 만난 적이 있다. 초등학교 4학년 때부터 영재학교 입시를 준비했는데, 중학교 1학년 겨울쯤 자신은 영재학교에 갈 재목이 아니라는 사실을 깨달았단다. 자신의 한계를 느끼면서 학습 의욕이 떨어지고 곁에서 자꾸 밀어붙이는 엄마에게도 화가 나 사춘기를 힘들게 보냈다고 한다. 함께 공부했던 친구들은 영재학교, 과학고, 자사고로 다 진학했는데 자신은 일반고로 가야 한다는 것이 너무 싫어서 이것저것 다 귀찮고 아무것도 하고 싶지 않다고 말했다. 아이의 부모는 당황할 상황이지만, 이런 일은 수없이 많이 일어난다. 아이는 아직까지도 학교에 적응하지 못하고 있다.

특목고와 일반고 중에서 어디가 더 좋냐고 물으면 난 "답은 없다."라고 대답할 것이다. 원론적인 이야기지만, 내 아이가 진학해 잘 적응하고 좋은 성적을 낼 수 있는 학교가 좋은 학교다. 그렇기 때문에 내 아이의 성향과 역량을 잘 아는 것이 그만큼 중요하다. 단순히 실력이 좋다고 특목고에 잘 적응하는 것은 아니다.

특목고에 진학하려는 아이들에게 가장 필요한 것은 1부에서도 잠깐 언급했던 '회복탄력성'이다. 회복탄력성이란 크고 작은 역경과 실패를 도약의 발판으로 삼아 더 높이 뛰어오를 수 있는 마음의 근력이다. 특목고에 진학하는 아이들은 극히 일부의 경우를 제외하면, 모두 중학교 때 나름 학교에서 뛰어나다고 인정받았던 아이들이다. 특히 전국단위자사고의 경우에는 지역에 따라 다르긴 하지만, 전교 1등도 떨어지는 경우가 허다하다. 이렇게 최상위 아이들이 모였지만 그 안에서 다시 상위권과 하위권이 나뉘면서 아이들은 지금까지 한 번도 받아본 적 없는 등수를 보고 큰 충격을 받는다. 첫 시험에서 놀라고 충격을 받은 아이들은 자신의 나태함과 불완전한 준비를 반성하며 다시 마음을 다잡고 정말 열심히 다음 시험을 대비한다. 하지만 그 아이들이 간과한 것이 있다. 첫 시험을 잘 본 아이들은 그 등수를 지키기 위해, 그리고 시험을 못 본 아이들은 등수를 올리기 위해 누구나 열심히 한다는 사실이다.

이런 상황이다 보니 당연히 두 번째 시험에서도 원하는 성적 향상을 이뤄내지 못한다. 첫 시험까지는 '다시 하면 된다.'는 희망을 가지고 용기를 냈던 아이들도, 두 번째 시험에서 받아들이기 힘든 결과를 확인하면 순식간에 무너져 내린다. 자존감은 바닥을 치고 '내 위치는 여기까지인가 보다.' 하는 절망감을 안게 된다. 주위를 둘러보면 다 자기보다 뛰어나 보이고, 어차피 저 아이들을 뛰어넘을 수 없겠다는 생각이 들면서 더 이상 노력하지 않게 된다.

우수한 아이들이 모인 집단의 아이들이 친구들에게 가장 듣기 싫어하는 말이 "너 진짜 열심히 하는구나."이다. 의아하겠지만, 성적이 하위권인 아이의 경우 그 말을 들으면 '너 그렇게 열심히 하는데 왜 그렇게 못하냐.'라고 느낀다. 그래서 특목고에선 성적이 원하는 만큼 나오지 않으면 오히려 공부를 점점 더 등한시하는 아이들이 생긴다. 나는 공부를 '안 해서' 성적이 안 나오는 거지 '못해서' 그런 게 아니라고 변명하고 싶은 것이다. 열심히 해도 못하는 인상을 주는 것보단 차라리 뛰어나지만 안 하는 사람으로 인식되는 것이 낫다고 생각한다. 그만큼 자존감이 떨어졌고 상처를 받았다는 의미다.

이때 필요한 것이 회복탄성력이다. 실패는 계속되는 것이 아니라 일시적인 것이며, 자신의 여러 목표 중 일부만 실패한 것이라고 생각하는 긍정적 힘이 필요하다. 그 힘이 남들보다 강한 아이들이 있는 반면, 한 번의 충격도 감당하지 못하는 아이들이 있다. 소위 유리 멘탈이다. 물론 회복탄성력은 모든 아이에게 필요하지만, 특히 특목고 아이들에게 더 강조되는 이유가 있다. 스스로에게 실망하며 방황하다 보면 원래 자리로 돌아오기까지 시간이 걸리는데, 잘하는 아이들만 모인 곳에서는 그 과정이 만만치 않다.

큰아이도 과학고에 입학한 후 한 달에 몇 번씩 치르는 잔인한 시험 속에서 자존감이 사정없이 무너지는 경험을 했다. 첫 수행시험을 치른 후 "엄마, 미안해. 나 진짜 열심히 했는데."라고 울먹이던 아이의 목소리를 떠올리면 지금도 가슴 끝이 저려온다. 하지만 어릴 적부터 버티는 힘과 긍정성이 장점인 아이이기에 믿었다. 다행히 아이는 기대한 대로 꿋꿋하게 성적을 올려 2년 뒤 자신이 가장 원하던 학교의 학과로 진학했다. 만약 마음의 근력이 부족한 아이였다면 중간고사 이후 일반고로 전학시키거나, 처음부터 특목고 진학을 하지 말자고 설득했을 것이다. 내 아이가 얼마나 단단한지는 옆에서 지켜본 엄마만 알 수 있다.

　사실 나는 특목고 준비 자체에는 부정적이지 않다. 다만 유치원부터 사고력이나 창의력을 내거는 프로그램에 휘둘리거나, 초등학교 저학년부터 엄청난 속도전을 벌이는 선행 대열에 합류하는 건 찬성하지 않는다. 초등학생의 경우 아이가 이과 공부에 관심이 있거나 스스로 감당할 마음이 있다면 영재학교를 준비해도 좋다. 다만 영재학교를 갈 것처럼 준비하라는 것이지, 실제로 영재학교에 가라는 뜻은 아니다. 영재학교를 대비하는 프로그램으로 수학, 과학을 준비하면 아이가 학교를 선택할 때 어디로 진학하든 좋은 성적을 내는 기반이 된다. 실제 외고나 국제고처럼 영어 성적으로 진학하는 학교의 경우에도 입학 후에 상위권을 가르는 것은 결국 수학 실력이다. 각 고등학교에서 주관하는 입학 설명회를 다녀본 학부모들은 알 것이다. 영재학교나 과학고 같은 이과 전문학교뿐만 아니라 자사고, 외고, 국제고와 같이 각각의 특성이 다른 학교에서도 입학 전에 수학을 단단히 준비해서 입학할 수 있게 해달라고 당부한다. 그만큼 수학이 절대적인 영향을 끼친다는 뜻이다.

　승현이는 고등학교 입학 당시, 수학 실력이 전국 경시대회에서 금, 은, 동을 골고루 수상할 정도였다. 화학은 올림피아드 금상을 받을 만큼 깊이가 있었다. 하지만 국어나 영어는 학원에 다니지 않고 그저 중학교 내신을 해내는 수준에 불과했다. 그러나 고등학교에 입학해 다른 아이들이 수학에 치이는 동안 여유 있게 수학 이외의 과목을 준비했고, 덕분에 전 과목 1등을 했다.

일반고는 전략적 선택?

불과 몇 년 전만 하더라도 대학 입시에서 학교 간판이 상당히 중요했다. 이름난 고등학교의 중하위권이 일반고 최상위보다 더 인정받는 일이 흔했다. 최근에도 SKY 아래 라인의 대학교에서 고등학교의 명성으로 내신의 불리함을 극복하고 입학하는 경우가 제법 많다. 특히 대학교에서 외고와 국제고를 이기고 합격하는 일은 일반고 최상위권 학생만 할 수 있다. 물론 입시 결과가 낮고 특목고 아이들이 선호하지 않는 학과의 경우에는 일반고 합격생이 대부분인 탓에 전체 합격생 중 일반고 출신의 비율이 제법 높은 듯 보인다. 하지만 일반고와 특목고의 학생 수를 보면 그 비율이 95.2% 대 4.8%다. 이런 상황에서 일반고 합격률이 50%를 간신히 넘기는 것을 보면 출신 고등학교를 보지 않는다는 대학 당국의 변명은 설득력이 별로 없다.

그래도 최근 입시에서는 출신 고등학교 간판보다 내신 성적을 우선시한다. 특히 의대는 내신이 부족하면 영재학교나 과학고, 전국단위자사고 출신이어도 진학이 힘들다. 그렇기 때문에 서울대학교 의대 합격생 중 영재학교나 과학고, 전국단위자사고 출신들의 비중이 적은 것이다. 물론 연세대학교 의대처럼 특기자와 논술을 모두 운용하는 경우에는 내신으로 합격이 힘든 아이들이 논술을 준비하거나 특기자 전형을 준비해 도전하게 된다. 2019년 서울과학고의 연세대학교 의대 합격생이 20여 명에 달한 것이 바로 그 이유다. 의대 입시에서 학생부종합전형이나 교과전형은 내신이 굉장히 중요한 비중을 차지한다. 하지만 논술은 내신이 낮아도 불이익이 거의 없고, 특기자 역시 내신이 합격의 절대적 요인이 아니기에 수학과 과학을 잘하고 활동의 깊이가 상당한 특목고가 의대의 논술과 특기자 입시에서 월등하게 우위를 점하는 것이다.

이것은 연세대학교뿐만 아니라 논술과 특기자가 있는 거의 모든 대학교가 같은 상황이다. 이런 이야기를 들은 엄마들이 아이를 꼭 특목고에 보내야겠다고 생각할지 모르겠다. 하지만 소위 메이저 의대나 인 서울 의대, 더 넓게 보면 수도권 의대에서 논술과 특기자 전형을 모두 운용하는 학교는 거의 없다. 특히 아이들이 선호하는 메이저 의대의 특기자전형은 모두 폐지됐다.

물론 연세대학교는 최저학력기준을 폐지함으로써 정시 준비를 하지 않는 영재학교와 과학고 최상위 아이들을 뽑을 수 있는 통로를 열어놓았다. 성균관대학교도 특목고 출신들이 많이 합격하는 것이 사실이다. 그렇다 하더라도 의대는 특목고의 간판으로 진학할 수 있는 학교보다는 뛰어난 내신으로 진학할 수 있는 학교가 더 많다. 또한 특목고의 간판을 입는다 해도 그 역시 각 학교에서 가장 뛰어난 그룹의 아이들만 선발하기 때문에 의대 입시가 쉬워지는 것은 아니다. 메이저 의대를 지원하려면 전국단위자사고 내에서도 3등권 안에는 있어야 하고, 영재학교에서도 서울과학고를 제외하면 역시 5등권 이내여야 한다. 지방 과학고에서는 1등을 해도 메이저 의대는 불합격하는 경우가 더 많다.

이런 상황이다 보니, 일반고에 진학한 후 내신을 챙겨 원하는 학교에 진학하려는 전략적 선택이 점점 늘어나고 있다. 최근에 만난 중학교 3학년 최상위권 아이들 중 상당수가 의대·치대·한의대 진학을 위해 일반고 진로를 선택했다. 더 이상 일반고가 특목고를 진학하지 못해 선택하는 곳이 아니라는 이야기다. 이 현상은 2019년 입학생부터 본격적으로 심화됐다. 2020년 고2인 아이들에게는 의대와 더불어 약대 입시까지 열리기 때문이다. 약학전문대학원으로 대학교 3학년생들을 선발하던 것을 약학대학으로 전환하면서 고3을 대상으로 선발하기 때문에 의대와 더불어 이과 최상위권 아이들을 흡수할 것으로 예상되고 있다. 2022년이 되어야 약대 입시의 선발 경향을 파악해볼 수 있겠지만, 의대와 크게 다르지 않을 것으로 예상한다. 의대를 준비하던 중에 성적이 기대에 미치지 못할 경우 약학으로 진로를 변경할 가능성이 크다. 이것은 지금 의대를 준비하던 아이들이 치대나 한의대, 수의대로 진로를 바꾸는 것과 유사한 현상이다. 다만 약대가 선발을 시작하면 현재 '의대·치대·한의대'였던 서열이 '의대·약대·치대·한의대'가 될 가능성이 있다. 물론 약대와 치대 중 어느 쪽이 더 우위인가 하는 것은 선호도의 차이일 뿐 많은 선택의 수가 있으니 섣불리 단정 짓는 것은 무의미하다.

최상위 목표를 위하여
- 무엇을 준비할까?

자신의 진로 계획이 어느 정도 잡혔다면 학교를 선택해야 한다. 의대·약대·치대·한의대가 목표라면 일반고가 유리하다는 것을 부정하긴 힘들다. 하지만 만약 인문계열이나 이과대학의 중상위권 대학교가 목표라면 특목고도 좋은 선택이 될 수 있다. 어느 쪽을 선택할지는 자신의 목표와 준비된 정도에 따라

달라지겠지만, 일반고라고 해도 이과 최상위 계열인 의대·약대·치대·한의대를 목표로 한다면 입학 전 탄탄한 준비가 필요하다. 만약 내신을 위해 일반고를 선택했는데 내신이 안 나온다면 그곳을 선택한 의미가 없어진다. 일반고에서도 최상위는 같은 목적을 가지고 진학하는 아이들로 치열하기 때문이다. 그러므로 일반고에서 특별해지기 위해서는 입학 전에 철저히 준비해야 한다.

앞서 이야기한 것처럼 가장 중요한 준비는 수학이다. 여기서 말하는 준비는 단순히 진도를 많이 나가는 것을 의미하지 않는다. 선행의 내용보다 진도에 집착하는 경우가 흔한데 진도보다 중요한 것이 있다. 승현이는 중3 겨울에, 수학II에 해당하는 진도를 시작했다. 다시 말해 중3까지 수학I 정도의 진도만 마친 상태였다. 하지만 중3 겨울에 수학II와 미적분을 끝내고, 고1 8월경에는 기하와 벡터까지 수학 진도를 끝냈다. 어떻게 3개월 만에 수학II와 미적을 끝내고 6개월 만에 확률과 통계, 기하와 벡터까지 끝낼 수 있었는지 의문이 들 수 있다. 단순히 진도만 나간 것이 아니라 수능을 볼 수 있을 만큼 준비된 상태여서 고1 겨울부터는 매년 모의 수능을 치렀다.

승현이가 수학 천재여서가 아니다. 중학교 시절 경시 준비를 할 때 정식 교과 진도는 수I까지 나갔지만 그 깊이가 있었다. 미적과 기하와 벡터를 배울 때 예전 경시 준비에서 '다 배운 것'이라고 말했을 정도이다. 수학 경시는 주로 영재학교를 지원하는 아이들이 준비하는데 KMO(한국수학올림피아드)를 준비하다 보면 비록 범위는 중등수학이라고 해도 실제 문제의 깊이는 고등수학 범위를 훌쩍 뛰어넘기 때문에 경시를 제대로 준비했던 아이들은 고등수학을 쉽게 받아들인다. 여기서 중요한 것은 그냥 경시를 해본 것이 아니라 경시를 '제대로' 준비한 점이다. 고등학교에서는 중학교 때만큼 충분한 시간을 가지고 수학을 생각할 기회가 없기 때문에 중학교 때 수학적 내공이 상당히 중요하다.

하지만 모두 이렇게 공부할 필요는 없다. 과학고를 준비했기에 그 깊이와 넓이를 남다르게 했던 것이지, 일반고로 진학한다면 좀 더 여유를 가지고 공부해도 된다. 다만 그때도 진도에 연연할 것이 아니라 심화에 신경을 써야 한다. 예비 고1 중에 수학을 몇 번 보고 진도를 어디까지 나갔다고 자신 있게 말하는 아이들이 있는데, 그중에 실제 고등레벨을 테스트해보면 반 이상 틀리는 경우가 허다하다. 진도는 나갔으나 개념과 기본 유형만 다뤘을 뿐 전혀 체화되지 않은 상태이다. 이런 경우 중학교 때 내실 있게 배우지 않은 것을 후회하고 실제 진학해서도 대부분 좋은 성적을 내지 못한다.

그토록 오랫동안 수학을 공부했는데 왜 그런 것일까? 보통 학원들이 진도에 연연하는 시스템으로 돌아가기 때문이다. 엄마들은 주변 아이들과 내 아이를 비교할 때 내 아이가 얼마나 심화가 잘되어 있는지를 가늠하기보다, 내 아이의 진도가 얼마나 빠른가에 무게를 둔다. 또한 학원도 당장 결과를 내야 하는 상황이 아니기 때문에 진도에만 중점을 둘 뿐 내실에는 관심이 없다. 이런 이유들이 모여 아이들이 오랜 시간 힘들게 선행하고 많은 비용을 지불했음에도 불구하고 의미 있는 결과를 손에 쥐지 못한다. 엄마들은 꼭 기억해야 한다. 아이에게 중요한 것은 진도가 아니라, 제대로 된 심화라는 것을 말이다.

일반고, 그 전략적 선택
-일반고에서 특별해지기

수학이 준비되어 있다면 중3 겨울엔 반드시 국어를 시작해야 한다. 수학과 더불어 아이들을 괴롭게 하는 과목이 국어다. 하지만 입학해서 몇 번의 시행착오를 겪을 때까지 엄마들은 국어의 중요성을 깨닫지 못한다. 국어를 중학교 3학년 겨울에 시작하는 것과 고등학교에 입학해 시작하는 것은 결과가 많이 다르다. 그러니 중3 겨울에 꼭 시작해야 할 과목으로 국어를 기억해둘 필요가 있다.

여기에 더해 중학교 내내 영어를 잘했다면 고등학교 입학 전에 영어문법을 한 번 정리하고, 이과로 진학을 원하는 학생의 경우 과학 네 과목 중 적어도 하나 정도는 '제대로' 공부해두는 게 좋다. 과학 역시 수학처럼 심화까지 잘되어 있어야 한다. 그저 물리나 화학, 생물을 몇 번 봤다는 정도에 그쳐선 안 되고, 적어도 어느 수준 이상의 문제집을 풀었을 때 완전히 내 것이 되었다는 느낌이 있어야 한다. 특히 물리나 화학 중 하나를 잘해두면 고등학교에서도 큰 도움이 된다. 미리 공부해서 도움이 된다는 것보다 고1 영재 프로그램을 지원하거나, 교내 과학 경시를 치를 때 좀 더 깊이 있는 답안을 작성할 수 있어 좋은 결과를 얻을 수 있다.

아이들과 수십 년간 함께하며 깨달은 것은 태어나면서부터 우수한 0.0001% 정도의 아이들을 제외하면 '자리가 사람을 만든다.'는 옛말이 정확히 들어맞는다는 점이다. 한 전문계(과거 실업계를 말함) 교장선생님께서 이런 말씀을 하신 적이 있다.

"인문계를 진학하지 못하는 성적이어서 모인 아이들이지만 여기서도 전교권 성적이 나오면 그에 맞는 행동을 하고 사고를 한다."

나는 이 말에 깊이 동의한다. 기대 없이 고등학교에 진학했더라도 성적을 내면 그 아이는 그 자리에 맞게 기대 이상으로 성장한다. 나 또한 많이 보아왔다. 반대의 경우도 흔하다. 특목고로 진학한 후 자신만만하고 자존감 높던 아이가 열정을 잃고 사그라지는 경우도 많다. 내 아이가 어디에 어울리고 어디까지 버텨낼 수 있을지를 바로 알고 함께 고민해주는 것이 입시에서 엄마가 해야 할 가장 중요한 역할이다.

엄마와 자녀가 함께 외우는
서울대 비책 노트 | 핵심 04 |

고등학교를 선택하는 것이 입시의 시작이다

고등 입시에서 위험한 선택을 하는 가장 큰 이유 중에 하나는 주위의 시선 때문이다. 특히 아이들은 자신보다 성적이 낮다고 생각한 친구가 특목고 원서를 준비하면 '저 친구도 하는데 나는 당연히'라는 유혹에 시달리며 이성적인 판단력이 흐려진다. 비극은, 그런 아이들을 잡아주어야 하는 부모가 아이와 같은 함정에 빠진다는 점이다.

서울대 비책	실천 노트
고등학교를 고를 때는 남의 시선을 버린다.	- 주위의 시선 의식하지 말기 - 특목고와 일반고 중 어디가 얼마큼 더 좋다는 답은 없다. 진학하여 잘 적응하고 좋은 성적을 낼 수 있는 학교가 좋은 학교다. - 특목고에 진학하려는 아이에게 가장 필요한 것은 '회복탄력성'이다 - 실패는 계속되는 것이 아니라 일시적인 것이라는 긍정의 힘이 필요하다. - 학교 선택보다 더 중요한 것은 진학 후 제대로 고등 과정을 감당해낼 내공이다. - 진도에 연연해하지 말고 심화에 집중하라.

05

입시의 기본, 용어부터 친해지자

엄마도 공부가 필요해

내 아이에게 맞는 학교에 대해 고민했다면, 이제부터 엄마도 본격적으로 입시를 공부해야 한다. 의욕은 넘치는데 방향을 모르고 자료만 잔뜩 쌓아둔 채 그 의미를 정확히 알지 못한다면 밭만 열심히 갈아놓고 씨도 제대로 못 뿌리는 셈이 된다.

엄마들을 만나면서 가장 놀랐던 것이 있다. 아이의 성적표를 제대로 보지 못하는 엄마가 많다는 점이다. 나이스(NEIS) 사이트에 들어가 등급이나 원점수 정도만 확인할 뿐 다른 숫자들이 무엇을 의미하는지 잘 모른다. 모의고사 성적표는 받아보지 못한 채 등급이나 등수에 대한 정보를 아이에게 구두로 듣는 경우도 흔하다. 그도 그럴 것이, 모의고사를 보고 3~4주 정도 지난 후에 성적표가 나오기 때문에 엄마가 잊고 있으면 아이도 굳이 엄마에게 성적표를 보여주지 않는다. 그런데 성적표에는 중요한 정보가 들어 있다. 그 의미를 알면 내 아이를 파악하고 그에 맞는 학습 계획을 세우는 데 도움이 되므로 반드시 체크해야 한다.

나는 학생들에게 중간고사를 치른 뒤 각 과목의 등수를 꼭 알아오라고 당부한다. 대부분의 아이들은 정식으로 성적표가 나오는 기말 이후에야 자신의 등급과 등수를 확인하는데, 사실 등수가 중요한 건 오히려 중간고사 때다. 특히 과목 전체 합산 등수가 아니라 각 과목의 등수가 중요하다. 또한 과목별 등급 컷도 반드시 기억해두어야 한다. 그런 정보는 시험을 치르고 나면 학교에서 공지하거나 선생님들이 구두로 알려주는데, 별 관심 없이 듣다 보니 잘 모르는 아이들이 많다. 그러니 엄마가 잘 기억하고 있다가 아이가 시험을 치르고 나면 반드시 각 과목별 등수와 등급 컷을 알아오라고 말해두어야 한다. 잘 모르고 있다가 기말에 아깝게 등급이 밀려 다음 등급의 앞 등수가 되면 후회하는 일이 비일비재하다. 그렇게 되지 않으려면 과목별 등수와 등급 컷을 알아서 그 과목의 등급을 올리는 계획을 세워야 한다.

예를 들어 전교생이 200명인 학교에서 국어를 87점 맞은 아이가 국어 과목 10등을 했다고 해보자. 그때 1등급 컷이 88점이라면 1등급은 재적 인원의 4%까지 받을 수 있으니 이 학교는 8등까지가 1등급이다. 이 아이는 1점이 부족해서 1등급에 들지 못한다. 그런데 앞에 있는 2명의 점수는 이 아이의 것보다 단 1점이 높다. 이 상황을 알고 기말고사를 준비하는 것과 막연히 열심히 준비하는 것은 큰 차이가 있다. 자신의 과목별 위치를 정확히 알고 있어야 어느 과목에 더 힘을 주어야 할지, 어느 과목은 여유가 있는지 체크할 수 있다. 아직 고등 내신을 겪어보지 못한 중학생들은 먼 이야기처럼 들리겠지만, 고등 내신은 수행과 지필이 합쳐지면 소수점으로도 등급이 바뀌는 경우가 허다하다. 그러므로 1~2점의 점수를 절대 우습게 생각하면 안 된다.

성적표 읽는 법

아이가 고등학교에 입학하면 바쁜 엄마도 꼭 참석하려고 노력하는 것 중 하나가 3월에 있는 학부모 총회다. 적어도 담임선생님 얼굴 정도는 알아야겠다는 생각에 열일 제쳐두고 참석한다. 총회를 다녀와서 엄마들이 많이 하는 말이 "별 거 없다. 담임선생님이 따로 상담해주는 것도 아닌데 괜히 갔다."이다. 하지만 총회는 3년 동안 꼬박꼬박 참석해야 한다.

담임선생님을 통해 반 분위기를 확인하고 담임선생님의 연락처를 받아오는 것은 기본이다. 그리고 중요한 것은 총회 때 학교에서 주는 유인물이다. 유인물에는 학교에서 1년간 학교가 어떻게 운영되고 어떤 프로그램이 있는지, 수행평가는 어떻게 진행되는지, 동아리 운영은 어떤지 등 학교에 대한 자세한 정보가 들어 있다. 그런데 엄마들은 한두 번 넘겨본 후 집 어딘가에 꽂아두거나 재활용쓰레기로 버리기 일쑤다.

  같은 내용을 홈페이지에 게시해주는 학교도 있지만, 내용이 여기저기 흩어져 게시되기 때문에 다 찾을 수도 없고 제대로 찾아지지도 않는다. 그러니 유인물을 보는 게 낫다. 특히 고1 신입생은 첫 총회에서 받는 책자와 유인물 중에서 3년 내내 보관해야 할 것들은 따로 챙겨놓아야 한다. 과목에 따라 수행평가는 무슨 내용이 있고 몇 퍼센트가 적용되는지, 필수 이수 과목은 무엇이 있고 선택 과목의 경우에는 어느 학년에 선택을 해야 하는지 등 꼼꼼히 살펴보아야 한다. 이렇게 기본 자료들을 챙기는 꼼꼼함과 학교생활 중에 아이들이 가져오는 여러 정보를 읽어낼 수 있는 내공을 가져야 한다.

  이때 가장 중요한 것이 성적표 보는 법이다. 다음 성적표는 고1 성적표이다. 학교에서 보내주는 성적표와 같은 형식은 아니지만, 생활기록부 내용을 확인하기 위해 출력했을 때 볼 수 있는 성적표다. 매해 학년 말이 되면 반드시 생활기록부를 출력해 오타나 활동 누락 등을 살펴야 한다. 동일한 형식은 아니지만, 아이들이 학교에서 받아오는 성적표도 다음과 같은 내용이 들어 있다. 이때 아이의 성적표를 보면서 엄마들이 가장 먼저 확인하는 것은 당연히 과목 등급이다. 문제는 엄마들이 등급을 확인하고 난 후 다른 수치에는 별로 관심이 없다는 점이다. 그러나 성적표에는 등급 말고도 확인해야 할 것들이 많이 있다.

교과	과목	1학기				2학기				비고
		단위 수	원점수/과목평균 (표준편차)	성취도 (수강자 수)	석차 등급	단위 수	원점수/과목평균 (표준편차)	성취도 (수강자 수)	석차 등급	
국어	국어Ⅰ	4	94/60.6(18.8)	A(392)	1					
국어	국어Ⅱ					4	100/63.4(21.0)	A(392)	1	
수학	수학Ⅰ	5	99/51.5(20.4)	A(392)	1					
수학	수학Ⅱ					5	100/54(22.8)	A(392)	1	
영어	실용영어Ⅰ	5	99/58.4(23.1)	A(392)	1					
영어	실용영어Ⅱ					5	100/57.5(24.2)	A(392)	1	
사회 (역사/도덕포함)	사회	3	98/64.6(17.6)	A(394)	1	3	98/62.9(19.8)	A(392)	1	
사회 (역사/도덕포함)	생활과 윤리					2	95/64.1(16.4)	A(210)	1	
과학	과학	4	95/56.8(20.1)	A(394)	1	4	99/52.3(21.0)	A(392)	1	
기술·가정/ 제2외국어/ 한문/교양	기술·가정	2	99/70.7(14.8)	A(211)	1					
기술·가정/ 제2외국어/ 한문/교양	논술	1		P	P	1		P	P	
기술·가정/ 제2외국어/ 한문/교양	과학교양	1		P	P	1		P	P	
이수단위 합계		25				25				

첫째, 단위 수를 눈여겨봐야 한다.

중학교 때까지는 기타 과목보다 주요 과목을 더 많이 배워도 어차피 국어 100점이나 기술·가정 100점이나 같은 100점이다. 하지만 고등학교에서는 국어 100점과 기술·가정 100점은 엄청난 차이가 있다. 위 성적표에서 국어와 기술·가정을 확인해보자. 과목란 옆을 보면 단위 수가 보이는데 국어 옆에는

4라는 숫자가 적혀 있고 기술·가정에는 2라는 숫자가 보인다. 단위 수란 일주일 동안 그 시간만큼 그 과목을 배운다는 뜻이다. 다시 말해 국어는 일주일에 4시간, 기술·가정은 2시간을 배운다. 단위 수가 중요한 이유는 등급을 가지고 성적을 산출할 때 단위 수를 곱해서 계산하기 때문이다.

평균 등급을 내는 공식은 다음과 같다.

> ▶평균 등급 내는 공식
>
> (과목 등급 X 과목 단위 수) + (과목 등급 X 과목 단위 수) + (과목 등급 X 과목 단위 수) + (과목 등급 X 과목 단위 수)··· / 전체 과목의 단위 수 합
>
> ▶위 성적표의 1학기 평균 등급을 계산해보자
>
> (국어 1등급 X 4단위) + (수학 1등급 X 5단위) + (영어 1등급 X 5단위) + (사회 1등급 X 3단위) + (과학 1등급 X 4단위) + (기술·가정 1등급 X 2단위)=4+5+5+3+4+2=23이 된다.
> 위 23을 다시 전체 과목 단위 수의 합으로 나누면 평균 등급이 나오므로 23/23=1등급이 된다.

다시 말해, 1학년 1학기의 전 과목 평균 등급이 1등급이라는 뜻이다. 이를 '내신 등급 1.0'이라고 한다.

둘째, 원점수, 과목평균, 표준편차, 수강자 수에 관심을 가져야 한다.

원점수는 아이가 받은 지필과 수행 점수의 합이다. 다시 말해 중간고사 점수, 기말고사 점수, 수행 점수를 각각의 반영 비율로 계산해 합산한 점수다. 수강자의 수는 그 과목을 선택한 아이들의 수이다. 국어 1학기는 394명이고, 생활과 윤리 2학기는 210명으로 괄호 안의 숫자가 수강 인원을 뜻한다. 사실 수강자 수는 고등학교 지원 전에 대략적으로 살펴보는 것이 좋다. 보통은 학교 프로그램이나 대학 진학 실적을 중요하게 생각해 고등학교를 선택하는데, 거기에 하나 더 고려해야 할 부분이 인원수다. 인원수가 많다는 것은 1등급 인원이 많다는 뜻으로, 아무래도 높은 등급을 받기에 유리하다. 1등급이 6명인 학교와 10명인 학교가 있다면 당연히 후자가 좀 더 여유가 있는 것이다.

한 발 더 들어가, 단순히 입학 인원이 많다는 것을 넘어 내 아이가 진학하려는 계열의 인원도 예측해야 한다. 진학을 고려하는 학교 후보군을 정해두고 내 아이가 가려는 계열의 인원이 많은 곳으로 선택해야 한다는 뜻이다. '계열이 파괴된 지금 그것이 무슨 의미가 있나?', '그걸 어떻게 알지?' 하고 생각하는 사람들이 있을지 모르겠다. 우선 계열의 인원 체크는 최근 그 학교의 계열 진로 인원을 확인해보거나 과학중점학교와 같은 특별 프로그램을 선택하고 있는지 살핀다. 그것도 자신이 없으면 학교에 직접 전화해 물어도 된다.

계열 선택을 하지 않는데 왜 그것을 체크해야 할까? 사실 계열 선택은 표면으로만 없어졌을 뿐 실제는 선택과목으로 각 반을 나눈다. 그 선택과목이 과학탐구인지 사회탐구인지에 따라 반이 나뉘기 때문에 이전의 계열 선택과 크게 다를 바 없다. 물론 대학에서는 수강 인원을 충분히 고려해 판단한다지만 어쨌든 1등급이 1~2명인 학교보다는 최소한 5~6명은 되는 학교와 과목이 유리하다는 사실은 부인할 수 없다.

셋째, 표준편차를 알아야 한다.

여기서부터는 엄마들이 많이 어려워하고 설명을 들어도 이해가 어려운 부분이다. 개념을 한번에 이해하지 못해도 너무 스트레스를 받을 필요는 없다. 그저 어떤 의미인지 전체적인 흐름만 파악해두고 여기저기에서 반복해 들으면 차차 이해가 된다.

우선 표준편차에서 '편차'는 평균과의 차이를 말하는데, 평균에서 얼마나 점수들이 분포되어 있는지를 나타낸다. 이때 평균에서 표준편차를 뺀 값과 더한 값 사이에 대부분의 아이들이 존재한다. 예를 들어, 평균이 70점이고 표준편차가 10이라고 하면 70-10=60, 70+10=80으로 계산이 된다. 이는 60점과 80점 사이에 대부분 아이들의 점수가 분포한다는 뜻이다. 다시 말해 평균으로부터 아이들이 얼마나 많이 떨어져 분포하고 있는지 보여주는 것이 표준편차다.

다음 그림을 보면 평균을 중심으로 표준편차의 차와 합 사이에 68.3%의 아이들이 분포하고 있음을 확인할 수 있다. 이것은 평균과 편차를 더한 값보다 잘한 아이들이 약 15%, 평균에서 편차를 뺀 값보다 못한 아이들이 또 15%라는 의미다. 물론 이것은 아이들의 점수가 완벽하게 골고루 퍼져 있을 때를 의미하므로 실제는 당연히 이와 다르다.

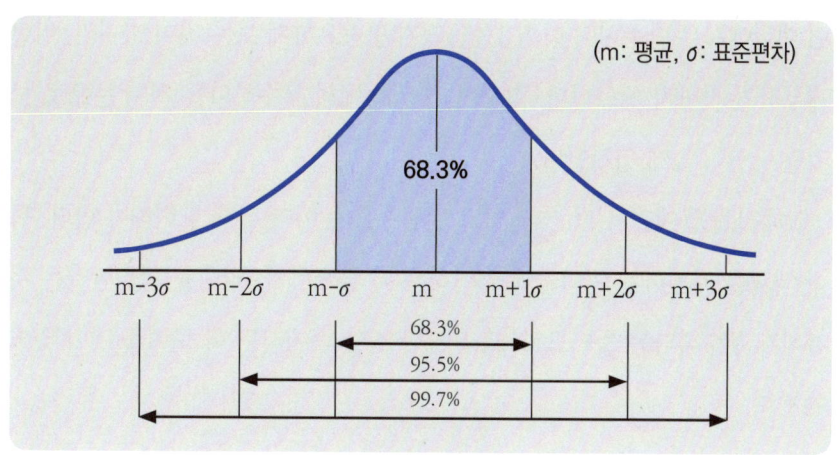

표준편차 분포도

하지만 이 상황을 알고 성적표를 보면 우리 아이가 어느 정도 위치에 분포하고 있는지 짐작할 수 있다.

앞의 성적표에서 1학기 수학I의 성적을 다시 보자.

교과	과목	단위수	1학기				2학기			비고
			원점수/과목평균(표준편차)	성취도(수강자수)	석차등급	단위수	원점수/과목평균(표준편차)	성취도(수강자수)	석차등급	
수학	수학I	5	99/51.5(20.4)	A(392)	1					

원점수 99, 평균 51.5, 편차 20.4이므로 평균에서 편차를 빼고 더해보면 51.5-20.4=31.1과 51.5+20.4=71.9이므로, 70%에 가까운 아이들이 31.1~71.9점 사이에 있다는 뜻이다. 한편 아이의 원점수가 99점으로 편차를 더한 값에서도 27.1점이나 떨어져 있으니 상당히 우수한 성적이다. 이처

럼 대학에서는 단순히 수학이 1등급인지만 중요하게 보는 것이 아니라, 이런 세부적인 것까지 체크한다. 학생이 집단 속에서 우수하다는 것이 눈으로 보이면 당연히 높게 평가한다.

그래서 등급에만 신경 쓰지 말고 원점수를 높이기 위해 노력해야 한다. 특히 의대를 지원하는 아이들에게 이것은 더 중요하다. 의대를 지원한다는 것 자체가 우수하다는 뜻이므로, 그 우수한 집단 속에서도 더 보여줄 것이 있어야 한다.

넷째, Z점수는 무엇일까?

Z점수는 아이의 우수성을 더 확실하게 가늠하는 점수이다. 실제 입시에서도 그 값을 계산해 사용하는 대학들이 있다. Z점수란 표준화점수 중 가장 대표적인 변환점수인데, 표준화점수란 원점수에서 특정의 점수를 빼고 그 결과를 표준편차로 나누어줌으로써 점수를 비교하는 것이다. 그중 가장 보편적인 표준점수가 Z점수다. 여기서는 표준점수의 공식과 의미만 간단히 이야기하겠다.

Z점수를 구하는 공식은 다음과 같다. 이 Z점수를 통해 등급에서 아이의 위치를 알아낼 수 있다.

$$Z = \frac{원점수 - 평균}{표준편차}$$

예를 들어 원점수가 90점이고 평균이 70점, 표준편차가 10이라면 Z=(90-70)/10이 되므로 Z점수는 2가 된다. 이것을 다음 표에서 확인해보면 석차 백분율이 0.0228이 되는데, 이것은 전체 200명이 정원인 학교에서 등수를 계산하면 '200명×0.0228×100'으로 전체에서 4~5등 정도가 된다는 의미다. 즉 1등급이 8등까지인 이 학교에서 4~5등을 했으니 이 학생은 1등급을 여유롭게 받았다는 뜻이다. Z점수를 알면 각 과목 등수를 유추할 수 있기 때문에 같은 등급 내에서도 등급의 끝 등수로 문을 닫고 들어갔는지, 같은 등급 내에서도 등수가 우수한지 구별할 수 있다.

등급	Z점수	석차백분율	등급	Z점수	석차백분율
1등급	3	0.0013	2등급	1.6	0.0548
	2.9	0.0019		1.5	0.0668
	2.8	0.0026		1.4	0.0808
	2.7	0.0035		1.3	0.0968
	2.6	0.0047		1.2	0.1151
	2.5	0.0062	3등급	1.1	0.1357
	2.4	0.0082		1	0.1587
	2.3	0.0107		0.9	0.1841
	2.2	0.0139		0.8	0.2119
	2.1	0.0179		0.7	0.242
	2	0.0228	4등급	0.6	0.2743
	1.9	0.0287		0.5	0.3085
	1.8	0.0359		0.4	0.3446
	1.7	0.0446		0.3	0.3821

석차 백분율에 따른 Z점수 비교

앞의 수학 성적을 적용해 Z점수를 계산해보자. 일단 수학I의 Z점수는 (99-51.5)/20.4=2.32843…이다. 이를 위의 표에서 석차 백분율로 찾아보면

0.009 정도가 되고 이것을 수강 인원에 곱하면 3~4등 정도가 된다. 이 말은 전체 수강생 394명 중 1등급 인원이 16명인데, 그중 3~4등 안에 들어 1등급을 받았다는 뜻이므로 1등급을 받기에 충분한 학생이었다는 평가가 나온다. 아이는 저 시험에서 수학을 1등 했다. 그런데 왜 등수 계산에서는 1등이 나오지 않은 걸까? 데이터를 확인해보면 실제 등수인 1등이 나오기 위해서는 적어도 Z점수가 2.7은 나와야 한다. 그런데 Z점수가 2.7이 되려면 계산식에 대입했을 때 표준편차가 17 이하이거나 아이의 원점수가 107점이 되어야 한다. 그런데 원점수가 100이 넘는다는 것은 있을 수 없는 일이므로 결국 아이가 1등을 인정받기 위해서는 표준편차가 17 이하여야 한다. 그런데 표준편차는 아이가 속한 집단에서 함께 시험을 본 아이들의 점수 분포 정도이므로, 이것은 아이의 노력으로 어찌해볼 수 없는 일이다. 다른 친구들이 수학을 열심히 해서 그 범위 안에 점수가 들어와야 한다는 이야기가 된다.

    Z점수는 학생이 아무리 열심히 해도 스스로 높이는 데는 한계가 있다. 그래서 대학들은 Z점수가 2점이 넘는 경우에는 그 세부 등수와 상관없이 아주 우수한 1등급으로 인정해준다. 아이의 Z점수를 계산해보면 알겠지만 Z점수 2점이 넘는 경우는 흔하지 않다. 그러므로 1점 후반대만 되어도 그렇게 실망할 필요가 없다. 다만 1등급임에도 불구하고 Z점수가 1.6 이하로 계산된다면 학교에서 문제를 너무 쉽게 냈거나 성적이 낮은 아이들이 많다는 뜻이므로 좋은 학교로 인정받기 힘들다고 인지해야 한다. 그러므로 주요 과목의 Z점수는 항상 체크해볼 필요가 있다. 학교 성적표에서 이 정도만 체크할 수 있다면 중요한 정보는 다 얻었다고 볼 수 있다.

모의고사 성적표 읽기

고등학교에 입학하면 중학교에선 전혀 볼 수 없었던 성적표를 하나 더 받게 된다. 바로 모의고사 성적표다.

모의고사는 1, 2학년 때는 3월, 6월, 9월, 11월 등 4번을 시행하고, 3학년이 되면 3월부터 매달 치른다. 이때 학교나 지역에 따라 모의고사를 중간에 한두 번 거르는 경우도 있는데 중요한 시험은 3학년 3월, 6월, 9월 모의고사다. 고3 3월 모의고사를 대충 보는 경우도 있는데, 이 시험이 중요한 이유는 시험 범위가 2학년 전체라 수능을 잘 준비하고 있는지 점검하는 잣대가 되기 때문이다.

고3 6월과 9월에 보는 모의고사는 출제 기관이 평가원이기 때문에 더욱 중요하다. 평가원은 수능시험을 출제하는 곳이다. 당연히 6월과 9월 모의고사의 문제 경향이 수능시험과 맞닿아 있을 수밖에 없다. 또한 6월과 9월 모의고사는 평가원의 입장에서도 상당히 중요하게 해석한다. 6월은 전년도 수능과 난이도를 비슷하게 해서 작년 수험생들과 올해 수험생들의 수준을 비교하고, 올해 수능의 새로운 유형을 보여주는 목적으로 치러진다. 그러므로 6월 모의고사를 치른 후엔 선배들의 진로 결과를 가지고 나의 진로 가능성을 점쳐보고, 새로운 유형을 분석해 수능을 대비해야 한다.

9월 모의고사는 6월 모의고사보다 낮은 난이도로 출제되는 경우가 대부분이다. 6월과 9월에 분석한 수험생들의 수준을 참고로 수능을 출제하는데, 평가원으로서는 혹시라도 문제가 너무 쉽거나 어려워서 등급이 나눠지지 않는 사태가 벌어지면 수능 출제에 실패한 것이 되기 때문에 신중을 기한다. 수험생 입장에서 9월 모의고사가 갖는 의미는 수능 최저학력기준과 정시 도전이

가능한지 가늠하는 것이다. 원서 접수가 9월 모의고사를 기준으로 일주일 이내에 시작되기 때문에 수험생들은 원서 라인의 윤곽을 잡아둔 뒤에 9월 모의고사를 치르고, 최저학력기준을 맞출 수 있는 학교들로 원서를 마무리하게 된다.

모의고사에 대해서는 두 가지 당부를 하며 정리하겠다.

첫째, 1학년과 2학년 모의고사 점수를 가지고 섣불리 정시로 진학하겠다고 결정하면 안 된다. 둘째, 1학년과 2학년 모의고사 점수가 수능 점수일 것이라고 믿으면 안 된다. 아이들이 흔히 하는 말로 '수미잡'이라고 하는데 이는 '수능 말고는 다 의미 없다.'는 뜻이다. 아무리 모의고사 점수가 잘 나와도 수능에선 판도가 완전히 달라질 수 있으니 자만하지 말라는 뜻이다. 실제 수능 문제는 '기시감'이 전혀 없도록 내는 것을 목표로 한다. 다시 말해 어디서 본 듯한 문제는 출제되지 않는다. 그러니 문제를 반복해 풀면서 유형을 익히는 공부를 한 아이들은 낭패를 보게 된다. 원리에 충실한 공부를 하라는 것이 그저 교과서적인 교훈만은 아닌 것이다.

1학년과 2학년 모의고사가 중요하지 않다고는 했지만, 시험을 생각 없이 치르라는 의미는 당연히 아니다. 1학년과 2학년 모의고사에 의미를 두지 말라고 한 것은 1, 2학년 모의고사는 성취도의 개념일 뿐 줄 세우기 목적이 아니기 때문이다. 1학년과 2학년 때는 높은 등급을 받는 것이 생각보다 어렵지 않은데, 아이들이나 부모들은 그 등급을 믿고 잘하고 있다고 생각해 수시보다는 정시로 가면 더 잘 가겠다고 착각한다.

고1 엄마들이 가장 많이 하는 말은 "우리 애가 중학교 때는 잘했는데…."이고, 고3 엄마들이 가장 많이 하는 말은 "우리 애가 1, 2학년 때는 모의 성적이 좋았는데…."이다. 이렇게 과거를 그리워하는 일이 없도록 미리 체크하고 관리해야 한다. 1학년과 2학년 모의는 등급보다는 원점수에 의미를 두고 체크를 하는 것이 좋다. 수능에서 수학은 이과 기준으로 거의 92점이 1등급, 88점이 2등급, 84점이 3등급으로 정해져 있는데, 모의고사에서는 80점 초반으로도 1등급이 나오고, 70점대인데도 2등급이 나오곤 한다. 그러니 등급이 좋다고 자만하면 안 된다. 모의고사 점수를 등급보다는 원점수에 의미를 두고 살핀다면 전국의 고등학교 수준이 다 제각각인 상황에서 그나마 아이의 위치를 객관적으로 알아볼 지표가 되므로 기본적인 정보는 체크해야 한다.

다음은 고3 모의고사 성적이다.

성적표의 가장 왼쪽 위를 보면 모의고사에서 본인이 선택한 과목이 보인다. 국어, 수학 가형, 영어, 한국사 그리고 탐구 과목은 화학I, 지구과학II를 선택했다. 그리고 그 옆에 원점수 란에 배점과 득점이 보인다. 배점은 만점 점수를 의미하고, 득점은 아이가 받은 점수를 의미한다. 그 옆에 표준점수가 있다. 이 표준점수는 모의고사에서는 거의 의미가 없지만 고3 이후에 정시로 진학하려는 아이들에게는 아주 중요한 의미를 갖는다. 정시에서는 거의 모든 대학이 표준점수와 백분위로 아이들을 선발하고, 일부의 경우에만 원점수가 사용되기 때문이다.

표준점수란 수험생들의 성적이 모두 채점된 후 개인 응시자가 전체 순위 중 어디쯤에 위치하는지 알려줄 수 있는 상대평가 점수이다. 시험을 치러보면 어떤 시험은 너무 쉬워서 만점자가 속출하는데, 어떤 경우에는 너무 어려워서 만점자가 하나도 없기도 한다. 이처럼 원점수만으로는 시험의 난이도를 반영하지 못하고 응시자의 상대적 위치를 알 수 없다. 그래서 부득이 서열을 가름해야 할 수능에서는 표준점수를 사용하는 것이다.

표준점수 중 가장 일반적으로 사용하는 것이 앞에서 살펴봤던 Z점수다. 수능에서는 표준점수로 Z점수가 아닌 T점수를 쓴다. T점수는 평균을 50, 표준편차를 10으로 설정해 $10z+50$으로 구한다. 원점수가 50점 만점인 탐구 과목은 T점수 공식 그대로 $10z+50$으로 사용하고, 원점수가 100점 만점인 과목들은 T점수를 2배하여 $20Z+100$으로 사용한다. 이렇게 표준점수를 구하면 일반적으로 국어, 수학은 130점 중후반 내외, 탐구 과목은 60점 후반에서 70점 초반 정도가 나온다. 그런데 시험을 치르고 표준점수를 확인했을 때 만약 표준점수가 140점이 넘어가고 70점 중반이 훌쩍 넘어간다면 그것은 상당히 어려운 시험에서 좋은 점수를 받아 응시생 중 성적이 상대적으로 높다는 뜻이다.

위의 성적표를 보면 국어가 100점인데도 불구하고 표준점수가 124점이다. 이는 국어 시험이 쉬웠다는 뜻이다. 학급 석차와 학교 석차 옆으로 보이는 전국 백분위가 97.90이니 전국에 동점자, 즉 100점이 2.1%라는 뜻이므로 상당히 쉬운 시험이라는 것을 알 수 있다. 수학과 비교해보면, 수학은 원점수가 국어와 같은 100점임에도 표준점수는 133점이고 전국 백분위는 99.56이다. 수학은 전국 응시자의 0.44%가 100점이었으니 국어보다는 어려웠다는 뜻이다.

그에 비해 화학I은 표준점수 80점에 전국 백분위가 99.94%로 전국에서 만점이 0.06%였다. 백분위는 내가 속해 있는 집단에서 상대적 서열을 나타내는 수치이다. 예를 들어 전체가 100명일 때 11등을 했다면 나보다 낮은 점수를 받은 학생이 89명이라는 뜻이고, 내 백분위는 89%가 된다. 만약 35등을 했다면 백분위는 65%가 되는 것이다. 즉 나의 위나 아래로 얼마만큼의 응시자들이 있는지 알게 해주는 수치다.

백분위까지 확인했다면 다음에는 아래쪽으로 내려가보자. 과목별 영역의 배점과 득점이 보일 것이다. 국어의 경우 영역별 득점을 확인하면서 내 아이가 계속 틀리는 영역이 있다면 눈여겨본 후 그 부분을 채워주어야 한다. 그 옆으로는 보충이 필요한 문항이 있는데 그것은 아이가 오답을 낸 문항이다. 원점수를 아는데 틀린 문항을 왜 알려줄까? 그 문항 번호를 확인했으면 밑에 있는 정오표에서 틀린 문항 번호를 확인하고 가장 아래에 있는 정답률을 체크해봐야 한다.

    예를 들면 위 성적표에서 영어의 틀린 문항이 42번으로 되어 있다. 그 42번을 찾아 정답률을 보면 C라고 되어 있는 것이 보인다. 정답률 C가 의미하는 것은 성적표 가장 아래 줄에 작은 글씨로 표시되어 있는 안내 글자를 보면 된다. 거기에 정답률 C는 '40% 이상 60% 미만'이라고 적힌 것이 보이는데 이것은 이 문제를 맞힌 아이들이 그 정도의 비율이 된다는 뜻이다. 반 정도의 아이들은 맞혔으니 그다지 어려운 문항은 아니라는 뜻이다.

    이것은 왜 확인해야 할까? 난이도가 낮은 문제를 틀렸을 때는 실수일 가능성이 크지만, 고난이도 문제를 틀렸다면 심화학습이 안 된 것이기 때문에 공부 방법에 변화를 주어야 할 경우도 있다. 또한 쉬운 문항을 반복해서 틀리거나 의외로 많이 틀린다면 그것은 단순한 실수가 아니다. 다른 원인일 수도 있으니 역시 체크해보아야 한다. 그 외에도 기타 참고자료의 영역 조합별 백분위와 백분위 변화도 눈여겨봐야 한다.

엄마가 알아야 할 입시 용어

지금까지 성적표를 보면서 기본이 되는 입시 용어에 대해 살펴보았다. 단위 수, 원점수, 표준편차, 등급, Z점수, 표준점수, 백분위, 정답률 등은 기본이지만 중요한 용어들이니 이 정도만 알고 있어도 어딜 가든 못 알아들을 이야기는 없을 것이다. 이 외에도 많은 입시 용어가 쓰인다. 알아두면 유용한 입시 용어를 몇 가지만 더 알아보자.

> ❶ **변환표준점수** 대학 수학능력시험 점수 체계의 하나로, 각 백분위별 표준점수의 평균을 말한다. 현재 입시에서는 탐구 과목에 적용하며, 백분위에 따라 얼마의 점수를 부여할 것인지는 각 대학교가 정하기 때문에 점수를 미리 알 수는 없다. 수시와는 상관이 없는 점수다.
>
> ❷ **명목 반영 비율** 모집 요강에 나와 있는 전형 요소별 반영 비율을 말한다. 예를 들면 A대학교의 논술 반영 비율이 모집 요강에 '논술 70%+학생부 30%'로 나와 있다면 이 학교의 논술 명목 반영 비율은 논술:면접이 7:3이 되는 것이다.
>
> ❸ **실질 반영 비율** 전형 요소별로 전형에 미치는 실제적인 비율을 말한다. 앞에서 예로 든 A대학교 논술전형의 경우 논술 전체 총점이 1,000점이라고 할 때 논술은 700점, 학생부는 300점이다. 이때 학생부의 최고점을 300점, 최저학력기준점을 200점으로 잡는다면 이 학교 논술은 100점÷

전형 총점(1,000점)=0.1이 된다. 그러므로 A학교의 학생부 실질 반영 비율은 10%가 되는 것이다.

❹ 전형 요소 대학교에서 학생을 선발하기 위해 고려하는 요소로 수능, 서류, 면접, 실기, 논술, 교과, 비교과 등을 말한다.

❺ 전형 방법 전형에 실제 적용되는 전형 요소 활용 방법으로, 각 대학교에 따라 전형 요소의 비율을 각자 조합해 학생을 선발한다. 예를 들어 고려대학교 추천전형의 경우 '교과 60%+서류 20%+면접 20%'의 전형 요소 비율로 선발한다.

❻ 수시 대학교에서 정시 전형 이전에 내신 성적, 면접, 논술 시험의 결과를 중심으로 입학생을 뽑는 것을 말한다.

❼ 정시 대학교에서 수능 성적으로 입학생을 뽑는 일이다.

❽ 추가 모집 수시와 정시에서 순서대로 선발한 후 미등록 학생이 발생하면 그 인원만큼 선발한다. 서울대학교, 연세대학교, 고려대학교 같은 학교는 추가 모집을 길게 하지 않으며, 학교에 따라서는 모집 정원이 채워질 때까지 여러 차례에 걸쳐 추가 모집을 한다. 특히 수시 모집의 경우 추가 모집으로도 정원을 채우지 못하면 그 인원이 정시 모집으로 넘어가는데, 이것을 정시이월 또는 이월인원이라 한다.

❾ 모집군 정시 모집에서 쓰이는 용어로, 4년제 대학의 정시 모집에서 전형 기간에 따라 구분한다. 각 대학교는 대학 전형일에 따라 가/나/다군으로 나누고 수험생은 군별로 한 번씩 총 3번의 지원 기회를 갖는다. 대학교는 어느 군으로 학생들을 모집할지 선택할 수 있다.

⑩ **복수 지원** 여러 대학을 같은 시기에 동시에 지원하는 것을 말한다. 수시 모집에서는 총 6번의 지원 기회를 가질 수 있고, 이때 한 대학에 다른 전형으로 여러 번 지원할 수 있다. 즉 6개의 대학을 지원하는 것이 아니라 6개의 전형을 지원하는 것이므로 본인이 원한다면 한 학교에 여러 장의 원서를 쓸 수도 있다. 정시 모집의 경우는 모집군별로 1번씩 3개 전형에 지원이 가능하다. 단, 전문대학이나 산업대학, 카이스트, 지스트, 유니스트 같은 특수 대학교는 횟수 제한이 없다.

⑪ **교차 지원** 본인이 준비하거나 학습한 계열과 다른 계열을 지원하는 것을 말한다. 즉 문과생이 이과를 지원하고 이과생이 문과를 지원하는 것을 말한다. 수시에서는 특별히 교차 지원에 제약을 두지는 않지만 수시 지원 자격에 과목별 이수단위를 만족해야 하는 조건이 있기 때문에 교차 지원을 원할 경우 본인이 지원 자격이 되는지 확인해봐야 한다. 몇몇 학과의 경우에는 같은 과임에도 불구하고 문·이과 선발 인원을 나눠서 뽑기도 한다. 또한 수능 최저학력기준이 걸려 있는 경우 이과는 반드시 수리(가)형을, 문과는 수리(나)형을 조건으로 걸기도 했지만, 문·이과 통합이 된 지금 그 조건은 의미가 없어졌다. 단, 수리 선택에서 확률과 통계를 선택한 경우 이과 학과에 지원이 제한될 수 있다. 학교에 따라 이과 학과를 지원할 경우 수학은 미적과 기하 중 하나를 선택해야 한다는 조건이 붙어 있기 때문이다.

⑫ **이중등록** 2개 이상의 대학에 한번에 등록하는 것을 말하는 것으로, 이는 입학 취소 사유가 된다. 예를 들어 A대학교에 등록한 후 B대학교에서 추가합격 연락을 받게 되었다고 해보자. 이때 B대학교 등록을 원할 경우 A대학교의 등록을 취소해야 이중등록이 되지 않는다.

⓭ 전형 단계 일괄전형은 서류를 내면 대학에서 전체 모든 서류를 검토해 바로 합격이나 불합격을 통보하는 방식이다. 단계별 전형은 각 단계별로 그 단계를 통과한 학생들에게 통보하면서 최종 합격까지 가는 방법이다. 보통 2단계까지가 일반적이다.

⓮ 대학별 고사 학생 선발을 위해 대학이 자체적으로 시행하는 시험을 말한다. 대표적인 예로 적성고사, 실기고사, 면접, 논술 등이 해당된다. 그러나 적성고사는 2022년을 기점으로 모든 학교에서 전면 폐지하고, 논술도 점차 폐지 방향으로 가고 있다. 조만간 대표적인 대학별 고사는 실기와 면접만 남을 상황이다.

⓯ 지원 자격 대학을 지원할 수 있는 자격을 의미한다. 대학이나 학과에 따라 재학생과 졸업생까지 지원할 수 있거나 일정 지역에 거주하는 학생들만 지원할 수 있는 등 지원할 수 있는 자격을 명시해 두고 있다.

⓰ 최저학력기준 선발 전형 중에는 서류와 면접뿐 아니라 수능을 치러 대학이 요구하는 일정한 수준의 성적을 확인하고 합격시킨다. 그때 대학이 요구하는 학력 수준을 최저학력기준이라 한다. 대학, 학과, 전형마다 제각각의 기준이 있기 때문에 반드시 확인하고 준비해야 한다.

⓱ 정량평가 평가 자료를 수치화해서 평가하는 방법이다. 예를 들어 1등급은 100점, 2등급은 95점과 같은 식으로 구체적 수치를 주어 평가한다. 교과전형에서 주로 쓰이는 방법인데, 대학마다 계산 방식은 차이가 있다.

⓲ 정성평가 평가자가 전형 자료의 의미를 찾고 해석하는 평가 방법으로, 학생부종합전형이 이 방법을 활용한다. 예를 들어 자신의 전공 역량을 나

타내기 위해 심화 활동을 한 것이 있는지, 수상한 경력은 있는지, 수업 시간에 발표와 독서를 이용해 심화되어 있는지 등을 살펴 평가한다. 이때 평가 결과는 수치화하지 않고 대부분의 대학에서 대학 학점과 유사한 평가를 한다.

⑲ **가산점** 선발 과정에서 일정 부분 점수를 더해 주는 것을 말한다. 예를 들어, 수리(가)형을 치른 학생이 문과 계열의 일부 학과를 지원할 경우 그에 따른 가산점을 부여하는 학교들이 있다. 이과생의 경우 과탐Ⅱ를 선택한 경우 과탐Ⅰ을 선택한 학생들보다 일정 비율의 점수를 더 주는 학교도 있다.

⑳ **특별전형** 특별한 경력이나 소질 등 대학이 제시한 기준을 만족하는 학생을 선발하거나 차등적인 교육적 보상 기준에 의한 전형이 필요한 학생들을 대상으로 하는 전형을 말한다. 일반적으로 우리가 알고 있는 교육 보상 기준에 의한 전형은 농어촌학생전형이나 특성화고교 졸업자, 검정고시 출신, 대안학교, 다문화가정, 다자녀, 종교 관련 등이 있다.

㉑ **표준공통원서접수 시스템** 대학을 지원할 때 모든 대학이 공통으로 적용하는 원서 접수 시스템이다. 각 대학은 원서 접수를 대행하는 진학수, 유웨이 등에 원서 접수를 맡긴다. 따라서 학생들은 자신이 지원하려는 대학이 이용하는 대행업체 홈페이지에 접속해 원서를 작성하고 제출하게 된다. 통합회원으로 가입해 공통원서를 작성해서 제출하기 때문에 상당히 편리하다.

㉒ **특수목적대학** 특별법에 의해 설립된 대학을 일컫는 말로, 대학 입학전형 기본 사항에 제약을 받지 않는다. 대표적인 대학으로 카이스트, 지스트,

유니스트, 지스트, 경찰대, 사관학교, 한국예술종합학교, 한국전통문화대학교 등이 있다. 포스텍은 이공계 특성화대학이지만 대학 분류에서는 일반대학이며 수시 원서 6장 중 하나에 해당된다.

㉓ 정원 내 전형/정원 외 전형 '정원 내 전형'은 입학 정원 내에서 선발하는 전형으로 일반전형과 특별전형으로 나눈다. 일반적인 학생들의 지원 전형에 해당된다. '정원 외 전형'은 대학에서 자율적으로 실시하는 전형으로 교육받을 기회를 균등하게 제공하기 위해 소득, 지역 등의 차이를 고려해 선발하는 전형이다. 농어촌, 특성화고 졸업, 재외국인, 기초생활수급, 차상위, 한부모가족, 장애/특수교육 필요 대상자 등을 이 전형으로 선발한다.

㉔ 유사도 검색 시스템 학생부 위주 전형에서 제출되는 서류의 신뢰도를 높이기 위해 각 서류의 유사한 정도를 검색하는 시스템이다. 자소서와 추천서가 주대상이다. 동일 단어나 문장의 반복, 빈도, 위치, 배열 등을 전반적으로 조사해 유사도가 높으면 개별 검증을 할 수도 있다. 실제 유사도 검색으로 인해 불합격한 숫자가 매년 1,300여 명을 넘고 있으니 인터넷에 떠도는 자소서나 선배의 자소서 등을 단순히 참고하는 수준을 넘지 않도록 조심해야 한다.

㉕ 심층면접 일반적으로 '제시문 면접'이라는 명칭으로 사용된다. 학생들에게 상황이나 데이터 등이 적혀 있는 제시문을 주고 그에 대해 질문하는 방식이다. 서울대학교 공대처럼 수학 문제를 푸는 면접도 있고, 의대 MMI처럼 여러 상황의 예를 두고 그에 대한 수험생의 의견을 묻는 방식, 창의 면접이나 토의 면접 등 대학마다 다양한 방법으로 평가한다.

㉖ 인성면접 보통 '서류 기반 면접'이라고 부른다. 학생이 제출한 서류(학

생부, 자소서 등)의 진위를 파악하고 학생의 활동 내용을 파악하는 데 중점을 둔다.

㉗ 비교내신 검정고시생이나 영재학교 N수생 등 학생부 성적이 없어 상대적인 비교가 어려운 경우 대학별 고사나 검정고시 성적 등으로 대학이 내신을 부여하는 것을 말한다. 이때 일반적으로 수시는 대학별 고사나 검정고시 성적으로 내신을 부여한다. 정시의 경우는 수능 성적의 등급을 기준으로 부여하거나 백분위점수를 기준으로 적용, 비슷한 수능 성적을 받은 다른 학생들의 내신 평균을 이용, 대학 자체의 산출 공식에 대입하는 등 다양한 방식을 쓴다.

㉘ 반영 비율(가중치) 특정 학년이나 교과, 영역에 비중을 두어 계산하는 방식이다. 예를 들어 연세대학교의 경우 교과 반영 비율이 1학년:2학년:3학년이 2:4:4의 비율로 적용된다.

㉙ 분할모집 정시에서 동일한 학과를 2개 이상의 군으로 나누어 모집하는 방식이다. 예를 들어 경희대학교는 경영학과를 가군과 나군에서 일정 수로 나누어 모집한다. 경희대 경영을 원하는 학생의 경우 가군, 나군에서 동시에 지원할 수 있다.

이렇게 많은 용어를 한번에 다 익힐 필요는 없다. 위에서 설명한 최소한의 용어만 제대로 알고 있으면 입시에 대해 이해하는 데 아무 문제가 없다. 기본만 정확히 알고 있으면 그 외 것들은 반복해서 접하는 정보 속에서 자연스레 익힐 수 있다.

입시의 교과서, 모집 요강

입시 용어를 이해했다면 그동안 받았던 아이의 성적표나 설명회에서 받은 정보를 다시 살펴보자. 그전과는 다르게 다가올 것이다. 특히 사설 학원에서 받은 여러 자료와 설명을 떠올려보면 새롭게 알게 되는 것이 있다. 하지만 이 모든 것보다 우선해야 하는 것이 진학을 목표로 하는 대학교에 대한 정확한 정보다. 대학교 홈페이지에는 중요한 정보들이 많지만, 그중에서도 반드시 '선행학습 영향 평가 보고서'를 확인해야 한다.

선행학습 영향 평가 보고서란 각 대학들이 자체적으로 실시하는 모든 대학별 고사, 즉 논술, 면접, 실기, 인·적성 등이 고등학교 교육과정의 범위와 수준을 준수했는지 확인하고 결과 보고서를 공지한 것을 말한다. 이는 모든 대학교가 3월 말까지 홈피에 게재하도록 되어 있다. 늦어도 4월 정도에는 확인할 수 있는데, 이 자료를 통해 전년도 논술, 면접의 기출문제를 확인할 수 있다.

평가서 안에는 문항들을 분석하고 요약해 면접이나 논술 문제가 실제 교육과정 중 어떤 과목과 어떤 단원에서 출제되는지 확인할 수 있도록 되어 있다. 면접의 경우 제시문을 기반으로 하는 면접은 문제를 공개한다. 정리되어 있는 기출문제에는 문항 및 자료, 출제 의도, 출제 근거와 함께 문항 해설도 정리를 해두기 때문에 학생부종합전형이나 논술전형을 준비한다면 반드시 살펴야 한다. 학원 설명회나 면접 수업, 논술 수업은 모두 이를 바탕으로 분석해 정보를 제공하는 것이다.

다음은 고려대학교의 선행학습 영향 평가서 목차와 분석 결과 요약표의 일부를 발췌한 것이다.

I. 선행학습 영향평가 대상 문항 ········· 1
   1. 2019학년도 대학별고사 현황 ········· 1
   2. 선행학습 영향평가 대상 문항 총괄표 ········· 2

II. 고교 교육과정 범위 및 수준 준수 노력 ········· 3
   1. 고교 교육과정에 대한 분석 및 검토 ········· 3
   2. 출제·검토위원에 대한 고교 교육과정 사전 연수 ········· 3
   3. 모의 면접평가 시행 ········· 5
   4. 고교 현장 면접교육 지원 프로그램 운영 ········· 5

III. 문항 분석 결과 요약 ········· 8
   1. 문항 분석 결과 요약표 ········· 8

IV. 대학 입학전형 반영 계획 및 개선 노력 ········· 9

V. 부록 ········· 10
   1. 2019학년도 학교추천 I (인문계) 토론면접 문항 ········· 10
   2. 2019학년도 학생부종합전형 문항카드 ········· 12

고려대학교 선행학습 영향 평가서 목차

입학전형	계열		문항번호	교과별 교육과정 과목명	교육과정 준수 여부	문항 붙임 번호
수시 학교추천 I 전형	자연계열	오전	1~5	물리I, 지구과학I, 한국사, 확률과 통계	○	문항카드1
		오후	1~4	과학, 지구과학I, 물리I, 확률과 통계, 사회·문화	○	문항카드2
수시 학교추천 II전형	인문계열	토(오전)	1~3	생활과 윤리, 사회	○	문항카드3
		토(오후)	1~3	법과 정치, 윤리와 사상, 사회	○	문항카드4
		일(오전)	1~3	윤리와 사상, 사회·문화, 세계지리	○	문항카드5
		일(오후)	1~3	사회, 사회·문화, 국어I	○	문항카드6
	자연계열	토(오전)	1~4	과학, 물리I, 화학I, 사회·문화	○	문항카드7
		토(오후)	1~4	물리I, 화학I, 사회·문화, 사회, 경제, 윤리와 사상	○	문항카드8
		일(오전)	1~4	과학, 화학I, 수학I, 미적분I, 기하와 벡터, 경제	○	문항카드9
		일(오후)	1~4	과학, 화학I, 사회·문화, 수학II, 미적분I	○	문항카드10

고려대학교 문항 분석 결과 요약표

2020 입시에서 고려대학교 추천이나 기타 학교 학생부종합전형을 쓴 아이들이 나에게 면접을 의뢰했다. 나는 각 학교 3개년 문제와 분석지를 주고 면접에 돈을 쓰지 말라고 조언했다. 부모들과 아이들은 불안한 마음에 어디든 가서 도움을 받고자 하지만, 막상 면접시험을 보고 오면 굳이 수업을 찾아다닐 필요가 없었겠다는 것을 알게 된다. 면접 수업은 면접장을 들어가고 나가는 자세, 대답할 때 시선 처리, 답이 막혔을 때 대처하는 방법 등 기본적인 태도만 인지시킬 뿐 합격의 비법을 알려주지 않는다. 즉 면접 수업을 한다고 해서 면접 문제를 잘 푸는 것이 아니다. 그나마 면접 수업이 필요한 경우는 의대를 지원한 아이 중 MMI 면접이 있는 경우, 서울대학교를 지원한 경우 수학 심층 면접이 필요할 때뿐이다.

입시 용어와 가까워져라! 12년이 편하다

내 아이에게 맞는 학교에 관한 고민을 했다면 이제부터 엄마도 본격적으로 입시를 공부해야 한다. 의욕은 넘치는데 방향을 모르고 자료만 잔뜩 쌓아둔 채 그 의미를 정확히 알지 못한다면 밭만 열심히 갈아놓고 씨도 제대로 못 뿌리는 셈이 된다. 엄마들을 만나면서 제일 놀랐던 것이 있다. 아이의 성적표를 제대로 보지 못하는 엄마가 많다는 점이다. 나이스(NEIS) 사이트에 들어가 등급이나 원점수 정도만 확인할 뿐 다른 숫자들이 무엇을 의미하는지는 잘 모른다. 성적표에는 중요한 정보가 들어 있고, 그 의미를 알면 내 아이를 파악하고 그에 맞는 학습 계획을 세우는 데 도움이 되므로 반드시 체크해야 한다.

서울대 비책	실천 노트
성적표 보는 눈을 키운다.	- 성적표를 보는 눈이 중요하다. - 등급 외에도 원점수, 단위 수, 수강자 수, 표준편차, 평균, 진로 선택 과목 등을 확인해야 한다. - 성적표로 알려주지 않는 Z점수에도 관심을 갖자. - 모의고사에서 얻어야 하는 중요한 정보는 오답 유형 분석과 오답 문항 난이도 확인 백분위 정보 등이다.

서울대 비책	실천 노트
기본 용어를 알아야 입시가 보인다.	- 입시 용어에 관심을 갖자. - 전형요소를 알아야 무엇을 준비해야 할지 알 수 있고, 그것을 알아야 유리한 전형을 찾을 수 있다. - 내 아이가 지원하는 학교에 면접이 필요한지, 최저는 있는지, 수능 전 선발 전형인지, 수능 후 선발 전형인지 등을 확인하자.
대학교 홈페이지와 친해진다.	- 입시 용어에 대한 대략적 이해를 했다면 대학 홈페이지와 친해져라. - 대학 홈페이지에 발표되는 보고서를 통해 대학이 실시하는 모든 대학별 고사의 정보를 얻자. - 선행학습 영향 평가서를 확인하면 대학에서 실시하는 대학별 고사에 어떤 과목이 어떤 단원에서 출제되는지 알 수 있다.
대학의 입시요강에 눈을 돌린다.	- 입시가 다가오면 대학의 입시요강을 세심히 봐야 한다. 선배들의 입시 결과만으로 섣부른 입시계획을 세우면 낭패를 본다. - 매년 새롭게 발표되는 입시요강을 가지고 3년간의 입시 변화를 비교하라. 선발 인원 변화, 세부 전형 변화, 면접 유무, 최저 유무 등 세밀한 관찰이 필요하다.

06

전쟁의 시작, 입시 열쇠 만들기

**없지만 있다
입시의 정석**

　입시 레이스에 뛰어들면 엄마들은 고급 정보를 얻기 위해 열심히 발품을 판다. 서울대학교 의대 진학을 둘러싼 입시 코디 문제로 세상을 떠들썩하게 한 드라마 〈스카이 캐슬〉에서 서울대학교 의대 입시에 성공한 선배 엄마가 아들 의대 입시의 모든 것을 담은 포트폴리오를 누구에게 전해줄 것인지에 대해 엄마들끼리 잔뜩 신경전을 벌이는 장면이 나왔다. 진짜 그런 것이 있다면 엄마들끼리의 경쟁이 어마어마할 것이다. 선배 엄마가 간 길을 따라가는 것만으로 자녀의 서울대학교 의대 입학이 보장되니 말이다. 드라마가 방영된 이후 정말 많은 질문과 관심을 받았다. 엄마들은 진짜 그런 것이 있느냐고 물었다. 나는 "없지만 있기도 하다."고 대답했다. 이렇게 애매하게 말하는 이유는 실제 선배 엄마의 뒤를 그대로 따라간다고 자녀의 의대 입학이 보장될 리 없기 때문이다. 반면에 선배 엄마의 경험과 그 자녀의 스펙이 내 아이의 입시를 준비하는 데 분명 도움이 되는 것도 사실이다.

하지만 나는 한 번도 선배가 이렇게 했으니 너도 이런이런 것을 하자라는 솔루션을 아이들에게 제시한 적이 없다. 2019년에 서울대학교 의대에 입학한 이경현 선생님(이 책의 공동 저자)의 자녀 경호는 고2 겨울 2월에 만났다. 처음 만났을 때부터 느낌이 아주 좋았다. 나는 아이들과 미팅을 하고 나면 반드시 아이에 대한 전반적인 평가를 메모로 남기는데, 대부분 아이의 어떤 부분이 뛰어나다든가, 생기부의 어떤 내용이 특색 있고 강점이 있다 등 서류 내용 위주로 평가를 한다. '느낌이 좋다.'라는 메모를 남기는 일은 흔치 않다. 그런데 경호는 정말 느낌이 좋았다. 나는 그 아이와 몇 마디 나눠보기도 전에 "넌 지역균형선발전형이 아니라 일반전형으로 쓰는 게 좋겠다. 안정적이고 신뢰감 가는 목소리와 좋은 느낌만으로도 큰 장점이 있으니 너의 매력을 충분히 보여줄 면접 비중이 높은 전형이 유리하겠어."라고 말했다. 사실 지역균형선발전형을 포기하는 일은 결코 쉬운 일이 아니다. 특히 그 지역은 일반전형으로 서울대학교 의대를 합격한 전례가 전무한 곳이니 엄마와 아이 모두 용기 그 이상의 결단이 필요했다.

지역균형선발전형 선택 마지막 날 "지역균형선발전형을 포기하고 일반전형으로 쓰기로 했다."는 이경현 선생님의 전화를 받고 반갑기도 하면서 한편

으론 무거운 책임감도 느꼈다. 그 후 아이의 합격 소식을 들었을 때 기쁨은 지금도 잊을 수 없다. 게다가 그해 나와 입시를 준비하던 다른 아이가 경호가 포기한 지역균형선발전형을 받아 서울대학교 공대에 진학했으니, 결과적으론 두 아이 모두 윈-윈을 한 셈이었다.

2020 입시에서도 비슷한 느낌을 가진 아이가 있었다. 고1 2월에 처음 만났는데 보자마자 애정이 듬뿍 간, 너무도 반듯한 아이였다. 아이 개인의 실력과 인성 모두 나무랄 데 없었다. 약점은 소속 고등학교였다. 서울대학교를 거의 보내지 못하는 그 지역 최하위권 학교로, 중3 겨울에 그 아이를 만났다면 적어도 그 학교는 가지 말라고 이야기해줬을 것이다. 학교의 프로그램이나 학력 수준이 떨어져 아이들을 뽑아주지 않는다고 서울대학교를 원망할 수도 없는 학교였다. 그 아이와 입시를 만들어가면서 학교의 무기력함과 무능력에 화가 나고, 열심히 뭔가를 하려 해도 제도가 없어 허탈하고 아이의 처지가 안타까웠던 힘든 시간들이었다. 더구나 최선을 다해 마무리했다고 생각하고 의대에 원서를 쓰려는 순간 어이없게도 아이의 학교에서 의대는 안 된다며 농대를 쓰라고 압박을 했다. 아이도 엄마도 많이 흔들렸고, 급기야 서울대학교를 포기하고 다른 대학교 의대 원서를 한 장 더 쓰는 것이 어떨지 나에게 의견을 물었다.

하지만 아이의 3년을 고스란히 지켜본 나는 아이를 믿고 서울대학교를 믿었다. 이런 아이를 합격시키지 않는다면 그것은 서울대학교 입시가 잘못된 것이라는 나름의 확신이 있었다. 아이와 엄마를 설득해서 원서를 썼고 아이는 수시에서 5군데 의대에 모두 합격하는 쾌거를 이뤘다. 여기서 중요한 사실이 있다. 아이가 1차에서 합격한 대학교 모두 최초합(최초로 한번에 합격)으로 최종합격을 했다는 것이다. 이 말은 아이가 의대의 MMI에서 모두 우수한 성적을 거뒀고, 면접관들 모두 아이를 높게 평가했다는 뜻이다. 이것이 내가 말하는 '좋은 느낌'이다. 그것은 결코 나만의 생각이 아니라 입시를 위해 아이를 평가하는 사람이라면 누구나 공통적으로 알아챌 '된 놈'이라는 느낌이다. 이 느낌을 가진 아이를 만나는 것은 한 해에 서너 명 정도에 불과하다. 그런 아이들의 공통점은 꼭 의대 입시나 최상위 입시가 아니라도, 또 성적에 상관없이 모두 입시 결과가 만족스럽다.

개교 이래 의대 실적이 전무한 지방 일반고에서 단번에 메이저 의대생을 배출하는 일은 흔치 않다. 대부분의 학교에서는 선배들이 수없이 의대의 문을 두드리고 그중 몇 해 정도 지방 의대를 합격하는 선배들이 나와주면 그 세월이 쌓여 메이저 의대를 배출하는 경사를 맞게 된다.

과학중점학교에서 일반전형으로 서울대학교 의대를 진학한 한 아이가 있었다. 학교는 나름 치열한 내신 전쟁을 치러야 하는 지역 명문 여고였다. 지방 명문 의대 입학생은 꾸준히 배출해왔으나 서울 내 의대, 그것도 메이저 의대 합격은 전무한 학교였다. 아이는 탐구 역량이 상당히 좋았고, 수줍어하고 겸손해 보이지만 막상 면접을 하면 당차게 의견을 말할 수 있을 것 같은 강단이 엿보였다. 소위 무대 체질인 아이였다. 이는 자존감이 높은 아이들의 특징이다. 자존감이 높은 아이일수록 평소 모습은 겸손하나 알맹이가 단단해서 어디서든 존재감을 드러낸다.

수시로 갈까? 정시로 갈까?

앞에서도 말했지만 수시는 대학교에서 정시 이전에 내신 성적, 면접, 논술 시험의 결과를 중심으로 입학생을 뽑는 것이다. 정시는 수능 성적으로 입학생을 뽑는 것이다. 전형 기간으로 보면 수시는 매해 9월에 원서 접수를 하고, 10월부터 11월 사이에 각 전형에 따라 논술, 면접, 1차 발표, 수능 등을 치른 후 12월 중순이 되면 아무리 일정이 늦은 학교도 합격자 발표를 끝낸다. 12월 셋째 주 정도면 추가 모집까지 끝난다. 그 이후는 정시전형 기간이다.

정시는 가군, 나군, 다군으로 학교를 나누어 1인당 3군데 학교에 지원할 수 있다. 가군, 나군, 다군으로 나뉘어 있지만, 실제 학교 선택의 기회는 가군, 나군, 즉 2군데뿐이라고 생각해야 한다. 다군에는 학교 수도 적고 학생들이 지원하고 싶어하는 학교도 거의 없다. 게다가 정시는 원하는 학교에 상관없이 지원해야 하는 경우도 있는데, 수능 성적이 애매해서 연세대학교와 고려대학교를 한번에 지원하고 싶어도 정시에서는 두 학교가 같은 군에 위치하기 때문에 지원할 수 없다. 이것이 정시의 불리함이다.

대학 입시 방법의 가장 큰 갈래는 수시와 정시다. 다음 표를 보면서 각각의 입시 요소에 대해 알아보자.

학생부종합전형	**교과 + 비교과 + 서류 + 면접 + 수능**(최저학력기준이 있는 경우) 교과 + 면접 + 수능이 주요 항목 (비교과 축소 서류 간소화의 영향)
학생부교과전형	**교과 + 비교과 + 면접**(극히 일부 대학) **+ 수능**(최저학력기준이 있는 경우) 교과 + 수능이 주요 항목 (교과전형의 비교과는 단순한 출결 확인이기 때문에 영향력이 없음)
논술전형	**교과 + 논술 + 수능**(최저학력기준이 있는 경우) 논술이 주요 항목 (논술에서 교과는 변별력이 미미하고 수능 최저학력기준이 비교적 수월함)
특기자전형	**교과 + 비교과 + 면접** (특기자전형은 대부분의 대학교에서 폐지되는 방향으로 가고 있음)

수시 입시

수시는 위의 표와 같이 각각의 전형에 따라 전형 요소의 조합이 조금씩 다르다. 그런데 현 정부에서 비교과는 대폭 축소하고, 서류에서도 추천서와 자소서를 점차적으로 폐지하며 정시를 확대할 예정으로 입시의 방향을 잡고 있기 때문에 추후 입시 요소들에 변화가 있을 수 있다.

다만 이렇게 스펙을 축소하는 식으로 입시 방향이 그려지다 보니 대학교들은 정보가 지나치게 제한되어 아이들 선발에 어려움이 있다고 볼멘소리를 한다. 이렇게 되면 대학교들은 장기적으로 면접의 비중을 현행보다 높이거나 면접의 형식을 바꾸는 등 면접을 강화할 수 있다. 또 수능 최저학력기준을 강화할 수 있고 수능 최저학력기준이 없었던 학교에서는 최저학력기준이 부활할 수도 있다.

수능 100%	대부분의 학교에서 수능 결과를 100% 반영한다. 단, 대부분의 의대에서는 정시라 하더라도 면접을 병행하는데, 이때 면접은 큰 변별력 없이 최소한의 내용만 확인한다. 또한 동점자가 생길 경우에는 교과를 활용해 선발한다.
수능 + 학생부	한양대학교와 일부 지방 교대에서만 시행하고 있다.

정시 입시

정시는 2022년까지 각 대학교마다 선발의 30%를 맞추도록 하고 있고, 현 사회 분위기라면 정시 비율은 더 늘어날 것이다. 2019년 11월 28일에 발표된 대학 입시 공정성 방안에 따르면, 2022년부터 정시 확대를 권고해 현재 중2(2025학년 입시)부터는 전면적으로 정시 40%를 실시할 것이다. 사실 현재도 정시는 수시와의 비율이 3:7이 아닌 명문대 일수록 4:6에 가깝다. 이유는 수시 선발에서 이월인원(수시 모집의 경우 추가 모집으로도 정원을 채우지 못하면 그 인원이 정시 모집으로 넘어가는데, 이것을 정시이월 또는 이월인원이라 한다)이 발생하기 때문이다. 그러므로 만약 앞으로 정시와 수시의 비율을 4:6으로 하는 정책을 편다면 실질 비율은 5:5가 될 수도 있는 것이다.

현재 입시 선발 방법을 여론 조사하면 압도적으로 정시를 늘리라는 비율이 높다. 그렇다면 정시는 정말 공평한 걸까? 앞에서도 여러 번 말했지만 정시는 절대 공평하지 않다. 특히 서울 강남, 대구 수성구, 부산 해운대구처럼 입시에 특화된 지역이나 전국단위자사고 중 정시에 비중을 두는 학교들을 제외하면 정시 비율이 늘었을 때 혜택을 보는 곳은 없다고 해도 과언이 아니다. 2017~2019년 서울대학교 최종 등록자 현황을 기초자치단체별로 분석해보면 다른 전형에 비해 정시의 지역 편중이 가장 심한 것으로 나온다.

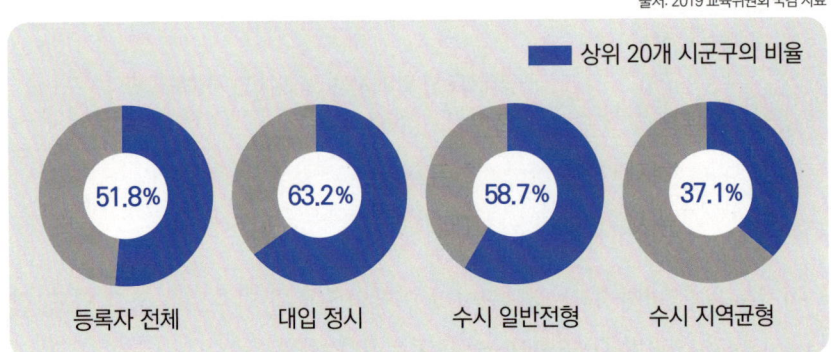

2017~2019년 서울대 입학생의 학교 소재지

정시로 진학한 서울대학교 학생 10명 중 6명 이상이 상위 20개 시·군·구에 몰려 있다. 특히 서울 강남구·서초구·양천구, 경기도 용인·성남 5곳의 합계가 전체 합격생의 30%를 넘었다. 전국의 시·군·구 비율을 생각했을 때 정말 놀라운 결과이다. 상황이 이러한데, 정시가 과연 모두에게 공평한 입시 방법인지 냉정하게 생각해봐야 한다.

내 아이에게 유리한 입시는?

입시에서 어떤 방법으로 진학할 것인가 하는 것은 수험생 본인의 선택이니 왈가왈부할 필요가 없다. 다만 어떤 것이 자신에게 맞는지, 또는 조금이라도 더 유리한지 정확하게 인식해야 한다. 개인차는 있지만 유리한 게 무엇인지

개괄적으로 알아보자.

　우선, 일반고에 다니는 아이들은 무조건 수시로 진학하겠다는 마음으로 공부해야 한다. 앞에서도 이야기했지만 고1과 고2 때 모의고사를 치르며 학교 내신보다 모의고사의 등수가 좋은 아이들은 대부분 일찍부터 정시를 하겠다고 마음먹는데, 내신이 나쁜 아이가 정시 성적이 뛰어난 경우는 일반고에서 거의 없다. 그나마 서울 강남의 일반고에서는 가능한 일이다. 그런 아이들은 3학년 1학기까지 수시로 진학하겠다는 생각을 놓지 말아야 한다. 물론 가끔 예외도 있다. 내신에서 수학은 뛰어난데 기타 과목이 말도 안 되게 나쁜 경우는 3학년 1학기 내신을 포기하고 논술과 정시를 준비하는 것이 좋다. 2019년에 시립대학교에 입학한 아이가 그랬다. 내신은 4점대가 넘었지만 수학은 1등급과 2등급을 오갈 만큼 실력이 좋은 아이였다. 그 부모와 아이의 고민은 진학할 만한 대학교가 있느냐는 것이었다.

　일반고에서 4점대가 넘는 내신은 인 서울은 당연히 불가능하고 지방에서도 좋은 학교나 과에 지원할 수 없다. 하지만 아이의 장점을 살리면 논술로 충분히 진학할 수 있는 상황으로 판단됐기에 스케줄을 같이 고민해주고 여러 가능성과 결과에 대한 비전을 전해주었다. 그때 내가 당부한 것 중 하나가 "스마트폰을 놓자."였다. 엄마는 "초5 때 처음 스마트폰을 손에 쥔 후 한 번도 폰을 포기하지 못했던 아이다. 요즘도 밤에 3~4시까지 유튜브나 게임을 하기 때문에 아침에 깨우는 것이 너무 힘들다."고 하소연하셨다. 그런 아이에게 왜 스마트폰을 내려놓아야 하는지 한 시간 넘게 설득했다. 사실 돌아서서 나가는 아이를 보며 약속을 지킬까 반신반의했다. 그런데 다음 날 저녁 엄마에게 전화가 왔다.

"아침에 아이가 스마트폰을 초기화시켜 내놓았어요. 감사합니다."

아이는 그렇게 7개월을 열심히 노력해 시립대학교 공대에 진학했다.

사실 이런 경우는 절대 흔하지 않다. 섣불리 선택해서도 안 된다. 하지만 아이들은 2년 반의 장기 레이스인 수시보다, 1년이면 된다고 생각하는 정시의 유혹을 쉽게 떨치지 못한다. 2년 반 동안 10번의 시험을 위해 꾸준히 공부를 해야 한다는 것은 '열심히' 하지 않는 아이들에게도 압박으로 인한 괴로움을 준다. 하지만 수능에 맞춰져 있지 않은 일반고의 시스템은 정시에 절대 불리하다.

아이들이나 학부모들의 잘못된 선택 중 하나가 1학년부터 내신이 원하는 만큼 나오지 않으면 정시로 가야겠다고 결정해버리는 것이다. 이것은 왜 잘못된 선택일까? 수능은 내신을 치르지 않으면 준비할 수 없기 때문이다. 내신을 치르려면 평균 한 달 정도 준비하고, 그동안 아이들은 최선을 다해 시험 범위에 해당하는 내용을 익히고 반복하며 많은 양의 문제를 푼다. 그렇게 다져져야만 그 단원이 내 것이 된다. 중학교 때 아무리 선행을 많이 했어도 실제 고등 문제를 풀어낼 능력을 가진 아이들이 지극히 적은 것과 같은 이유다.

그러므로 정시를 할지 수시를 할지는 아무리 빨라도 2학년 2학기 중간고사를 치른 뒤에 결정하는 것이 좋다. 가장 적당한 시기는 2학년 2학기 기말고사 이후다. 2학년 2학기를 마감했는데도 수시로는 도저히 진학의 가능성이 보이지 않는다면 기말 이후부터 겨울방학을 어떻게 보낼지 계획을 세워야 한다.

전형 선택의 조건

그렇다면 수시와 정시 중 내 아이가 어디에 맞는지는 어떻게 알 수 있을까? 일단 정시는 대학마다 국·영·수·탐구의 적용 비율이 다르다. 그중 이과 계열은 당연히 수학 비중이 높다. 그다음으로 비중이 높은 것이 국어다. 학교나 계열마다 차이는 있지만 대체로 그런 비율을 가지고 있기 때문에 정시에서 경쟁력을 가지려면 무엇보다 수학과 국어가 잘되어 있어야 한다.

그것에 더해 쉽게 긴장하지 않는 담력도 중요한 자질이다. 평소에는 잘하지만 결정적이고 중요한 순간에 자기 실력을 발휘하지 못해 원하는 결과를 얻지 못하는 아이들이 있다. 모의고사를 치르면 학교에서 1등을 도맡아 하는데, 막상 수능 때 전혀 예상치 못한 점수를 받아 서울 강남의 유명 재수학원에서 재수를 한 아이가 있었다. 전국의 수재들만 모인다는 학원에서, 소위 그 학원에서 유명한 '빌보드 차트'에 매달 이름을 올리던 아이였는데 재도전에도 실패했다. 그 학원의 빌보드 차트는 이름이 올라가면 SKY 메이저 학과는 물론이고 메이저 의대 합격을 보장한다고 할 만큼 높은 성적을 받아야 오를 수 있는 리스트로 유명하다. 그 아이는 결국 삼수로도 원하는 의대에 진학하지 못해 공대에 진학했다. 매 모의고사마다 만점에 가까운 점수를 받았지만, 수능 시험장에만 가면 가슴이 너무 뛴다는 그 아이를 어떻게 해볼 도리가 없다며 엄마가 많이 우셨다.

그 아이가 수시를 했다면 어땠을까? 그 아이는 1학년까지 전교 5등권이었는데 전교 5등으로는 원하는 의대를 갈 수 없다며 2학년부터 정시로 방향을 돌렸다. 아이의 역량으로 볼 때 꾸준히 내신을 했다면 분명 2학년, 3학년 때는 성적이 더 올랐을 것이다. 수학과 과학이 상당히 깊이 있고 어문도 훌륭했기에 학년이 올라갈수록 아이들과 더 차이를 벌렸을 거란 생각이다. 극단적인 사례이긴 했지만, 실제 수능에서 자신의 실력을 온전히 발휘하는 현역들은 사실 거의 없다. 그만큼 입시의 압박이 크다. 그러니 한 번으로 모든 것을 판가름해야 하는 정시를 선택하는 것은 지극히 신중해야 한다.

'국어와 수학의 실력이 뛰어나야 한다.'는 조건은 단순히 내신에서 성적이 좋은 것과는 다르다. 수능을 잘 치를 수 있는 실력은 언제 어느 때 무슨 시험을 치르더라도 자신의 점수를 낸다. 그런 실력을 가진 아이들은 모의고사 성적에 기복이 없다. 의대를 진학할 수 있을 만한 최상위권인 경우는 어떤 난이도에서도 국어와 수학의 오답을 합한 개수가 3개를 넘지 않는다. 특히 1학년 모의고사의 주요 과목은 거의 만점에 가깝다. 그러니 제발 1학년 모의고사 점수에 고무돼 수시를 포기하는 선택은 하지 말자. 서울 강남을 제외한 다른 지역의 일반고는 수시의 결과가 훨씬 좋다는 것을 명심하고, 특히 지방 일반고의 경우는 정시 실적 자체가 없는 학교가 더 많다는 것을 기억해야 한다.

자사고의 경우는 좀 상황이 다르다. 특히 전국단위자사고는 정시에 상당히 강하다. 물론 하나고처럼 수시에 모든 역량을 쏟는 학교도 있지만, 상산고처럼 정시에 더 역점을 두는 학교도 있다. 중학교 때부터 유달리 활동을 좋아하고 수행에 강하며 자율성이 잘 잡혀 있는 아이들은 하나고, 포항제철고, 민사고 등의 학교가 더 유리하다. 상산고는 1학년 1학기만 지나도 상위권에서 밀린 아이들이 정시로 입시 방향을 돌리기 때문에 정시 진학률이 높은 대표적인 학교이다. 다음 표에서 확인하듯 수시와 정시의 서울대학교 합격 인원을 보면 각 학교의 성격을 알 수 있다.

*전수조사 아님 *정원내 기준 *합격자수=수시최초+수시추합+정시최초 기준
*합격 실적 많은 순(합격실적 동일할 경우 수시·정시·학교명 순)

순위	고교명	2019합격자		
		계	수시	정시
1	외대부고	73	37	36
2	하나고	51	49	2
3	상산고	38	13	25
4	민사고	31	22	9
5	포항제철고	23	18	5
6	김천고	17	10	7
7	현대청운고	14	9	5
8	북일고	13	9	4
9	인천하늘고	12	10	2
10	광양제철고	5	5	0
계(10개교)		277	182	95

2019학년 전국단위자사고 서울대학교 합격 실적

외대부고처럼 수시와 정시가 고르게 진학하는 경우는 상산고와 마찬가지로 1학년 내신에서 서울대학교 진학이 힘든 3등급 라인의 아이들이 정시 입시 준비를 하면서 수시와 정시로 자연스럽게 나뉘기 때문이다. 이런 학교들의 특징은 방과 후에 수능 수업을 운영하고, 인터넷 강의를 자유롭게 수강할 수 있도록 해서 개인이 수능을 대비하기 쉽게 길을 열어준다. 지도하는 선생님들의 수준도 일반고와는 비교할 수 없다. 사립의 특성을 살려 우수한 아이들의 역량을 키워줄 선생님들을 전국에서 스카우트하기 때문에 대체적으로

선생님들의 수업에 대한 불만은 적은 편이다. 이 학교의 아이들은 종종 대치동의 이름난 선생님의 강의를 들으면서도 우리 학교 선생님의 강의가 더 좋다고 말한다. 전국 1타 강사로 불리는 대치동 강사나 유명 재수학원 강사 중에는 하나고나 용인 자사고 등에서 아이들을 가르쳤던 선생님들도 다수 있다. 그러니 정시 준비의 출발점이 다를 수밖에 없다.

하지만 전국단위자사고에 대해 지나친 환상을 가지면 안 된다. 다음 표는

*출처: 학교알리미(졸업생의 진로현황 전수조사)
*4년제 대학 진학률(졸업자 대비 진학자 비율) 순

순위	고교명	4년제 진학률	기타비율	4년제대학 진학자			전문대	취업	기타	졸업	지역	
				국내	해외	계					시/도	소재
1	하나고	76.33%	23.67%	158	0	158	0	0	49	207	서울	은평구
2	인천하늘고	76.17%	23.36%	163	0	163	1	0	50	214	인천	중구
3	김천고	74.79%	24.79%	178	3	181	1	0	60	242	경북	김천시
4	외대부고	73.91%	26.09%	213	59	272	0	0	96	368	경기	용인시
5	민사고	68.49%	31.51%	71	29	100	0	0	46	146	강원	횡성군
6	북일고	66.28%	29.36%	200	28	228	10	5	101	344	충남	천안시
7	광양제철고	65.18%	23.96%	234	0	234	39	0	86	359	전남	광양시
8	포항제철고	59.68%	38.71%	259	0	259	0	7	168	434	경북	포항시
9	상산고	52.33%	47.67%	202	0	202	0	0	184	386	전북	전주시
10	현대청운고	51.50%	48.50%	85	1	86	0	0	81	167	울산	동구
	계(10개교)	65.68%	32.12%	1763	120	1883	51	12	921	2867	-	

2019학년 전국단위자사고 4년제 대학 진학률

전국단위자사고의 대학 진학률을 나타낸 것인데, 그중 기타 비율은 재수생 비율이다. 정시생이 많은 상산고나 현대청운고에 유난히 재수생이 많은 것은 그만큼 정시가 불안정한 입시임을 증명해준다.

결국 고입에서 자신의 진로를 정할 때는 수시로 진학할 것인가, 정시로 진학할 것인가에 대한 로드맵이 대략적으로 있어야 올바른 대학교 선택이 가능해진다. 욕심만으로 학교를 선택하거나 역량의 정확한 진단 없이 대학교를 선택하는 것은 비극으로 가는 길이다. 그래서 엄마가 아이를 좀 더 면밀히 관찰하고 심도 있는 교감을 가져야 한다. 여섯 번의 선택 기회와 더 높은 선발 비율 등 좋은 수시 기회를 뒤로하고, 굳이 실질적 선택이 두 번이고 선발 비율도 낮은 정시를 택하라고 부추기는 사람은 일단 그 저의를 살펴봐야 한다. 이 이야기를 설명회에서 듣게 된다면 그곳은 수능과 관련 있는 대형 인터넷 강의 회사나 학원, 또는 정시와 관련이 있는 입시 관련 회사일 것이다.

고등학교에 입학할 때부터 정시로 대학교에 가겠다고 결심하는 아이는 없다. 막상 입학해 내신시험을 치러보니 원하는 위치에 서지 못하게 되면서 정시로 마음을 돌리는 것이다. 그러므로 입학 전에 '내신이 안 되면 정시 해야지.' 하는 각오보다는 내신을 잘해내겠다는 각오를 하는 것이 더 바람직하다. 그것은 일반고든 특목고든 마찬가지다. 사실 나는 특목고에 진학해 정시로 입시를 치르는 아이들이 가장 안타깝다. 특목고에 진학하는 목적 자체가 그 학교의 남다른 프로그램을 이용해 최상의 스토리를 만들어 진학하는 것인데, 그 훌륭한 프로그램을 전혀 활용하지 못한 채 수능으로 진학하는 것이니 말이다. 현재 고등학생이라면 어쩔 수 없겠지만 고등학교 선택을 앞두고 있는 중학생이라면 다시 한 번 학교별 장단점을 비교해보고 가고자 하는 목표 대학교와 학과를 생각해 지원하기 바란다.

교과, 비교과

고등학교에 입학하면 교과와 비교과로 나뉘는 생활기록을 챙겨야 한다. 교과는 생활기록부의 교과학습 발달상황 란에 쓰는 내용을 말하며, 성적표와 세부 능력 특기사항으로 구성되어 있다. 여기에는 교과 성적과 각 교과목의 선생님들이 관찰한 아이의 수업 태도, 수업 내용, 수업 중 활동 등이 기록된다. 이보다 더 중요한 항목은 입시에 없다. 아무리 독서를 많이 하고 활동을 많이 하고 봉사를 많이 해도 성적을 이길 수 있는 것은 아무것도 없다.

다만 여기서 혼돈하지 말아야 할 것이 있다. 입시 전형에는 교과전형, 학생부종합전형, 복합전형이 있다. 교과전형은 교과로 줄을 세워 등수대로 컷을 정하는 것이고, 학생부종합전형은 생활기록부, 자소서, 추천서 등의 모든 서류를 종합적으로 평가해 선발하는 것이다. 그리고 이 두 가지를 적절하게 섞어서 선발하는 것이 복합전형이다. 이때 면접까지 섞어 선발할 것인지, 면접 없이 선발할 것인지에 따라 전형이 달라진다. 각 전형은 어떤 것이 더 높은 비율로 들어가느냐에 따라 교과전형과 학생부종합형으로 나뉜다.

쉽게 말해 교과전형은 말 그대로 교과 성적을 크게 보겠다는 것이고, 종합전형은 성적뿐만 아니라 비교과로 불리는 기타 요소들도 같이 보겠다는 것이다. 하지만 종합전형에서도 성적은 절대 무시할 수 없는 선발의 열쇠이다. 다만 그 잣대는 고등학교의 종류에 따라 달라진다. 일반고는 학교 프로그램 자체가 특목고와는 비교하기 힘들 정도로 부족하기 때문에 종합전형이라고 해도 교과 성적이 합격의 중요한 포인트가 된다. 특목고는 일반고보다 내신이 부족해도 비교과가 좋으면 교과의 불리함을 이겨낼 수 있다.

예를 들어 일반고 출신의 내신이 1.5점인 학생과 1.7점인 학생이 있고, 광역 자사고 출신의 내신 2.1점인 학생과 2.3점인 학생이 있다고 가정해보자. 이 네 학생이 같은 학교, 같은 과에 지원해 두 명이 선발되는 경우, 교과전형이라면 당연히 내신이 좀 더 높은 일반고 두 학생이 합격을 한다. 하지만 종합전형인 경우에는 예측할 수 없다. 일반고 학생들은 다 떨어지고 자사고 두 명이 선발될 수도 있고, 일반고 1.7점과 자사고 2.3점이 선발될 수도 있으며, 일반고 학생 두 명이 모두 선발될 수도 있다. 일반고 학생들의 교과 성적이 좋더라도 자사고 학생들의 비교과 활동이 더 좋으면 좋은 내신만으로 선발의 이유가 될 수 없기 때문이다. 실제로 합격생을 보면 악명 높은 특정 몇 대학교의 경우 저 정도 내신 차이라면 자사고 학생 둘이 붙을 가능성이 더 높긴 하나.

그런 대학교들의 보통 합격 평균 등급은 1점 후반이나 2점 초반이다. 일반고의 경우 1.5점 이내의 학생만 선발하고, 자사고의 경우 2점 후반대까지 선발함으로써 평균이 2점 안팎이다. 그러므로 실제 합격한 학생들의 성적 분포를 점으로 찍어 나타내보면 오히려 평균 주변 등급이 비어 있는 경우가 많다.

상황을 잘 모르는 학부모가 이런 데이터를 보면 2점대 내신을 받는 우리 아이(일반고)가 충분히 지원해도 된다고 착각을 한다.

이처럼 입시의 성격을 이해하면 인 서울, 그것도 소위 명문 11개 대학교에 가려면 일반고 1점 중반 이내여야 가능하다는 것을 알게 된다. 물론 일반고에서도 1점 후반으로 입학하는 경우가 있는데, 대부분 나름의 프로그램을 갖고 있는 과학중점학교나 사회중점, 국제중점, IT중점 등 활동에 있어서 평범한 일반고와는 다른 학교들이 많다. 일반고여도 프로그램이 확실한 학교에서 최상위인 아이들은 내신에서 불리해도 소신 있게 학교와 학과를 선택할 수 있다. 반면, 내신이 좋은데도 불구하고 학력이 낮다고 평가받는 학교의 최상위들은 학교나 학과를 한없이 낮추려 하는 것이 일반적이다.

최근에는 내신만으로 갈 수 있는 최고 레벨인 한양대학교를 목표로 일부러 저학력으로 꼽히는 고등학교에 전략 지원하는 아이들도 있다. 그런데 얼마 전 예정보다 2주나 빠르게 발표된 한양대학교 교과전형 결과에서 1.02점의 내신으로 공대를 예비합격 받은 아이가 있어서 놀랐다. 물론 그 정도의 예비 번호면 당연히 100% 추가합격의 가능성이 있으므로 걱정은 없다. 그런데 1.02라는 좋은 내신으로 한양대학교 공대 교과전형을 썼다는 것은 무엇을 의미할까? 우선 그 아이들이 특목고가 아닌 것은 당연하다. 또한 1.0점의 완벽한 내신으로 최저학력기준 없는 한양대학교 교과전형을 의대도 아닌 공대로 지원했다는 것은 학교 프로그램에 자신이 없고 학교 진학 실적이 부족하며 최저학력기준에도 자신이 없는 지방 일반고일 가능성이 거의 확실하다.

승현이가 1.0점으로 내신을 마무리했을 때 A대학교의 입사관이 한 말이 있다. 전국적으로 매년 1.0점의 내신을 가진 아이들이 문·이과 합쳐서 50~80여 명쯤 되는데, 그중 과학중점고의 이과생이 1.0점인 경우는 많지 않다. 그러므로 지원만 한다면 충분히 합격할 것으로 보이니 A대학교에 지원하라는 이야기였다. 하지만 아이는 A대학교를 지원하지 않았다. 정시까지 함께 준비하던 아이의 입장에서 수능 전 면접을 봐야 하는 A대학교에 지원하는 것은 소위 '납치'라고 생각했기 때문이다. A대학교에 지원했다면 결과가 어떻게 됐을지 입시 후에도 내내 궁금했다.

이렇게 입시에는 각 학교 상황에 따라 매우 다양한 지원 가능성이 생긴다. 승현이가 과학중점고가 아니었다면 아무리 내신이 1.0점이었어도 A대학교에서 지원을 권하지는 않았을 것이다. 실제로 2019년에 내신 1.0점이었던 아이와 2020년에 내신 1.03점이었던 아이는 지원을 하지 않는 것이 좋겠다는 A대학교의 대답을 들었다.

입시의 많은 변수를 고려하면 역시 가장 중요한 것은 고등학교 선택이다. 그리고 선택한 대학교에 따른 나만의 입시 로드맵이다. 다만 특목고 선택 시 신입생 미달로 인한 재정 손실로 갑작스레 일반고 전환을 선언하는 학교들이 있다는 점을 유념해야 한다. 분명 입학은 자사고로 했는데 재학 중 학교가 일반고로 전환되는 것이니 입시에서 유리할 리 없다. 더군다나 현 교육부에서 2025년까지 외고와 자사고를 모두 폐지하겠다고 밝힌 상황이니, 앞으로의 입시 지형이 어떻게 달라질지 아직 초등·중학생이라면 촉각을 곤두세워야 한다. 물론 2025년이라고 해도 실제 그때까지 모든 외고와 자사고가 정말 폐지될지는 알 수 없다. 올해만 해도 자사고 기준에 못 미치는 점수를 얻어 자사고의 위치를 박탈당할 대상인 학교들이 계속 법정 소송을 하며 처리를 지연시키고 있기 때문이다. 어쨌든 그 불확실성에 너무 두려워하지 말고 상황에 맞는 선택을 하면 된다.

이때 자사고 선택에 대해 최대한 불확실성 리스크를 줄이려면 최근 3년 동안의 경쟁률을 꾸준히 체크해야 한다. 고등학교의 경쟁률은 학교의 대입 실적이나 평판 등을 바탕으로 자연스럽게 형성되므로 상당히 중요하다. 다만 특정 기업의 목적으로 설립되는, 예를 들어 포스코에 의해 설립된 포스코고등학교나 삼성에서 설립한 삼성고등학교처럼, 자사 사원을 위한 전형이 따로 있는 경우는 사원 자녀 비율이 얼마나 되는지, 사회 배려 대상자의 지원 비율이 얼마나 되는지에 따라 경쟁률에 왜곡이 있다는 점을 주의해야 한다.

또한 최근에는 서울대학교 입시 실적만으로 학교의 수준을 판가름할 수 없다. 문과와 달리 이과 최상위 학생들은 서울대학교에 합격해도 타 대학교 의대에 합격하면 서울대학교 입학을 포기한다. 이 비율이 전체 합격자의 10%를 넘어서고 있기 때문이다. 그 예로 전국단위자사고인 상산고와 현대청운고, 공주한일고(자공고) 등은 서울대학교 실적이 학교의 명성에 비해 미약하지만 실제로는 의대 실적이 상당하고, 광역 자사고인 휘문고, 단대부고, 해운대고 역시 서울대학교 실적은 감소하지만 의대 실적은 갈수록 상승하는 추세를 보인다. 다만 각 학교의 의대 실적은 내신이 좋을 수 없는 학교의 구조상 수시 실적보다는 정시 실적이 많다. 그러므로 의대 실적이 좋다고 해서 덜컥 이 학교들을 선택하면 낭패를 볼 수 있다. 어느 학교에서 입시를 시작하든 모든 계획의 초점은 수시에 맞춰 시작해야 한다.

생기부가
열쇠다

수시에서 가장 중요한 포인트는 무엇일까? 당연히 좋은 생활기록부를 갖는 것이다. 좋은 생활기록부는 좋은 내신 외에도 우리가 더 알고 챙겨야 할 비교과 활동의 내용이 알차다.

생활기록부는 총 10개의 부문으로 되어 있다. 그중 인적사항이나 학적사항, 출결사항 등은 전학이 잦거나 전학한 학교의 종류가 다르거나 출결이 유독 불규칙하다는 등 특별한 사유가 없는 한 문제될 부분이 아니다. 2020년부터는 학적사항과 인적사항이 통합된다.

학교생활세부사항기록부(학교생활기록부Ⅱ)

졸업대장번호					
학년\구분	학과	반	번호	담임성명	사진
1					
2					

1. 인적사항

학생	성명 :	성별 :	주민등록번호:
	주소 :		
가족 부	성명 :	생년월일	
상황 모	성명 :	생년월일	
특기사항			

2. 학적사항

201○년 02월 00일 군포혜성중학교 제 3학년 졸업
201○년 03월 02일 군포혜성고등학교 제 1학년 입학

특기사항

3. 출결상황

학년	수업일수	결석일수			지각			조퇴			결과			특기사항
		질병	무단	기타	질병	무단	기타	질병	무단	기타	질병	무단	기타	
1														
2														

생활기록부의 진짜 모습은 네 번째 항목인 수상 경력부터다. 입시에 제법 영향을 미치던 이 부분은 기록이 한 학기당 한 개로 줄어들면서 기존보다는 영향력이 약해질 전망이다. 이전에는 수상 종류, 횟수, 참가 대상, 수상 인원 등을 다양하게 들여다보고 수상 내용과 해당 교과가 연관성이 있는지에 대해서도 살폈으나, 이제는 그런 관점이 바뀔 수밖에 없다. 모든 수상을 다 기록해 제출할 수 있던 때는 이과 학생들의 글쓰기 수상이나 인문과 학생들의 발명품, 창의력 등 이과적 수상이 좋은 평가를 받았는데 이제 기록이 제한된 만큼 자신의 진로와 가장 연관성이 높은 수상만 골라 적어야 한다.

다만 수상 기록이 하나라고 해서 하나의 대회에만 나가는 편협한 행보를 해서는 안 된다. 기회가 된다면 다양한 대회에 참가해 수상의 기회를 최대한 갖는 것이 좋다. 단순히 목록에 올리지 못한다고 해서 무조건 쓸모가 없는 것은 아니기 때문이다. 진로나 자율, 또는 세부 특기에도 얼마든지 녹여낼 수 있고, 자소서에도 충분히 활용해 쓸 수 있기 때문이다.

4. 수상경력					
구분	수상명	등급(위)	수상연월일	수여기관	참가대상
교내상					

다섯 번째 항목인 자격증, 여섯 번째 항목인 진로 희망사항 역시 크게 의미는 없다. 아이들은 진로 희망사항을 굉장히 신경 쓰지만 정작 입사관이 가장 신경 쓰지 않는 것 중 하나가 진로 희망사항이다. 1년 동안에도 몇 번씩 꿈이 바뀔 수 있는 시기임을 알기에 진로 희망이 변경된 경우 타당한 이유와 과정

이 보이면 진로 희망이 일관되지 않는다고 문제 삼지 않는다. 더구나 2020년 생활기록부부터 진로 희망은 삭제된다.

5. 자격증 및 인증 취득상황				
구분	명칭 또는 종류	번호 또는 내용	취득연월일	발급기관
교내상				

6. 진로희망사항		
학년	진로희망	희망사유
1		
2		

일곱 번째 항목인 창의적 체험활동은 비교과 활동의 꽃으로, 교과 성적과 함께 입시에서 핵심이 되는 부분이다. 창의적 체험활동은 자율 활동, 동아리 활동, 봉사 활동, 진로 활동이 있고 봉사 활동 실적을 적는 란이 함께 있다. '창체'라고 불리는 이 기록은 학교별로 가장 차이나는 부분이기도 하다. 특목고는 다양한 프로그램으로 이 부분을 최대한 활용하는 데 비해, 일반고는 틀에 박힌 활동에서 그다지 벗어나지 않기에 비교적 내용이 부실하다. 네 가지 활동 모두가 중요하지만 굳이 중요 순서를 나열하면 동아리 활동, 진로 활동, 봉사 활동, 자율 활동 순이다.

자율 활동이 마지막으로 꼽힌 이유는 자율이 중요하지 않아서가 아니다. 학교의 공통 프로그램이 80% 정도를 차지하기 때문에 아이들의 내용이 비슷하다. 그러므로 그 내용은 아이들의 의지가 아닌 학교의 영향을 받기 때문에 본인이 채울 수 있는 내용에 한계가 있다. 다만 최근에는 자유 연구 주제나 동아리의 활동 일부, 그리고 수업에서 한 특별 기획 활동 등을 기록할 수 있어 나름 유용했다. 그러나 2020년부터는 1,000자에서 500자로 분량이 축소되기 때문에 이를 이용하는 것이 수월하진 않을 듯하다. 500자 분량이면 학교 행사 기록이나 아이가 맡게 된 직책을 기록하는 것만으로도 분량이 다 찰 것이다.

동아리 활동은 학교에서 운영하는 주동아리와 학생들이 각자의 관심에 따라 운영하는 자율동아리로 구성되는데, 이 동아리 활동 기록 란을 잘 활용하면 자신의 관심사와 활동 내용, 활동의 깊이까지 충분히 보여줄 수 있다. 동아리 활동 내용이 잘 기록된 아이들은 생활기록부가 훨씬 깊어 보이고 풍성하기 때문에 특별히 더 신경 써야 한다. 자신의 능력과 관심에 대해 기울인 노력과 기획 능력, 리더십 등을 잘 살려서 기록한다.

특목고는 기본적으로 학술에 관한 주동아리와 취미, 예체능, 자율 등의 이름으로 학생 1명당 4개 이상의 동아리 활동을 한다. 이 부분은 변경되어 주동아리 하나에 자율동아리 하나로 제한되었다. 그마저도 자율동아리 기록 글자 수를 동아리명과 동아리 취지 정도만 기록하도록 30자로 제한을 두었으니, 특목고와 일반고의 기록 차이가 조금은 줄어들 수도 있다.

봉사 활동은 원래 500자 내외로 간단히 내용을 적었는데 2020년부터는 봉사 시간만 남길 수 있다. 무슨 봉사를 어떻게 했는지 기록되지 않고 총 활동 시간만 기록되는 것이다. 봉사 시간은 지원하는 과에 따라 다르지만 의대·치대·한의대나 문과의 사회복지학과, 그리고 교대 등은 충분한 시간 동안 봉사를 해두는 것이 좋다.

7. 창의적 체험활동상황

학년	창의적 체험활동상황		
	영역	시간	특기사항
1	자율활동 (적응, 자치, 행사, 창의적 특색활동)		
	동아리활동		
	봉사활동		
	진로활동		

학년	봉사활동실적				
	일자 또는 기간	장소 또는 주관기관명	활동·내용	시간	누계시간
1					

진로 활동은 자신의 진로와 관련된 활동을 기록하는 란이다. 보통은 학교에서 주관하는 프로그램과 외부에서 주관하는 프로그램에 참여한 것을 기록한다. 2020년부터 기록의 양이 줄어들지만 기회가 되면 여러 프로그램에 참여해 기록을 남기는 것이 여러모로 좋다. 특히 고등학교 1학년 때는 자신의 진로와 크게 관련이 없어도 다양한 활동을 하면 유리하다. 진로 활동 기록에서 중요한 것은 전공 준비를 위한 능력 개발 활동과 진로에 대한 관심, 열정 등의 자기 주도적 활동의 기록이다. 기회가 되면 대학교에서 주관하는 각종 캠프에도 참여해보자.

다음 표는 생활기록부 기록에 관한 변경 내용이다.

항목		이전	개선(안)	비고
창의적 체험활동 특기사항	자율활동	1,000자	500자	3,000자 → 1,700자 ※1,300자 축소
	동아리활동	500자	500자	
	봉사활동	500자	미기재	
	진로활동	1,000자	700자	

2020년도 이후 변화하는 생기부

학교별 불균형을 해소하고자 변경된 생활기록부는 특목고와 일반고의 격차를 조금은 줄여줄 것으로 기대하지만, 특목고는 축소된 글자 수만큼 기록 방법이나 기록의 위치를 조정할 것이기 때문에 일반고도 이에 못지않은 고민과 연구가 필요하다.

8. 교과학습발달상황			1학기			2학기			비고
교과	과목	단위수	원점수/과목평균 (표준편차)	석차등급 (수강자수)	단위수	원점수/과목평균 (표준편차)	석차등급 (수강자수)		
이수단위 합계									

과목	세 부 능 력 및 특 기 사 항

〈체육·예술(음악/미술)〉

교과	과목	1학기		2학기		비고
		단위수	등급	단위수	등급	
이수단위 합계						

과목	세 부 능 력 및 특 기 사 항

여덟 번째 항목은 교과학습 발달상황이다. 이는 입시에서 생활기록부 전체를 통틀어 입시의 당락을 가를 수 있는 가장 중요한 조항이다. 단순히 수치로 표시되는 성적은 물론 세부 능력 및 특기사항에서 입사관의 눈이 날카롭게 빛난다. 수업 중 발표 내용에서 학업 능력이 드러나는지, 학업에 대한 열정이나 전공에 대한 관심이 얼마나 있는지, 교사가 평가한 아이의 특징과 그에 맞는 근거가 기록되어 있는지 등을 살펴, 수행평가와 팀 프로젝트를 통해 자기 주도 능력이나 지적 호기심이 기록되어 있는지도 확인한다. 이를 위해서는 평소 과목별 수행평가에도 관심을 기울여야 하고, 수업 태도 또한 적극적으로

참여하는 모습이 기록될 수 있도록 노력해야 한다. 발표 횟수까지도 생활기록부에 기록하는 학교도 있다. 과목별 기록뿐만 아니라 마지막 부분에 있는 개인별 세부 능력 특기사항 역시 중요하다. 창의적 체험활동 부분의 글자 수가 줄어든 것을 개인별 세부 능력 특기사항을 이용해 기록으로 남기려는 노력이 한층 더 정교해질 것이다.

아홉 번째 항목인 독서 활동 상황은 학년별 학기별로 기록하게 되어 있다. 예전에는 책 제목과 더불어 간단하게 독서 후기를 기록하게 해서 독서 기록이 상당히 중요한 스펙이 될 수 있었지만, 지금은 책 제목만 기록하도록 변경되었다. 독서를 너무 가볍게 여기는 아이들이 많은데, 컨설팅을 하면서 생활기록부를 마무리할 때 가장 신경 써서 아이들과 정리했던 부분이 독서였다. 3학년 여름이다 보니 기록부 내에서 변화시킬 부분이 워낙 없기도 했지만, 원서를 쓰려는 진로와 수준에 맞는 독서로 마무리하는 것이 중요하기 때문이기도 했다.

독서는 양으로 승부하면 안 된다. 독서의 경향과 융·복합적 사고를 보여줄 수 있어야 하며, 자신이 관심을 가지고 있는 분야를 은근히 드러낼 수 있는 기회로 삼아야 한다. 단, 전공과 관련된 독서만 하려고 노력할 필요는 없다. 오히려 다양한 관심과 역량을 보여줄 수 있도록 넓고 깊게 해야 한다. 입사관은 독서에서 학생의 발전과 지식 세계의 확장을 본다. 그러니 이런 과정이 잘 드러나도록 독서를 하는 것이 중요하다. 한 입사관에 따르면, 일부 대학교에서는 독서가 부실한 학생은 성실하지 않은 것으로 간주하고 학생부종합전형에 대한 준비가 부족하다고 평가한다고 한다. 그러니 독서를 단순히 양으로 평가받으려 하지 말고, 교과와 연관지어 지식의 확장과 성장 과정을 보여줄 수 있도록 노력해야 한다.

마지막 열 번째 항목은 행동특성 및 종합의견이다. 이 부분은 각 학년의 담임선생님들이 아이를 지켜본 본인의 관점으로 기록하는 란이다. 입사관은 여기서 학생의 인성을 확인한다. 2019년까지는 1,000자로 표현했으나 2020년부터는 500자로 대폭 축소되었다.

항목	이전	개선(안)	비고
행동특성 및 종합의견	1,000자	500자	1,000자 → 500자 ※500자 축소

이 항목에서는 대부분 장점만 기록하는데 타인에 대한 태도와 리더십, 학급에서의 활동과 자세 등을 기록하고 교우 관계를 엿볼 수 있어야 한다. 다만 거의 모든 학생의 생기부가 비슷하게 느껴질 만큼 칭찬과 장점을 강조하는 어휘가 비슷하므로 자기만의 에피소드를 담을 수 있도록 노력해야 한다. 선생님들의 기록에 대한 부담을 줄여주는 것이 글자 수 축소의 주된 이유이지만, 사실 너무 비슷하고 형식적으로 획일화된 내용이라 글자 수를 줄이는 것도 괜찮다고 생각한다. 좀 더 개성 있는 기록을 갖고 싶다면 구체적인 에피소드를 기록하는 것이 훨씬 진정성 있어 보인다.

10. 행동특성 및 종합의견

학년	행동특성 및 종합의견
1	

종합의견은 학기를 구분하여 입력할 수 있으며, 학기별로 입력하는 경우 교육정보시스템에 '(1학기)', '(2학기)'와 같이 직접 입력한다.

이런 구성과 내용으로 아이들을 기록해왔던 생활기록부가 앞으로 변화를 맞게 된다. 2020년 현 고1인 아이들까지는 생기부 형식의 변화는 없을 테지만 현재 중3 아이들부터는 생기부의 구성과 형식이 바뀔 것으로 예상된다. 생활기록부에 기록되는 항목과 내용에 많은 변화가 예고됐기 때문이다. 다음은 2019년 11월 28일 교육부에서 발표한 대입 공정성 방안 중 생활기록부 기재 부분이다.

구분		현 고1 (21학년도 대입)	현 고1~고2 (22~23학년도 대입)	현 중3 (24학년도 대입)
① 교과활동		•과목당 500자	•과목당 500자 •방과후 학교 활동(수강) 내용 미기재	•과목당 500자 •방과후 학교 활동(수강) 내용 미기재 •영재·발명교육 실적 대입 미반영
② 종합의견		•연간 1,000자	•연간 500자	•연간 500자
③ 비교과 영역	자율활동	•연간 1,000자	•연간 500자	•연간 500자
	동아리 활동	•연간 500자 •정규·자율 동아리, 청소년단체활동, 스포츠클럽활동 기재 •소논문 기재 가능	•연간 500자 •자율 동아리는 연간 1개 (30자)만 기재 •청소년단체활동은 단체명만 기재 •소논문 기재 금지	•연간 500자 •자율 동아리 대입 미반영 •청소년단체활동 미기재 •소논문 기재 금지
	봉사활동	•연간 500자 •실적 및 특기사항	•특기사항 미기재 •교내·외 봉사활동 실적 기재	•특기사항 미기재 •개인 봉사활동 실적 대입 미반영 단, 학교교육계획에 따라 교시기 지도한 실적은 대입 반영
	진로활동	•연간 1,000자	•연간 700자 •진로희망분야 대입 미반영	•연간 700자 •진로희망분야 대입 미반영
	수상경력	•모든 교내 수상	•교내 수상 학기당 1건만 (3년간 6건) 대입 반영	•대입 미반영
	독서활동	•도서명과 저자	•도서명과 저자	•대입 미반영

* (미기재) 학생부에서 삭제, (미반영) 학생부에는 기재하되, 대입자료 미전송

많은 변화가 예고되면서 생활기록부의 기록이 축소되었지만, 그래도 정말 중요한 두 부분에는 힘이 실릴 될 것이다. 하나는 교과학습 발달 상황이고 다른 하나는 행동특성 및 종합의견이다. 특히 행동특성 및 종합의견은 2022년부터 폐지되는 교사 추천서를 대신할 수 있기 때문에 정말 중요한 항목이 될 것이니 잘 기억해두자.

이렇게 각 항목별로 중요한 부분을 기억하고 기록 하나하나에 정성을 들이면 좋은 생활기록부를 만들 수 있다. 중요한 것은 생활기록부는 절대 저절로 만들어지지 않는다는 점이다. 당연히 모든 활동의 주체는 학생이므로 아이에게도 무엇이 중요하고 어떤 것이 필요한지 틈틈이 알려주면서 같이 만들어나가야 한다. 늘 최선과 정성을 다해야 한다.

엄마와 자녀가 함께 외우는
서울대 비책 노트 |핵심 06|

나에게 맞는 입시 열쇠를 만들어라!

엄마들이 '서울대 의대 입시의 모든 것이 담긴 포트폴리오'라는 게 진짜 있느냐고 물으면 나는 "없지만 있기도 하다."고 대답한다. 이렇게 애매하게 말하는 이유는 실제 선배 엄마의 뒤를 그대로 따라간다고 자녀의 의대 입학이 보장될 리 없기 때문이다. 반면에 선배 엄마의 경험과 그 자녀의 스펙이 내 아이의 입시를 준비하는 데 분명 도움이 되는 것도 사실이다.

서울대 비책	실천 노트
변하는 입시를 준비한다.	- 추천서와 자소서가 점차적으로 폐지되고 정시가 확대되는 것에 대비하라. - 제한된 정보로 인해 대학들이 면접의 비중을 높이거나 형식을 바꾸거나 최저를 강화하는 방법이 강구되고 있음을 기억하라. - 새로운 입시의 방향은 생기부 기록 축소로 인해 어쩔 수 없이 면접을 강화하거나 수능 최저학력기준을 신설 또는 강화하는 방향으로 변화될 수밖에 없다. - 깊이가 부족한 학습 대비로는 면접이나 수능 최저학력기준이 어려울 수 있으니 학습의 방향을 제대로 잡아라.

서울대 비책	실천 노트
입시는 전형으로 결정된다.	- 고등 입학 후 한두 번의 시험만 치른 상태에서 바로 내신을 포기하고 정시로 진로를 정하지 말자. - 입시 전형을 결정하는 적합한 시기는 고2 겨울방학이다. 이때는 스스로 지원할 전형을 결정하고 그 준비를 완성하는 시기이다. - 고2 겨울에 수능 선택과목, 지원 전형, 세부 진로의 방향 등을 결정한 후 남은 한 학기에 대한 준비에 만전을 기해야 한다.
축소되는 생기부 속에 놓치지 말아야 것이 있다.	- 생기부의 지나친 축소로 입시에서 수험생들이 보여줄 수 있는 요소가 많이 줄어들었다. - 축소된 생기부에서 가장 중요한 것은 교과 발달 상황과 세부 능력 특기사항(세특)이다. - 동아리 활동 역시 학교에서 운영하는 창체 동아리의 비중이 커진 만큼, 입학 시 동아리 선택과 활동 내용에 심혈을 기울여야 한다. - 세특을 위해 부지런히 활동하는 것도 중요하지만 활동한 것을 제대로 기록하는 것이 더 중요하다.

07

[내 아이에게 유리한 입시,
불리한 입시]

중3 겨울은
왜 중요한가?

학교를 잘 선택하고 좋은 생활기록부를 만들어야겠다는 생각을 했다면 그 다음에 필요한 것은 이 모든 계획을 실행할 실천 목표를 세우는 일이다. 대학 입시의 시작은 중3 겨울부터 본격적으로 시작된다. 가장 안타까운 경우 중 하나가 중3 겨울이 지난 후 신학기에 상담을 오는 경우다. 중학교 때 습관을 겨울 동안 개선하지 않으면 고등학교 입학 후에는 개선하기 힘들다. 더구나 중3 겨울만큼 아무 부담 없이 시간을 쓸 수 있는 시기는 없기에 더 귀하다.

승현이는 입시 전 과정에서 가장 공부를 많이 하고 열심히 살았던 시기가 중3 겨울이었다고 했다. 그때 제대로 준비하지 않았다면 수시와 정시를 함께 준비하고 내신을 1.0점으로 잘 방어하는 일은 불가능했을 것이라고 말했다.

　모두가 내신을 1점대로 유지하고 정시로 의대를 갈 만큼 수능을 준비하고 공부해야 한다는 말은 아니다. 다만 의대를 목표로 하고 약대, 치대, 한의대를 꿈꾸고 있다면 수능 공부는 필수다. 최상위권 아이들은 수능으로 의대, 약대, 치대, 한의대를 가겠다는 각오로 입시 준비를 해야 한다. 2020 입시에서 아이들의 원서를 상담하면서 가장 아쉬웠던 것은 수능 최저학력기준이었다. 내신으로는 어느 의대를 써도 뒤질 것 없는 아이들이었다. 내신은 좀 부족하지만 최저학력기준만 맞추면 충분히 합격을 기대해도 될 생활기록부를 가졌음에도 아이들이 자신에게 유리한 학교를 마음껏 쓰지 못한 이유는 수능 최저학력기준이 불안했기 때문이었다.

　의대 진학을 위해 생활기록부 상담을 오는 고등학교 1학년, 2학년 아이들에게 꼭 하는 말이 있다.

　"생활기록부에서 가장 중요한 부분은 성적이다. 그다음이 세부 능력 특기사항인데 이 부분을 잘 만들고 싶으면 모의고사를 잘 봐야 한다."

　성적에도 안 들어가고, 앞에서 고3 평가원 모의고사 이외의 모의고사는 별로 중요한 것이 아니라고 말해놓고 왜 갑자기 모의고사를 잘 보라고 하는지 의아할 수도 있다. 이 부분을 이해하려면 일단 생활기록부의 내신 성적에 대해 이해해야 한다.

　일반고는 보통 주요 과목의 평균이 50점 중후반에서 60점 초, 그리고 표준편차는 18~23 정도가 된다. 주요 과목, 특히 수학처럼 아이들의 실력 편차가 심한 과목에서는 평균을 50~60점으로 맞추기 위해 선생님들이 문제의 난이도를 고민한다. 이때 너무 어렵게 내면 평균이 지나치게 낮아져 편차가 커지기 때문에 입시에서 문제가 된다. 아이들의 Z점수가 형편없어지기 때문이다. 더군다나 학교 수준이 부족한 경우엔 최상위권 아이들도 점수가 낮게 나올 수 있다. 이런 문제 때문에 일단 문제의 난이도를 적절한 선에서 내고 변별을 위해 몇 문항만 난이도를 높인다. 그런데 일반고 중에서는 아이들의 실력을 변별하기 위해 내는 이 몇 문항을 맞히는 아이가 아예 없는 경우도 흔하다. 예를 들어 수학에서 두 문제 정도를 어렵게 냈는데 그 두 문제를 맞힌 아이가 전교에 한 명도 없는 경우다.

　이 경우 선생님들은 세부 능력 특기사항을 쓸 때 고민이 많아진다. 성적이 우수한 아이들, 다시 말해 그 두 문제를 다 틀렸어도 어쨌든 1등급을 받은 그 아이들이 이 학교의 우수한 자원이라는 사실을 기록해야 한다. 그런데 이 아이들이 객관적으로 우수하다고 기록하는 것은 쉬운 일이 아니다. 물론 한 개라도 맞힌 아이가 있다면, 선생님은 그 아이가 가진 특별한 실력에 대해 진심을 다해 써줄 수 있다.

　전국 일반고 중에 서울, 대구, 부산 등 우수한 아이들이 집중적으로 모이는 입시 특구 지역을 제외한 대부분의 일반고에서는 전교에서 아무도 풀 수 없는 문제를 내는 것보단 성적이 부족한 아이들도 어느 정도 점수를 얻어서 전체 평균이 너무 낮아지거나 편차가 벌어지는 것을 막을 수 있는 방향을 택한다. 그런데 그렇게 되면 굳이 심화된 실력을 갖지 않아도 좋은 점수와 등급을 받는 아이들이 생기고, 그로 인해 객관적으로 실력을 평가하는 것이 쉽지 않다. 이런 상황에서 모의고사 점수가 좋은 아이가 있다면 담당 선생님은 당연히 그 점을 칭찬해줄 것이다.

 이렇게 세부 능력 특기사항에는 본인의 활동 내용과 더불어 학생에 대한 객관적이면서도 사실적인 평가가 기록된다. 그런데 내신 성적의 결과가 좋아서 잘 써줘야겠다고 생각하며 기록하는 것과 실제도 인정이 될 만큼 실력이 좋은 경우의 기록은 차이가 난다. 바로 그렇게 자신의 실력을 보여줄 때 모의고사는 좋은 자료가 된다. 그러므로 최상위권을 목표로 한다면 수능 최저학력 기준과 남다른 세부 능력 특기사항을 위해서라도 흔들리지 않는 모의고사 실력을 갖춰야 한다. 그러기 위해 충분한 시간을 가지고 준비할 수 있는 시기가 바로 중3 겨울이다.

실천 목표 세우기

 고등학교에 입학한 후 학교 일정에 쫓기기 시작하면 내실을 다지기 위해 자신만의 시간을 내는 것이 거의 불가능하다. 그러므로 중3 겨울에 심화된 실력을 기를 수 있느냐 없느냐가 고등학교에서 상위권, 중위권, 그리고 최상위권을 가른다. 다만 계획적인 생활로 실력을 올리겠다는 생각으로 전혀 준비되지 않은 아이에게 내내 공부만 강요하면 오히려 역효과가 난다. 이 시기의 아이들에게 가장 필요한 것은 하고자 하는 학습 동기 유발이다. 왜 공부를 하고 준비를 해야 하는지 아이를 납득시키고 설득해야 원하는 효과를 얻을 수 있다. 그러기 위해서는 다음 두 가지가 필요하다.

첫째, 아이가 지치지 않게 관리해주는 엄마의 공감과 인내가 필요하다. 잔소리를 해서는 절대 안 된다. 아이는 겉으로는 틈만 나면 놀고 싶어하지만 한편으로는 자신도 열심히 해서 뭔가 이루고 싶은 열정이 움트고 있다. 그 싹을 잘 보살피고 가꿔주고 키우는 엄마의 역할이 중요하다. 이렇게 생각해보자.

'내 아이는 병을 앓고 있다. 사춘기라는 병이다. 아픈 아이에게 왜 아프냐고 화내거나 나무라면 어떻게 될까?'

그럴 때 엄마는 병이 나을 수 있도록 최대한 돌보는 데 집중해야 한다. 성장의 통증을 겪는 아이들을 이해하고 그 감정에 공감해주어야 한다. 물론 힘든 일이다. 엄마들 표현으로 '속 터지는 일'이다. 그래서 아이의 사춘기 동안 엄마는 외롭고 아프다. 아이의 사춘기 내내 가슴에 선인장을 안고 사는 것 같다. 그래도 아픈 아이에게 화를 내면 안 된다. 최선을 다해 이해해주려는 엄마의 진심을 느끼면 아이들은 조금씩 달라지고 책임감을 갖는다.

둘째, 학습 스케줄을 함께 고민해주어야 한다. 아이와의 관계가 좋지 못하면 이 부분은 학원 선생님이나 멘토가 되어줄 선배 또는 전문가의 도움을 받는 것이 좋다. 이때 학습 계획을 '몇 시부터 몇 시까지는 무슨 과목을 하고, 하루에 몇 시간을 공부하고'처럼 시간 기록형으로 세워선 안 된다. 하루에 공부할 각 과목의 분량을 정하고 그 정해진 분량을 해결하는 '과제 완수형' 계획을 세워야 한다. 과목별로 일정하게 정해놓은 분량을 정해진 시간에 해결해나가는 계획을 세우면 집중력도 좋아지고 성취감도 생긴다.

이렇듯 공부할 준비가 되었고 계획대로 실천할 의지를 점검했다면 가장 중요한 숙제를 끝낸 셈이다. 아이는 최선을 다해 달릴 각오를 하면 되고, 엄마는 아이의 각오가 느슨해질 때 힘을 북돋아줄 준비를 하면 된다.

가장 중요한 내신에 대해선 새삼 더 강조할 것이 없다. 내신은 무조건 내가 원하는 학교를 지원할 라인 그 이상으로 맞추어야 한다. 아이들 중에 주요 과목 내신은 좋은데 기타 과목을 합하면 내신의 폭이 크게 하락하는 아이들이 있다. 주요 과목의 내신 합이 1.2점 정도인데 전 과목 합산에서 1.6점까지 떨어지는 아이가 있었다. 이 아이의 입시 눈높이는 이미 내신 1.2점에 맞춰져 있었다. 그러나 이 내신으로 지원할 수 있는 학교들은 교과전형이 아닌 이상 분명히 기타 과목의 낮은 점수를 체크한다. 아이들이 가고 싶어하는 상위 레벨의 학교일수록 이 차이를 더 날카롭게 평가하기 때문에 원서를 쓰기가 힘들다. 입시에서 주요 과목 내신은 중요하지만 다른 과목들과 차이가 너무 벌어지지 않도록 신경 쓰고, 특히 한두 과목이 지나치게 처지는 것도 경계해야 한다. 그래서 흔히들 SKY에 지원하고 싶으면 기타 과목에서도 5등급 이하는 만들지 말아야 한다고 말한다.

입사관의 생각 읽기

입사관은 성적 이외에 아이의 무엇을 볼까? 앞서 생활기록부의 구성에 대해서는 대략적으로 이야기했으니 여기서는 '입사관의 눈'이 향하는 곳에 대해 이야기해보자.

첫째, 눈에 잘 들어오는 학업 성취도. 2018년 고교 교육지원사업의 일환으로 연세대학교, 경희대학교, 중앙대학교, 건국대학교, 한국외국어대학교, 서울여자대학교 등 6개 대학이 공동으로 연구해 발표한 '대입 전형 표준화 방안 연구'가 있다. 이것은 학생부종합전형의 평가 요소와 평가 항목 및 세부 평가 내용들로 구성되어 있는데, 대학이 학생들을 어떻게 평가하는지 짐작해볼 수 있는 힌트가 된다. 학생부종합전형은 정성평가인 만큼 단순히 어느 부분이 몇 점이고, 어느 부분이 얼마만큼 더 중요하다고 점수화할 수 없다. 그러므로 어느 한 부분 때문에 불균형해지지 않도록 중심을 잘 잡는 것이 중요하다.

성적은 단순한 등급 외에도 원점수와 추이가 중요하다. 입사관은 아이의 생활기록부를 확인할 때 단순히 전체 내신이 얼마인가로 보는 것이 아니라 어떻게 그 내신에 도달하게 되었는지 그림을 그린다. 입사관은 지원 서류를 컴퓨터에 입력해 아이들의 정보를 확인하는데, 항목별로 각 대학의 형식으로 필요한 정보를 불러낼 수 있도록 되어 있다. 예를 들어 성적을 확인할 때 단순히 '1학년에 무슨 과목이 몇 등급'으로 확인하는 것이 아닌 '수학'이라는 과목을 클릭하면 1학년 1학기부터 3학년 1학기까지 수학 성적의 추이가 그래프로 나타난다. 이 그래프는 성적이 내렸다가 올랐다가 다시 하락한 후 마지막엔 상승으로 마무리했구나 하는 경향이 시각적으로 각인된다. 그래서 성적은 그 높낮이를 떠나서 마지막 3학년 1학기는 상승으로 마무리하는 것이 좋다. 그러면 아이의 수학 능력의 성장이 현재 진행형이라고 해석할 수 있기 때문이다.

둘째, 학업 태도와 학업 의지다. 이는 학업을 수행하고 학습해나가는 자발적인 의지와 태도를 말한다. 입사관은 이 항목에서 <u>스스로 목표를 세운 후 적절한 학습을 선택해 실행하는 과정</u>이 담겨 있는지 확인하고 싶어한다. 이것을 입사관은 세부 능력 및 특기사항, 자율 활동, 동아리 활동, 진로 활동을 통해 본다. 그중 세부 능력 및 특기사항은 아이의 학업 태도와 적극적이고 능동적인 의지를 체크하며 지적 성취를 가늠해볼 수 있는 척도가 된다. 동아리 활동과 자율 활동은 자신의 관심사를 드러내고 참여도와 노력 과정을 보여주는 통로가 된다. 독서는 지적 호기심 등의 자기 주도적 역량을 표현해 교과 학습의 내용을 심화 발전시키는 부분으로 활용된다.

물론 이 모든 것은 <u>스스로의 노력</u>도 중요하지만, 자신이 노력한 만큼 기록해주려는 선생님의 성의도 중요하다. 불과 몇 년 전만 해도 학교별 편차가 심해서 아무리 우수한 역량을 가졌다 해도 학교의 무성의함 때문에 불이익을 당하는 경우가 있었다. 하지만 요즘 입시는 생활기록부가 상당히 상향되어 있고 평준화되어 있기에 이런 걱정은 많이 줄었다. 물론 그런 가운데서도 누가 봐도 부족한 기록 형식을 그대로 유지하는 학교도 있다. 이런 학교를 피하려면 고등학교를 선택할 때 주위 전문가들이나 선배들의 조언을 충분히 들어보아야 한다. 그리고 그 고등학교의 대학 입시 결과를 확인하는 것도 도움이 된다. 명문대 합격자를 많이 내는 학교는 그럴 만한 이유가 있다.

만약 그런 학교에 우수한 아이들이 많이 몰릴 것을 걱정해 내신을 잘 받으려는 생각으로 시스템이 부족한 고등학교에 진학했다면 미흡한 환경이지만 자신의 열정과 의지를 드러내는 데 최선을 다해야 한다. 이는 수업 시간의 적극성, 동아리의 주도적인 활동으로 나타낼 수 있고, 독서의 다양성과 깊이로 보여줄 수 있다. 대학교는 학교와 학교의 시스템을 상대적으로 비교하는 것이 아니라, 주어진 환경에서 학생이 얼마나 역량을 성장시켰는지를 평가한다. 그러므로 불리한 환경에서도 지역 또는 공동체 프로그램을 이용해 자신의 탐구 능력을 최대한 보여주도록 노력해야 한다.

셋째, 전공 적합성이다. 각 대학마다 대학과 모집 단위의 특성에 맞는 인재상을 구체화하면서 평가 요소와 기준을 마련하고 있다. 그에 맞춰 학생들의 관심과 노력, 전공 관련 활동 등을 진로 활동, 동아리 활동, 봉사 활동, 자율 활동 등으로 판단하고 전공과 관련된 교과의 성적과 세부 능력 또한 중요하게 점검한다. 특히 변화된 입시에 맞춰 학교 지정 교과가 아닌 학생 선택과목에서 전공과 관련된 교과 선택이 이뤄졌는지, 심화 과정을 이수했는지 등을 확인한다. 그런데 최근에는 교과목과 전공과목의 연결성보다는 그 범위를 계열로 확장해 고등학교 생활에서 선택 범위를 넓히고 다양한 경험을 인정하는 방향으로 바뀌고 있다. 그러므로 단순히 전공과목 관련 활동에 '참여자'로 그치지 말고, 그 활동을 하면서 얻게 된 전공과목에 대한 관심과 이해, 경험, 흥미

등을 기록함으로써 잠재력을 충분히 드러내야 한다.

이런 전공 적합성 세부 평가를 할 때 우선 전공 관련 교과목을 이수했는지, 그 성취도는 어떠했는지를 체크한다. 예를 들어 공대 진학을 원하는 학생이 학교에 물리Ⅱ나 고급물리 등의 과정이 있었음에도 불구하고 이수하지 않았다면 좋은 평가를 받기 힘들다. 오히려 어려운 심화 교과를 선택해 조금 낮은 등급을 받아도 그 과목을 선택해야 도전정신과 탐구 정신, 학문에 대한 호기심을 인정받는다. 다시 말해 타 과목에서 평균 1~2등급을 받은 아이가, 신청자가 30명 남짓인 선택과목을 수강하며 그 교과 5등을 하는 바람에 3등급이 되었다면 대학은 3등급이라는 이유만으로 아이의 능력이 부족하다고 평가하지 않는다.

넷째, 전공에 대한 이해와 관심, 활동 경험이다. 전공을 하겠다고 하면서 그 학과에서 무엇을 배우고 무엇을 해야 하는지에 대한 이해가 없다면 아이는 대학 진학 후 상당히 힘든 갈등과 고민의 시간을 보낼 수도 있다. 대학에서도 이 부분을 면밀히 살펴 대학이나 학과에 적응하지 못해 학업을 중단하거나 방황하는 상황을 만들지 않을 학생을 선별한다. 여담이긴 하지만, 입사관이 아이들을 평가할 때 가장 신경 쓰는 부분 중의 하나가 입학시켰을 때 중도하차 없이 잘 적응할 수 있는 학생이냐는 것이다. 민감한 부분이긴 한데, 이 부분엔 가정형편도 고려될 수 있다. 그러다 보니 유명한 몇몇 사학에서 특목고 학생을 더 선호한다는 말이 돌기도 했다. 물론 그것은 아주 작은 부분이고 확인되지 않은 낭설이다. 실제 중도하차 없이 무탈하게 졸업하려면 전공에 대한 정확한 이해를 가지고 열정과 잠재력을 깨울 능력이 있어야 한다고 믿기 때문에 진로 활동이나 동아리 활동, 독서 활동, 그리고 직접적 과제 연구가 담겨 있는 세부 능력 특기사항을 살피는 것이다.

바꿔 말하면, 어딘가 목표하는 곳이 있다면 위 항목들에 흔적을 남겨두는 것이 중요하다. 다만 생활기록부를 풍성하고 의미 있게 만들고자 한다면 절대 눈속임을 해서는 안 된다. 생활기록부에 기록한 활동이나 느낌이 본인의 진심에서 비롯된 것이 아니라면 그 기록은 아무런 감동을 주지 못한다. 진짜 열심히 해서 기록한 것과 형식적으로 한 기록은 읽었을 때 다르게 느껴지기 때문이다. 아이들의 자소서 작성을 돕기 위해 생활기록부를 살피다 보면 실제 한 활동과 글로만 한 활동이 주는 차이가 여실히 드러난다. 그리고 아이와 직접 만나 몇 마디만 해보면 그 차이가 바로 확인된다. 그만큼 생활기록부는 2년 반이라는 긴 시간을 40여 명에 가까운 선생님들이 관찰하며 적은 기록이기에 상당히 객관적이고 정확한 자료이다. 그러므로 좋은 생활기록부 기록을 갖고 싶다면 정말 열심히 살아야 한다. 눈에만 보기 좋은 내용을 기록했다면 몇 가지 질문만으로도 확인될 테니 말이다.

다섯째, 인성이다. 사실 인성은 중요도에 비해 크게 변별력이 없는 요소이다. 다만 의대, 약대, 치대, 한의대는 그 특수성 때문에 인성을 상당히 중요하게 여기고, 면접이 없는 대학교에서도 의대에 한해서는 면접을 한다. 정시에서도 형식적이긴 하지만 의대 입시에 면접을 두는 학교가 대부분이다. 나름 인성을 주요 요소로 보고 확인하겠다는 의미다. 행동특성 및 발달사항은 대

03. 학생부종합전형 공통평가요소 - 인성

6개대학(건국대, 경희대, 서울여대, 연세대, 중앙대, 한국외대)의 공통연구 대입 전형 표준화 방안 연구(2018)

☐01. 학업역량 ☐02. 전공 적합성 ☐03. 인성 ☐04. 발전 가능성

03. 인성 : 공동체의 일원으로서 필요한 바람직한 사고와 행동
(☐협업능력, ☐나눔과 배려, ☐소통능력, ☐도덕성, ☐성실성)

☐협업능력 : 공동체의 목표를 달성하기 위하여 상호 신뢰를 바탕으로 함께 돕고 함께 생활할 수 있는 역량

순번	협업능력 평가 세부 내용	평가	비고
1	자발적인 협력을 통하여 공동의 과제를 완성한 경험이 자주 나타나는가?	☐A ☐B ☐C	
2	협력이 부족한 상황에서 사람들을 설득하여 협동을 이끌어낸 경험을 가지고 있는가?	☐A ☐B ☐C	
3	공동과제나 단체 활동을 즐겨하고 구성원들로부터 좋은 동료로 인정받고 있는가?	☐A ☐B ☐C	

☐나눔과 배려 : 상대방을 존중하고 이해하여 원만한 관계를 형성하며, 타인을 위하여 기꺼이 나누어 주고자 하는 태도와 행동

순번	나눔과 배려 평가 세부 내용	평가	비고
1	타인을 위하여 자신의 것을 나누고자 한 구체적 경험이 지속적으로 나타나는가?	☐A ☐B ☐C	
2	봉사활동 등을 통하여 나눔을 생활화 하고자 하는 경험이 지속적으로 나타나는가?	☐A ☐B ☐C	
3	나와 다른 생각을 가진 상대방의 입장을 이해하고 존중하는 노력을 기울이고 있는가?	☐A ☐B ☐C	
4	학교생활에서 타인을 배려한 본보기로 언급되거나 모범이 된 사례가 있는가?	☐A ☐B ☐C	

☐소통능력 : 상대방의 의견을 경청하고 공감할 수 있으며, 자신의 정보와 생각을 효과적으로 전달할 수 있는 역량

순번	소통능력 평가 세부 내용	평가	비고
1	공동과제 수행, 모둠, 단체활동 등에서 타인 의견을 경청하고 상대방의 관심 사항과 요구를 공감적으로 이해하고 있는가?	☐A ☐B ☐C	
2	수업이나 교과 외 활동 등에서 자신의 의견을 효과적으로 표현하고 있는가?	☐A ☐B ☐C	
3	자신의 생각이나 의견을 논리적·체계적으로 기술하는 경험이 나타나는가?	☐A ☐B ☐C	
4	새로운 지식이나 사고방식에 대하여 열린 마음으로 적극적으로 받아들이고 있는가?	☐A ☐B ☐C	

대학교에서 평가하는 인성 부분의 일부

부분의 기록이 비슷하고 아이의 단점을 언급하는 경우도 거의 없다. 장점만 나열된 기록은 진정성에서 큰 의미를 갖지 못한다. 그런 이유로 생활기록부의 글자 수가 많이 줄었다.

그런데 대학교에서 확인하는 인성은 무엇일까? 보통 '인성'이라고 하면 착한 심성이나 성격으로 한정 짓기 쉬운데, 대학교에서 알고 싶은 인성은 나눔과 배려, 팀워크와 협력, 타인과의 관계 능력, 그리고 자신의 성장과 더불어 공동체의 발전을 이끄는 리더십 등이다. 그중에서도 가장 중요하게 생각하는 것은 협업 능력이다. 공동체 안에서 이루어지는 다양한 공동 학습에서 적극적으로 함께하고 협력하는 능력이 있는지를 평가한다.

한때는 이 부분이 지나치게 강조되면서 학생회 임원 활동이 리더십의 전형이라는 이름으로 불리기도 했다. 하지만 현 입시에서는 거창한 전교 학생회 임원이 아니더라도 학급회장, 부회장, 동아리 장·차장, 교과부장, 과제 수행 리더 등 어떤 모습으로든 협력적이고 자발적으로 활동한 내용이 표현된다면 충분히 좋은 평가를 받을 수 있다. 협업 능력을 높게 평가하는 것은 타인을 향한 배려와 소통 능력 등을 확인할 수 있기 때문이다. 이에 더해 책임감까지 보인다면 더할 나위 없다.

여섯째, 학생의 발전 가능성이다. 이 내용은 앞에 있는 학업 역량이나 전공 적합성, 인성 등에도 많이 녹아 있다. 발전 가능성의 세부 내용이 자기 주도성, 경험의 다양성, 리더십, 창의적 문제 해결력이기 때문이다.

대학교에서 평가 항목을 여러 단계로 나눠놓았으나, 결국 각각의 평가 항목은 상당히 유기적으로 연결되어 있다. 입사관이 어떤 눈으로 무엇을 평가하는지 알고 있다면 학생부종합평가에 대한 이해도 높아지고 방향성을 가지고 준비할 수 있다. 이렇게 무엇을 해야 할지 점검했다면 그것들을 어떻게 채워나가야 할지 꼭 생각해보길 바란다.

다음은 이런 모든 요소들을 가지고 서울대학교에서 학교 생활기록부를 평가한 실제 예이다.

*색 부분은 입사관의 코멘트

나쁜 예	좋은 예
윤리와 사상 롤스를 배우며 실제 사회에서도 최소수혜자에게 균등한 기회가 주어지고 사회적 이익이 고르게 분배되어야 한다고 생각했으며, 자신도 어려운 사람을 배려하는 삶을 살아야겠다고 다짐함. ➡ 구체적인 기록과 실제로 학생이 했다는 것을 알고 싶은데 사례가 너무 추상적이다.	**물리** 생각지도 못했던 본질적 질문을 자주 함. 돌림 힘과 일의 원리에 대해 흥미를 갖고 그에 대한 심화학습으로 젓가락질의 원리와 관련지어 설명했음. 돌림 힘과 탄성력을 연결해 고무 동력기와 ○○효과에 대한 수행평가 보고서를 제출했음. ➡ 무엇인가 확실히 한 것으로 보이는 예시로 이 정도만 되어도 사정관이 종합적으로 평가할 수 있다.
문학 수업 시간에 적극적으로 참여했고 문학II 과목을 이수하면서 문학 감상 및 창작 능력을 통해 문학 활동을 생활화함. ➡ 어떻게 문학 활동을 생활화했다는 것인지, 독서든 수행평가에서 좋은 성적을 거뒀는지가 나와 있지 않으므로 증명이 안 된다.	**사회** 다른 학생들에 비해 지리 개념에 대한 이해가 빠르고 관련 내용을 분석하는 수준이 매우 우수. ○○구 ○○동 아파트 단지의 지하주차장 건설에 적합한 입지를 선정하기 위해 친구 3명과 지리 조사 활동을 실시했으며, 매우 성실한 태도를 보였음. ➡ 사회의 경우 구체적 활동만 언급해도 된다. 친구 3명에 대한 평가도 좋을 것 같다.
확률과 통계 모범적이고 반듯하게 학교생활을 하는 성실한 학생임. 향후 어느 학문 분야에서나 좋은 결과를 얻을 수 있을 것이라고 기대되는 학생임. ➡ 행동특성에서 적혀야 할 내용이므로 교과에 대한 우수성을 객관적으로 읽어낼 수가 없다.	**국어** 학년 말 자율적으로 이루어진 총 5회의 토론 활동에 참여했으며, 토론의 경험이 없음에도 불구하고 인터넷 검색 등을 통해 토론 규칙 및 순서 등을 찾아와 수업 시간 전에 나누어주는 등 관련 활동에서 적극성을 보임 ➡ 학생이 토론 과정에서 열심히 한 내용을 기술해 준 것으로 긍정적으로 평가된다.

입사관이 바라보는 세부 능력 특기사항의 나쁜 예와 좋은 예

입시에 성공하는
아이들의 공통점

입시에 성공하는 아이들에게는 몇 가지 공통점이 있다.

첫째, 자신이 무엇을 어떻게 해야 할지 계획을 단계별로 잘 세운다. 대부분의 아이들은 고등학교 3년 동안 시간에 떠밀려 다닌다. 예를 들어 지금이 5월이라고 가정했을 때 최상위 아이들은 두 달 뒤에 있을 기말고사에 관심을 둔다. 그런데 단순히 두 달 뒤가 시험이니까 언제부터 시험을 준비해야지 하는 단순한 계획이 아니다. 7월 중순에 있을 기말고사를 대비하기 위해 본격적인 학습 기간을 5~6주 정도로 정한다. 그리고 중간고사 때 아슬아슬하게 등급이 걸쳐 있거나 세 문제 이내의 차이로 등급이 낮아진 과목을 체크해 점수를 만회하기 위한 계획을 세운다.

시험에 임박한 시기에 수행평가 때문에 시간이 부족해 공부를 할 수 없다고 말하는 아이들이 있다. 그럴 때 나는 이렇게 말한다.

"반복되는 그 상황을 예측하지 못한 것도 너의 실력 부족이다."

그런 핑계는 고등학교 1학년 1학기 때나 할 수 있다. 아니, 중학교 기말 때 수행평가로 인해 시간에 쫓기는 경험을 해봤으니, 고등학교 1학년 1학기 때에는 그 변명은 없어야 한다. 아무튼 자신의 능력을 극대화해서 고등학교 때 잠재력이 활짝 펼쳐지길 바란다면 철저한 계획과 실천력은 당연히 갖춰야 한다.

두 달 뒤 시험, 더군다나 기말고사라면 계획표는 중간고사 때와 달라야 한다. 중간고사를 치름과 동시에 모든 과목의 수행평가가 3~4일 간격으로 쏟아진다. 경우에 따라서는 기말고사에 임박해 발표 수업을 해야 할 수도 있고, 영재원 수업을 듣는 경우엔 그 기간에 창의 산출물을 제출해야 하는 경우도 생긴다. 거기다 동아리나 봉사 등에서도 뭔가 시작한 일의 마무리를 위해 한 학기의 마지막인 기말고사 전후에 일거리가 늘어난다. 과목에 따라서는 수행평가 대신 책을 하나 정해서 그 책을 읽었는지 확인하는 방법으로 책 내용을 테스트하기도 한다.

그 모든 계획에 이리저리 끌려다니면 정신없이 휘둘려 자신이 세운 계획이 무용지물이 된다. 그러므로 좀 더 치밀하고 여유로운 계획이 필요하다. 그런 것들을 감안한 아이들은 기말 대비 기간을 더 일찍 더 길게 잡는다. 특히 많은 시간이 필요한 영어 교재 암기나, 긴 호흡이 필요한 수학은 중간고사가 끝남과 동시에 시작한다. 한국사와 같이 정확한 이해와 암기가 필요한 과목도 시작한다. 상위권에 속하는 많은 아이들이 두 달 정도 시간이 남은 상황이면 주요 과목인 국·영·수에만 신경을 쓰고 암기가 필요한 과목은 시험이 임박한 기간으로 미뤄둔다. 그러다가 이런저런 사정으로 시간을 뺏겨 결국 그 과목들은 대충 한 번 훑은 후 시험을 보게 된다. 그러면 주요 과목은 등급이 좋으나 기타 과목은 등급이 떨어지는 결과가 나온다.

승현이는 한자, 역사, 생명윤리처럼 이과생에게 그다지 중요하지 않은 과목도 시험 대비 시간표에 넣고 교과서를 완벽하게 외웠다. 아이의 마지막 점검은 A4 백지에 자신이 외운 내용을 가득 채우는 것이었다. 그러다 보니 기타 과목에서도 1등급의 1등이었다. 이것은 세부 능력 및 특기사항에도 영향을 미쳤다. 이과생들이 소홀히 하는 문과 과목을 열심히 공부함으로써 좋은 결과를 낸 아이가 기특했는지 선생님들이 세부 능력 및 특기사항에 그 부분을 굉장히 강조해서 써주셨다. 그러면 입사관의 눈에도 당연히 매력적일 수밖에 없다.

둘째, 수업에 참여하는 태도다. 성적이 좋은 아이들을 유심히 관찰해보면 수업 시간의 집중력이 남들과 다르다. 그런 아이들에게 왜 수업 시간에 집중하느냐고 물어보면 답은 다 똑같다.

"시험문제를 내는 분이 담당 선생님이니 당연히 집중해야죠."

정답이다! 좋은 성적을 얻기 위해 수업에 집중하고 열심히 참여하는 행동이 결국은 선생님께도 좋은 인상을 남기고 성적에도 긍정적 영향을 미치게 된다. 일종의 선순환이다. 아이들 말에 의하면 기술·가정, 도덕 같은 과목들은 시간을 들여 따로 공부하지 않고 수업 때 열심히 듣는 것으로 상당한 도움이 된다. 특히 시험이 얼마 남지 않은 시점에서 선생님들이 힌트를 주기 때문에 수업을 열심히 듣는 것만으로도 충분히 대비가 된다.

그런데 위와 같이 했을 때 좋은 점수는 받을 수 있을지언정 좋은 평가는 장담할 수 없다. 아이들의 생활기록부를 보면 성적은 굉장히 우수한데 세부 능력 및 특기사항의 내용이 까칠하거나 성의 없이 기록된 경우를 볼 수 있다. 이는 단순히 성적에만 중심을 두다 보니 그 수업을 진행하는 선생님에 대한 예의나 교감이 부족한 것이 원인이다. 승현이가 졸업한 학교에는 유별한 영어 선생님이 한 분 있다. 그 학교 아이들의 생활기록부를 보면 반사적으로 각 학년마다의 영어 세부 능력 및 특기사항부터 살필 정도다. 영어가 1등급이어도 아예 기록을 안 해주기도 하고, 두세 줄 써진 내용이 당황스러운 경우도 있다. '성적은 우수하나 수업의 참여도가 낮고 태도와 적극성이 부족함'이라고 쓰인 경우면 그나마 최악은 아니다. 물론 이렇게까지 노골적으로 부정적 의견을 적는 경우는 드물지만, 성의 없이 적는 경우는 흔하다. 선생님과 아이가 교감하지 못했거나, 선생님 스스로 학생부종합전형에 대한 인식이 낮은 경우가 그렇다. 후자의 경우라면 누구나 동일하게 기재될 것이니 크게 문제될 것이 없지만, 전자의 경우는 선생님과의 관계 개선에 신경을 써야 한다.

셋째, 시험 후 반성과 계획을 철저히 실천한다. 사실 계획을 잘 세우고 좋은 수업 태도로 임하는 것은 너무 뻔한 비결이다. 그럼에도 그 부분을 다시 강조하는 것은 실제 그 자세를 끝까지 유지하며 버텨내는 아이들이 극히 일부이기 때문이다. 세 번째 공통점이 바로 그것이다. 매 시험을 치른 후에 반복되는 반성과 새로운 계획의 수립은 거의 모든 학생이 치르는 의식과도 같지만, 실제 그 반성과 계획을 실천해내는 학생은 극소수에 불과하다. 결국 그것을 해내는 아이들이 상위권 자리를 지킨다.

부모의 성찰

승현이는 공부를 하다 가끔 느슨해지고 긴장이 풀릴 때마다 스스로를 다잡으며 이렇게 말했다.

"내가 이렇게 해이하게 있는 동안 전국 100등 안에 드는 친구들은 무엇을 하고 있을까 생각하면 여유부릴 시간이 없어."

자신의 성적이 전국 100등 안에 들어야 서울대학교 의대에 들어갈 자격이 있다고 생각하면서 전국 100등 이내 성적 유지를 목표로 했다. 그렇다 보니 늘 스스로를 채찍질하며 더 열심히 하려고 노력했다. 그런 아이를 보며 어른으로서 부끄러움도 느끼고 때론 존경스럽기까지 했다.

우리는 아이들에게 조금만 참으라고, 좋은 대학만 가면 빛나는 앞날이 기다리고 있을 것이라고 쉽게 말한다. 하지만 그런 말을 하는 부모들은 자신의 삶이 아이들에게 본보기가 되고 있는지, 자신은 스스로 세운 약속이나 목표를 흔들림 없이 잘 지켜내며 살고 있는지를 들여다볼 필요가 있다. 새해가 되면 많은 반성과 함께 더 나은 한 해를 그리며 수많은 계획을 세우지만, 연말이 되어 자신을 돌아보면 뿌듯할 만큼 잘 지켜진 계획은 찾기 힘들다. 그러니 3년을 꼬박 흐트러짐 없이 자신의 목표를 향해 나아가는 아이들이 얼마나 대단한가 말이다.

아이들의 입시는 긴 싸움이다. 더구나 원하는 목표가 최상위 중에 최상위인 메이저 의대라면 아이들의 3년은 치열하고 처절한 전쟁터와 같다. 그 전쟁터에 아이들을 밀어넣고 결과가 미흡할 때 책망하고 핀잔하는 것에만 익숙하다면 아이들은 기대어 쉴 곳이 없다. 엄마는 쉼터가 되어주어야 한다. 엄마가 헤집지 않아도 아이는 기대에 못 미치는 결과 앞에서 충분히 힘들고 상처받는다. 엄마가 더 보태지 않아도 된다. 잘못한 일에 대한 책망보다는 잘한 일에 대한 칭찬이 아이의 마음을 움직이고 다시 설 수 있는 힘을 준다.

한때 사회 전체를 들썩이게 했던 '칭찬은 고래도 춤추게 한다.'는 말이 얼마나 대단한 진리인지 현장에서 매일 실감하고 있다. 내 아이가 바른 태도로 수업에 참여하며 자신이 세운 목표를 향해 강한 의지로 최선을 다해 실천하기를 바란다면, 나는 부모로서 어떤 태도와 마음가짐을 가지고 아이를 대할 것인지 스스로 성찰해봐야 한다. 나는 그런 부모가 아니면서 내 아이에게만 완벽한 모습을 기대한다면 서로에게 너무 비극적인 일이다.

엄마와 자녀가 함께 외우는
서울대 비책 노트 |핵심 07|

나에게 유리한 입시를 찾아나서라!

고등학교에 입학한 후 학교 일정에 쫓기기 시작하면 내실을 다지기 위해 자신만의 시간을 내는 것이 거의 불가능하다. 그러므로 중3 겨울에 심화된 실력을 기를 수 있느냐 없느냐가 고등학교에서 상위권, 중위권, 그리고 최상위권을 가른다. 가장 필요한 것은 하고자 하는 학습 동기 유발이다. 왜 공부를 하고 준비를 해야 하는지 알아야 효과를 얻을 수 있다.

서울대 비책	실천 노트
입사관의 눈은 어디를 향하고 있을까?	① 눈에 잘 보이는 학업성취도인가? 성적은 단순한 등급 외에도 원점수와 추이가 중요하다. 또한 입시가 간소화된 지금은 어떤 과목을 어떤 이유로 선택했는지에 대한 정보를 제공해주는 것이 중요하다.
	② 학업 태도와 의지가 보이는가? 입사관은 학업을 수행하고 학습해나가는 자발적인 의지와 태도가 보이는지, 스스로 목표를 세운 후 적절한 학습을 선택해 실행하는 과정이 담겨 있는지 확인하고 싶어한다. 이런 것들을 보여줄 수 있는 것이 세부 능력 및 특기사항과 자율활동, 동아리 활동, 진로 활동 등이다.

서울대 비책	실천 노트
입사관의 눈은 어디를 향하고 있을까?	③ **전공에 대한 이해, 관심, 경험이 있는가?** 각 대학마다 모집 단위의 특성에 맞는 인재상을 구체화하면서 평가 요소와 기준을 마련하고 있다. 그에 맞춰 학생들의 관심과 노력, 연구와 동아리 활동, 그리고 전공과 관련된 교과의 성적과 세부 능력 또한 중요한 점검 요소다. ④ **인성 요소 중에 협업 능력은 어떠한가?** 의대처럼 인성의 중요도가 큰 과들이 있다. 인성의 여러 요소 중 대학에서 눈여겨보는 것은 협업능력이다. ⑤ **발전 가능성이 있는가?** 발전 가능성은 모든 요소들의 조화로운 합이다. 높은 학업성취와 바른 학업 태도, 적극적인 학업 의지, 그에 더해 자신의 전공에 맞는 인재상을 갖추면서 훌륭한 인성을 가진다면 앞으로 더 기대할 수 있는 인재가 될 수 있다.

08

서울대 맘의
입시 정보 핵심 5

**믿을 만한
멘토 두기**

    입시는 긴 시간 동안 페이스를 꾸준히 유지해야 한다는 점에서 종종 마라톤에 비유된다. 누구도 대신해주지 못하니 목표를 향해 홀로 나아가는 고독한 항해라고 말하기도 하고, 수십만 명의 경쟁자들 속에서 자신만의 전략을 가지고 이겨내야 하는 치열한 전쟁으로 비유되기도 한다. 어느 부분에 공감하고 어느 표현이 더 와닿는지는 각자 처한 상황과 마음 상태에 따라 다르겠지만 어떤 것도 틀린 표현은 없다. 나는 아이들이 입시를 다 치른 후 아이가 하나 더 있었으면 너무 불행했을 것 같다는 생각을 한 적이 있다. 큰아이 입시를 끝냄과 동시에 작은아이의 입시가 시작됐다. 과학고인 큰아이 2년, 일반고인 작은아이 3년을 합쳐서 꼬박 5년을 전쟁터에서 살아온 셈이었다. 더구나 특목고와 일반고의 입시 구조가 너무나 달라 큰아이를 겪어낸 경험이 작은아이에겐 전혀 도움이 안 됐기에 각각 다른 입시 속에서 5년을 지냈다.

어떤 것이 옳은 선택인지도 모른 채 수없는 경우의 수와 맞닥뜨렸지만, 두 아이 모두 입시의 아쉬움이나 후회는 남기지 않았다. 후회는 아무 의미 없다는 내 생각도 한몫을 했지만, 그보다는 매순간 할 수 있는 최선의 선택을 잘해 왔다는 나름의 만족이 큰 역할을 했다. 그리고 내가 지금 이렇게 말할 수 있게 해준 것은 자신들이 이루고자 하는 목표를 위해 열심히 달려준 아이들의 공이다. 주변에서 아무리 강요해도 당사자인 아이들이 그럴 의지가 없다면 지금의 결과는 없었을 것이다.

무수한 경우의 수를 가진 입시의 길목에서 입시를 잘 치러낼 수 있었던 첫 번째 비결은 좋은 멘토들과의 만남이었다. 큰아이는 훌륭한 멘토가 모두 학교 선생님들이었다. 과학고라는 특성상 좋은 선생님들이 있었던 것도 부인할 수 없다. 특히 엄마의 품을 떠나 천둥벌거숭이 같던 아이들에게 상담과 격려로 끝없이 일으켜 세워주신 선생님들께 지금도 감사하다. 많은 과정을 겪으며 지금의 결과를 얻기까지 난 아이의 생활기록부나 자소서, 논문 등을 한 번도 체크하거나 직접 본 적이 없다. 모든 것이 학교 안에서 이뤄졌다. 작은아이가 일반고에 진학하기 전까지 입시는 원래 그렇게 학교에서 다 알아서 해주는 것으로 착각했을 정도였다.

아이에게 좋은 영향을 주고 아이의 목표와 진로를 바꿔준 사람은 고1 여름에 만난 서울대학교 선배였다. 아무리 공부해도 고급물리에서 회로 부분이 이해가 안 되어 답답해하던 아이는 선배에게 세 번 정도 포인트 과외를 받았다. 그때 선배가 아이에게 "너 정말 물리를 잘하는구나. 우리 과에도 너 정도 하는 사람 없어. 나한테 더 배울 게 없네."라며 마음을 담아 칭찬해주었고, 그 후 아이는 거짓말처럼 물리 성적이 수직 상승했다. 이과 공부를 하다 보면 수학이나 과학, 특히 물리 과목에서 뭔가 알 것 같긴 한데 개념이 명확하게 각인되지 않으면서 자신감이 떨어지는 경우가 있다. 그때 지금 잘하고 있으니 자신감을 가지라고 말해주는 이가 있다면, 거기다 그 사람이 아이에게 신뢰를 얻고 있다면 정신력과 의지를 바로 세우는 데 큰 힘이 된다.

승현이의 경우에도 고1 겨울 '서울대학교 뇌 과학 캠프'가 인연이 되어 만난 서울대학교 의대 선배가 고등학교 생활에 이정표가 되어주었다. 지방 일반고를 나왔다는 것, 일반고의 불리함 때문에 수시가 안 된다면 정시로라도 서울대학교 의대를 가겠다는 의지로 공부한 것까지 승현이와 닮은 선배였다. 그는 아이가 자신의 학습 방향과 방법이 맞는지 고민할 때 매일의 학습량과 수학의 감을 유지하는 방법 등을 문자와 메일로 의견을 주면서 입시의 어려운 순간들을 견뎌내는 데 큰 도움을 주었다.

현장에서 매년 아이들을 만나면서 멘토의 중요성을 피부로 느끼고 있다. 그래서 때에 따라 아이들에게 멘토를 만들라고 일부러 권하기도 한다. 그 나이대 아이들의 고민을 공감하고 이 모든 과정을 미리 겪어낸 선배로서 아이와 정서적인 교감이 잘 이루어져 전적으로 의지가 되기 때문이다. 아이들은 엄마의 말에 고분고분 순종하고 엄마의 훈계에 무게를 느끼는 시기가 지났다.

오히려 엄마의 말을 독으로 받는 경우가 더 많다. 그러니 주변에 마땅한 선배가 없다면 아이가 신뢰하는 선생님의 손을 빌리는 것도 방법이다. 나 역시 입시 강사로 일하던 시절은 물론이고 컨설턴트가 된 이후에도 멘토처럼 아이들의 '멘탈 잡기'와 '공부법 상담'을 많이 하고 있다. 단순히 명문대를 갔다고 해서 좋은 멘토가 아니다. 인성이나 생활 태도 면에서 모범이 되는 선배여야 아이에게 좋은 푯대가 되어준다.

엄마에게도 좋은 멘토가 필요하다. 아이와 함께 잘해내고 싶은데 망망대해 같은 입시의 바다에서 정신없이 헤맬 때 한 줄기 등대 빛을 만난다면 그보다 좋은 일은 없다. 사실 엄마의 멘토는 아이의 멘토보다 훨씬 중요하다. 어떤 사람의 조언을 듣느냐에 따라 방향 자체가 달라질 수 있기 때문이다. 가장 신뢰할 수 있는 것은 당연히 공교육의 조언이다. 각 지역에 있는 교육청의 정보나 상담센터, 그리고 각 대학에 있는 입학처도 좋은 창구가 된다.

물론 교육청 홈페이지에 들어가 정보를 검색하거나 무언가를 적극적으로 묻는 일은 쉽지 않다. 그래서 엄마들은 현실적으로 '선배맘'이라는 멘토를 곁에 둔다. 하지만 앞에서도 말한 것처럼 학부모가 그저 자신의 경험에서 느낀 주관적인 생각들을 적당히 섞어 조언해주는 것은 정확하지 않다. 그런 정보를 내 아이에게 맞게 받아들이려면 엄마가 시간을 내고 발품을 팔며 공부를 해야 한다.

정보의 그물망
촘촘히 짜기

성공적인 입시를 위한 두 번째 실천법은 정보의 그물망을 촘촘히 짜는 것이다. 이 그물의 재료가 되는 수많은 정보를 얻는 손쉬운 방법이 바로 설명회다. 아직 입시에서 멀리 있다고 생각하는 학년일수록 기회가 될 때마다 더 열심히 설명회에 다니라고 권하고 싶다. 여러 설명회에 참석하다 보면 본인에게 유익하거나 그렇지 않은 설명회를 구분하게 된다. 아이가 고2 이상이 되면 본인이 생각한 좋은 정보를 주는 곳을 골라 그곳만 참석하면 된다.

꼭 입시 1번가인 대치동이 아니어도 자신의 지역을 잘 알고 그 지역의 입시를 정확히 이해하는 곳이 있다면 그곳의 설명회에 참석하는 것으로도 충분하다. 사실 대치동 설명회의 80%는 정시를 위한 설명회이지, 수시 맞춤 설명회가 아니다. 표면적으로는 수시 설명회라고 하지만, 막상 참석해서 내용을 듣다 보면 정시에 비중을 두고 과목 강사를 홍보하는 데 더 큰 의의를 둔다. 대치동에서 이런 설명회를 듣고 나면 엄마들은 바로 뭔가를 실천하지 않으면 큰일 날 것 같은 불안감에 휩싸인다. 그로 인해 아이들을 더 힘들게 하거나 전혀 엉뚱한 방향으로 가게 하는 경우가 다반사이니 각별히 주의해야 한다.

그물의 씨줄이 설명회라면, 날줄은 입시 카페와 커뮤니티, 그리고 입시 내용을 제대로 설명해주는 신문과 책들이다. 설명회를 다니면서 입시 용어에 익숙해지고 입시의 전체 그림을 흐릿하게나마 그려가고 있다면, 세부적인 내용은 인터넷 카페, 밴드, 책 등에서 채워나가는 것이 좋다. 인터넷 포털사이트에는 목표가 조금씩 다른 전문 입시 카페들이 많다. 예를 들면 경찰대나 사관학교를 가고자 하는 아이들, 교대를 목표로 하는 아이들, 체대나 음대, 미대를 꿈꾸는 아이들, 상위 대학 이공계 지원자 등 세부적인 목표를 가진 카페가 존재한다. 입시의 줄기를 크게 다루는 카페들도 여럿 있다. 회원 자격 역시 까다롭지 않아 좋은 정보를 충분히 얻을 수 있다. 그런 카페들은 사소하고 조금은 엉뚱해 보이는 질문도 회원들끼리 성의 있게 답을 달아주고 잘못된 답변은 정정해주는 등 집단지성이 작용하기 때문에 유용하다. 다만, 그 역시도 몇 가지 경험에 의존해 잘못된 정보를 유통시키는 사람들이 있다는 점, 입시는 지역별 편차가 크기 때문에 카페에서 얻는 정보가 반드시 정답이 아니라는 점을 늘 마음에 새겨야 한다.

입시 밴드(N사에서 운영하는 폐쇄형 SNS)도 비슷한 역할을 하는데, 질의응답이 활발하지 않고 카테고리가 나눠지지 않아 먼저 올린 글이 새로운 글에 묻혀버리기 때문에 질의응답을 하기에 적합하지 않다. 다만, 입시로 유명한 몇몇 대형학원들이나 입시 컨설턴트들이 운영하는 밴드를 몇 개 찾아 구독해두면 중요한 흐름을 파악하는 데 유용하다.

이런 객관적인 통로를 통해 어느 정도 입시 정보가 머릿속에 들어와 있어야 선배맘이나 동급생 맘들과의 교류에서 얻은 정보를 제대로 들을 수 있다. 그런 모임에서는 입시의 큰 방향이나 줄기보다는 사소하지만 세밀한 것들을 이야기한다. 아이들의 학원 정보, 선생님 정보, 그리고 아이가 재학 중인 학교의 정보 등을 얻는 통로인 것이다. 그런 모임에서 입시의 방향성을 찾으려 하면 곤란하다. 정보의 오류가 가장 많은 출처가 그런 모임들의 '~카더라' 통신이기 때문이다.

어느 집단이나 서로의 이해가 얽히면 가장 필요하고 중요한 정보는 자신의 손에 쥐고 노출하지 않는다. 그것이 일반적인 사람들의 심리이다. 같은 학년 모임에서 결정적인 정보를 얻을 수 없는 이유이기도 하다. 그에 반해 선배맘의 조언은 경쟁으로부터 자유로운 만큼 무엇이든 다 알려줄 듯해 믿음이 간다. 하지만 여기에도 중요하고 치명적인 약점이 있다. 그들은 성공 비법에 초점을 맞추기보다는 부모로서 '내 아이가 잘해서 이룬 것'이라고 말하고 싶은 마음이 앞선다. 그래서 입시 후기를 늘어놓는 조언에는 정작 좋은 선생님이나 수업에 대한 정보가 빠져 있다.

사교육에 종사하는 사람이 사교육 이야기를 하려니 조심스럽다. 하지만 아이들이 3년 동안, 더 길게 보면 6~8년이라는 시간 동안 학업을 쌓아 올리며 고비를 만날 때마다 그 고비를 넘겨줄 멘토가 절실하게 필요했고, 그 자리를 사교육 선생님들이 메워준 건 사실이다.

큰아이는 선배의 포인트 과외를 받고 물리에 대한 자신감과 결과가 달라졌고, 승현이는 정시 선택과목인 생물Ⅱ 준비를 위해 고1 겨울 방학에 역시 포인트 과외를 6주간 받았다. 또한 제대로 된 선행 없이 과학고를 진학한 큰아이는 고1 1학기에 자신이 미처 학습하지 못했던 심화수학을 배우기 위해 내주 금요일 기숙사를 나오면 집에도 들르지 못한 채 캐리어를 끌고 수업을 받으러 갔다. 이 생활을 두 달 정도 하고 나니 선행의 부족한 그림자를 지우고 비로소 성적이 정상 궤도에 올랐다.

이런 상황에 어떤 선생님이 적합한지 추천해주는 것이 진짜 정보가 아닐까 한다. 그러므로 편안한 모임을 만들어 유지하고 있다면 그 모임의 구성원들끼리 유용한 정보를 공유할 수 있도록 모임의 성격을 잘 만들어나가길 바란다.

아이와 대화를 시작하라

아이와 좋은 관계를 형성하기 위해 대화를 많이 하는 것도 입시 성공의 비결이다. 앞에서도 이야기했지만 아이와 엄마의 관계에서 아이가 사춘기에 접어들고 입시 로드에 들어서면 엄마는 약자가 된다. 이 시기는 아이들이 질병을 앓고 있는 것과 같으니 한없이 너그럽고 충분히 이해해주라고 앞에서 말했다. 하지만 그저 져주는 것으로 문제가 해결되지는 않는다. 감기인 아이에게 지사제를 먹이고, 영양이 부족한 아이한테 다이어트를 하라는 것이 잘못된 처방인 것처럼, 아이를 정확히 파악하지 않으면 제대로 된 해결책이 나오지 않는다. 요즘 내 아이의 가장 큰 관심사는 무엇인지, 아이가 무슨 생각을 하며 오늘을 사는지, 가장 친한 친구는 누구고 학교생활은 어떤지, 가장 고민되는 일은 무엇이고 체력적으로 문제는 없는지 등 부모는 내 아이에 대해 알아야 할 정보가 많다. 이렇게 중요한 정보를 얻는 방법은 아이와의 끝없는 대화뿐이다.

어려서부터 아이와 꾸준히 대화를 해왔다면 더할 나위 없지만, 짧은 대화만 하던 사이였다면 조금씩 변화를 주며 아이에게 다가서야 한다. 우리 가족은 아이들이 성장하는 동안 항상 한 공간에서 잠을 잤다. 불을 끄고 누운 시간이 가족의 대화 시간이었다. 아이들이 한창 말하기를 좋아하던 시절에는 불을 끄고 두 시간 이상 함께 수다를 떨다 잠이 들었다. 이제는 각자의 학교로 독립한 탓에 횟수는 줄었지만, 아직도 주말에는 네 가족이 한 공간에 요를 깔고 누워 이야기를 나눈다. 그런 생활을 하다 보니 어려서부터 성인이 된 지금까지 아이들이 어떻게 지내는지 모르는 것이 거의 없다. 승현이는 수다가 공부에 방해가 될 정도여서 고3 때는 취침 시간 확보를 위해 수다 시간을 제한하기도 했다.

대화는 단순히 성적을 위해서만 필요한 것이 아니다. 아이가 엄마나 아빠에게 할 말이 많다는 것은 그만큼 공감하는 주제가 많다는 뜻이다. 이렇게 지속적으로 교감하다 보면 아이는 어떤 상황에서든 부모와 의논하고 부모의 의견을 받아들일 준비가 된다. 부모들과 상담을 하다 보면 성적만이 아니라 아이와의 관계 개선에 대한 문의를 많이 한다. 엄마 말을 전혀 듣지 않는 아이와 모든 것이 잔소리인 엄마의 접점을 찾는 것은 참 힘든 일이다. 부모와 아이가 대화를 한다면 누가 더 인내하고 노력해야 할까? 정답은 이 책을 읽는 여러분이 가장 잘 알 것이다. 아이가 옹알이를 끝내고 말을 시작하기까지, 그 긴 시간을 기다려주던 그때처럼 참을성 있게 아이와의 대화를 시작해보자. 아이의 말문이 트이는 순간을 곧 만나게 될 것이다.

엄마의 중심 잡기

　네 번째로 당부하고 싶은 방법은 언제 어느 때든 엄마는 든든하고 단단한 사람으로 아이에게 비쳐져야 한다는 점이다. 중심을 잡고 쉽게 휩쓸리지 않는 것은 쉬운 일이 아니다. 이 말을 들으면 이래야 할 것 같고 저 말을 들으면 저래야 할 것 같아 수시로 흔들리고 고민하는 게 사람이고 엄마다. 이는 아이의 성공을 바라는 간절함에서 비롯된 것이라 탓할 수만은 없다. 그렇지만 흔들리고 우왕좌왕하는 엄마 곁에서 아이는 혼란스럽다. 그러니 엄마는 언제든 정확한 판단과 결정을 할 수 있어야 한다. 이때 '우리 아이에게 맞는'이라는 전제를 잊지 말아야 한다. 그러기 위해서는 내 아이를 제대로 알고, 객관적 평가에 따라 진로를 설정하고 주변 말에 선동되지 않는 내공을 길러야 한다. 그 내공의 힘이 정보다. 어디에 진학하려면 무엇이 필요하고 어떻게 해야 한다는 정확한 내용을 알고 있으면 굳이 주변에 휘둘릴 이유가 없다.

　전국단위자사고를 준비하던 아이의 엄마를 만난 적이 있다. 비록 중학교 성적이지만 나름 지역에서 잘하는 아이들이 많이 모인 학교에서 아주 우수한 성적을 내고 있었다. 아이는 전국단위자사고가 목표였지만 엄마는 국제고를 이야기하며 아이를 설득해달라고 했다. 이유를 물으니 아이가 현재는 수학을 잘하지만 자사고에서 좋은 성적을 낼 만큼의 실력이 아니라고 했다. 엄마와 긴 시간의 상담을 마친 후 아이를 설득해 국제고에 원서를 넣었고, 결국 합격했다.

학교 선택에서 가장 중요한 주체는 아이이고 그다음이 부모다. 스스로 선택한 학교가 아닌 다른 학교로 진학하게 됐을 때 아이들은 작은 일에도 쉽게 넘어지고 다시 일어날 동력을 제대로 얻지 못한다. 특목고의 경우는 그 증상이 더 심하다. 그럼에도 불구하고 그 아이를 설득해서 국제고로 원서를 쓰게 한 것은 엄마가 아이의 특성을 정확하고 구체적으로 잘 알고 있었기 때문이다. 이렇게 아이의 장단점을 잘 파악하고 있는 엄마라면 그 선택 또한 옳을 가능성이 높다. 국제고에 진학한 그 아이는 1학기 전교 1등이라는 기분 좋은 소식을 전해왔다.

나는 두 아이의 입시를 치른 후 입시 과정을 복기했을 때 후회가 없다. 승현이의 입시 후에는 아이와 함께 '1학년 때 그렇게 하지 않았다면, 2학년 때 그것을 준비하지 않았다면, 그때 그 선생님을 만나지 않았다면' 등을 이야기하며 모든 과정이 예정된 각본처럼 잘 진행된 것에 감사했다. 하지만 그 모든 일이 운으로 이뤄진 것은 결코 아니다. 지나고 나니 '그때 그렇게 안 했으면 어쩔 뻔 했을까?' 하고 아찔하지만 매 순간마다 적절한 정보와 이해를 바탕으로 최선의 선택을 했기에 후회하지 않는 것이다. 내 아이의 능력과 자질, 성향 등을 냉정하게 평가하는 것은 정말 어렵다. 하지만 모든 계획은 거기에서 시작된다. 얼마의 힘을 내고 얼마의 능력이 탑재되어 있는지 모른 채 폭주한다면 과부하가 걸릴 것이다. 아이가 해주길 바라는 만큼 엄마도 충분히 학습하고 노력해야 한다는 것을 잊지 말아야 한다.

목표 대학의
홈페이지와 친해지기

마지막으로 일러둘 말은 아이에게 현재 명확한 목표가 있거나 앞으로 생기면, 목표 대학교나 학과의 홈페이지에 관심을 가지라는 것이다. 그 대학교 홈페이지를 '즐겨찾기'로 등록해놓고 자주 들여다보면 처음에는 어떤 환경에서 어떤 공부를 하는지 궁금하다가 자신이 가고 싶은 대학교가 주최하는 캠프가 궁금해지고, 그곳을 거쳐간 선배들의 한 마디가 묵직하게 다가온다. 어느 순간 그 학교에 가보고 싶은 마음이 든다. 막연히 좋은 학교라고 생각하는 것보다 그 학교를 내 학교로 만들겠다는 욕구가 아이들의 학습 동기가 된다. 한번은 고려대학교에 정말 가고 싶어하던 아이를 만났는데 유튜브에 올라온 고려대학교 응원 영상을 보고 마음속에서 뭔가 뜨거운 것이 올라왔다고 한다. 그 아이는 연세대학교와 고려대학교를 동시에 합격해 부모님의 만류에도 불구하고 고려대학교에 갔다.

나와 승현이의 방문 빈도수가 가장 높았던 곳은 서울대학교 홈페이지였다. 서울대학교 홈페이지를 드나들며 아로리 웹진을 기본으로 학과 정보, 교수들의 연구 성과, 최근 기류 등에 대해서 열심히 살펴가며 아이와 이야기했다. 특히 매년 새로운 모집 요강이 나오면 꼼꼼히 읽었다. 각 전형에 따라 선발 인원은 어떻게 변하고 있는지, 서류와 면접의 비율은 어떤지, 새롭게 신설된 전형이 있는지, 성적 반영 방법에 변화는 있는지, 서류 평가 기준에서 변화된 사항이 있는지 등 살펴야 할 부분이 많았다. 만약 목표로 하는 대학교가 전년도와 전혀 변한 것이 없다면 선배의 결과를 참고로 하면 된다. 하지만 선발 인원의 변화나 전형 방법, 반영 비율 등이 변했다면 입시 결과가 변할 것이라는 의미이니 지원할 때 꼭 살펴야 한다. 목표로 하는 대학이 한 곳은 아닐 테니 서너 군데를 꾸준히 살피다 보면 전체적인 입시의 경향이 읽힐 것이다.

아이의 성적을 고려해 현실적으로 지원할 수 있는 곳이 구체화되면 엄마는 어떻게 그곳에 합격할 수 있는지 아이에게 대략적으로 이야기를 해줄 수 있어야 한다. 막연히 열심히 하라는 말은 아이들을 쉽게 지치게 한다. "100미터만 뛰면 된다."와 "일단 열심히 뛰고 있어봐."는 듣는 사람 입장에서 하늘과 땅 차이이다. 아이들에게는 명확하게 가늠할 수 있고 손에 쥘 수 있을 것 같은 목표를 제시해야 효과가 좋다.

승현이는 고등학교에 입학한 직후 근 10년간 수시로 메이저 의대에 입학한 선배가 하나도 없었던 학교의 현실을 파악하더니 '완벽한 내신을 만들어도 수시로는 목표하는 대학교에 입학하기 힘들겠다.'고 생각해 정시와 내신 공부를 3:1의 비율로 정해 학습 계획을 세웠다. 중간고사와 기말고사 전 4~5주를 내신 준비 기간으로 정하고 그 외의 시간에는 온전히 수능 공부를 했다. 아이는 정시로 진학할 경우 전국 0.03% 이내로 들어야 서울대학교 의대 진학이 가능하고, 이는 수능에서 4개 영역 중 2문제 이내로 틀려야 하는 것, 그 2개도 같은 과목에서 틀리면 안 된다는 것을 정확히 알고 있었다. 아이의 목표는 국어 1개와 탐구 1개 정도의 오답만 허용하는 것이었다.

결과적으로 수시로 진학했지만 열심히 길러둔 정시 실력 덕분에 원서를 쓸 때 아무 부담이 없었다. 의대 수능 최저학력기준을 걱정할 필요가 없었고, 모의고사 성적으로도 서울대학교 의대 진학이 가능한 성적을 내고 있었기 때문이었다. 입시가 끝난 후 "결국 수시로 갈걸, 수능 공부는 쓸데없이 열심히 했다."며 웃었지만, 사실 수능에 자신이 없었다면 원서 자체를 안정권으로만 고민하고 수능 최저학력기준을 피해 원서를 써야 했을 것이다.

"열심히 해."라는 말만큼 아이들을 압박하는 말이 없다. 막연히 열심히 하라는 말보다는 어느 정도가 되면 그 목표를 이룰 수 있는지 가이드라인을 제시하고 구체적인 실천 방법을 함께 고민해줘야 한다.

2.5등급으로 건국대학교에 가고 싶다는 일반고 1학년 아이에게 해줄 수 있는 조언은 무엇일까? 학교별, 지역별 차이에 어느 학과를 지원할지에 따른 변수는 있겠으나 이과생이라면 내신은 1점 후반대로 맞추고, 모의고사는 영어를 제외한 나머지 영역 오답 수를 9개 이내로 맞추면 된다고 이야기해줘야 한다.

"그런 걸 어떻게 알 수 있나요?"라고 묻는 분들이 있다면 사실 설명회를 열심히 다니고 목표 대학의 홈페이지를 늘 방문하는 정성이 있다면 그리 어려운 일이 아니다. 정시는 지역이나 학교에 관계없이 정해져 있는 성적으로 진학하는 것이니 매년 입시가 끝난 후에 발표되는 정시 입시 결과를 눈여겨보면 된다. 수시의 경우는 대학이 발표하는 여러 입시 결과의 수치를 홈페이지에서 확인하면 된다. 다만 수시 입시 결과는 각 고등학교의 특색을 나누지 않고 특목고를 포함한 전국 고등학교의 평균을 발표하기 때문에 그것이 바로 내 아이 입시에 적용될 수는 없다. 각 대학교에서 하는 발표를 참고하여 내 아이의 학교 입시 결과를 알면 된다. 그 결과는 학교에 문의하면 친절하게 잘 알려주니 어떻게 확인하나 걱정할 필요가 없다. 선배들이 어떤 성적으로 어떤 학교를 지원해 합격하고 불합격했는지 잘 정리해 알려준다. 그런 모든 것이 힘들다고 생각되면 아이가 다니는 학원의 선생님이나 주변 전문가들에게 물어도 쉽게 알 수 있다.

하지만 거기서 끝나면 아무 의미가 없다. 현재 2.5점인 내신을 1점 후반대로 낮추려면 모든 과목을 분석해야 한다. 어떤 과목의 등급을 상승시켜야 하는지, 그 과목의 등급을 상승시키려면 어떤 방법이 좋을지, 몇 점 정도 올리면 등급에 변화가 있을지, 아이의 어떤 부분이 부족해서 등급이 오르지 못하는지, 수행평가는 잘 진행하고 있는지 등을 살펴야 한다. 그에 맞게 챙겨야 할 것도 정말 많다. 모의고사 역시 영어를 제외한 나머지 영역에서 9개 정도를 틀린다면 국어, 수학, 탐구는 어느 정도 상승시켜야 하는지 계산해야 한다. 하지만 이미 아이가 고등학생인 엄마들은 알 것이다. 일반고에서 저 정도의 내신을 가진 아이는 특별한 상황이 아니라면 국어, 수학 오답 수만 합쳐도 10개가 훌쩍 넘는다는 것을 말이다.

이러저러 계산을 하다 보면 답답하고 답이 없어 보인다. 하지만 그 분석의 과정 없이 그저 '열심히'만 하라고 하면 아이는 고3 때 내신 2점 중반 어디쯤을 가지고 원서를 쓰고 있을 것이다. 아니 2점 중반이라도 지키고 있으면 오히려 선방한 것이다. 2점 후반에서 3점 초로 밀렸을 가능성이 더 높다. 2학년이 되고 3학년이 되면 선택과목이 나뉘면서 등급 인원수가 1학년 때보다 줄어들기 때문이다.

답답하고 막막한 마음을 잠시 접어두고 다시 아이의 현실과 마주하자. 아이에게 "다음엔 더 잘하자, 조금만 더 열심히 하렴."으로 끝내는 것이 아니라 각 과목의 성적에 대해 같이 분석해보고 아이의 이야기를 충분히 들은 후 변화의 방법을 고민해야 한다. 평소 아이와 대화가 없었다면 이 과정은 이루어질 수 없다. 그러므로 아직 어린 아이라면 대화를 하는 연습부터, 조금 큰 아이라면 전문가의 조언을 구해야 한다.

적어도 "다른 아이들은 이런 것 안 해도 혼자서 잘만 알아서 하던데."라고는 말하지 말자. 내 아이가 그런 아이라면 그렇게 혼자서 야무지게 잘할 수 있도록 옆에서 최소한의 지원만 하면 된다. 하지만 그렇지 못하면 그것을 받아들여야 한다. "너는 왜 그러냐."는 질타 가득한 말로 아이에게 상처를 주고 엄마 역시 상처를 받는 일을 이젠 멈추자. 전체의 1%도 안 되는 아이들에게 잣대를 두지 말고 내 아이가 지극히 일반적인 99%라는 것을 인정하자. 그러면 아이에게 엄마는 더 이상 '감시자'가 아닌 '조력자'가 될 수 있다.

엄마와 자녀가 함께 외우는
서울대 비책 노트 |핵심 08|

서울대 입시 정보 5가지를 기억하라!

아이와 좋은 관계를 형성하기 위해 대화를 많이 하는 것도 입시 성공의 비결이다. 아이와 엄마의 관계에서 아이가 사춘기에 접어들고 입시 로드에 들어서면 엄마는 약자가 된다. 이 시기는 아이들이 질병을 앓고 있는 것과 같으니 한없이 너그럽고 충분히 이해해주어야 한다. 하지만 그저 져주는 것으로 문제가 저절로 해결되지는 않는다. 감기인 아이에게 지사제를 먹이고, 영양이 부족한 아이한테 다이어트를 하라는 것이 잘못된 처방인 것처럼, 아이를 정확히 파악하지 않으면 제대로 된 해결책이 나오지 않는다. 아이에 대한 정보를 얻는 방법은 아이와의 끝없는 대화뿐이다.

서울대 비책	실천 노트
엄마와 아이에게 좋은 멘토가 필요하다.	- 학교 선생님, 학원 선생님, 또는 아이가 이상적 롤모델로 생각하는 선배, 누구든 멘토를 가져라. - 엄마에게도 좋은 멘토가 필요하다. - 선배 엄마가 주는 정보는 약이 되기도 하지만 독이 되기도 한다. 정확한 정보를 가진 전문가가 필요하다.

서울대 비책	실천 노트
정보의 그물을 촘촘히 짜야 한다.	- 그물의 재료가 되는 수많은 정보를 얻는 가장 손쉬운 방법은 '설명회'다. - 여러 설명회에 열심히 참석하다 보면 유익한 것과 유해한 것을 구분해내는 힘이 생긴다. - 설명회 외에도 입시 카페와 커뮤니티, 책과 기사 등에서 도움을 받아라.
아이와의 좋은 관계를 위해 대화를 많이 한다.	- 부모가 아이에 대해 알아야 할 정보를 얻는 방법은 대화뿐이다. - 대화는 단순히 성적을 위해서만 하는 것이 아니다. - 대화는 지속적인 교감의 고리가 되어 어떤 상황에서든 서로 이해하고 공감하는 열쇠가 된다.
내공의 힘을 길러야 한다. 그 힘은 정보다.	- 여러 경로를 걸쳐 얻은 정보를 가지고 단단하게 중심을 잡아라. - 입시의 어떤 상황에서도 흔들리지 않으면서 언제든 정확한 판단과 결정을 할 수 있어야 한다. - 그 모든 판단과 결정에서 중요한 전제는 '우리 아이에게 맞는가'이다.
엄마는 감시자가 아닌 조력자이다.	- 엄마와 아이가 함께 목표하는 대학이나 학과의 홈페이지에 관심을 가져라. - "다른 아이들은 이런 것 안 해도 혼자서 잘만 알아서 하던데."라는 말은 절대 하지 말자.